做一个理想的法律人
To be a Volljurist

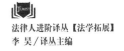
法律人进阶译丛【法学拓展】
李 昊/译丛主编

合同的完美设计

（第5版）

Vertragsgestaltung

5. Auflage

〔德〕苏达贝·卡玛纳布罗
（Sudabeh Kamanabrou）/著

李依怡 /译

北京大学出版社
PEKING UNIVERSITY PRESS

著作权合同登记号　图字:01-2020-2735

图书在版编目(CIP)数据

合同的完美设计:第5版/(德)苏达贝·卡玛纳布罗著;李依怡译. —北京:北京大学出版社,2022.5
(法律人进阶译丛)
ISBN 978-7-301-31614-6

Ⅰ.①合⋯　Ⅱ.①苏⋯ ②李⋯　Ⅲ.①合同—研究　Ⅳ.①D913.64

中国版本图书馆 CIP 数据核字(2022)第 060689 号

Vertragsgestaltung, 5. Auflage, by Sudabeh Kamanabrou
© Verlag C. H. Beck oHG, München 2019
本书原版由 C. H. 贝克出版社于 2019 年出版。本书简体中文版由原版权方授权翻译出版。

书　　　名	合同的完美设计(第5版) HETONG DE WANMEI SHEJI (DI-WU BAN)
著作责任者	〔德〕苏达贝·卡玛纳布罗(Sudabeh Kamanabrou)　著 李依怡　译
丛 书 策 划	陆建华
责 任 编 辑	陆建华　陆飞雁
标 准 书 号	ISBN 978-7-301-31614-6
出 版 发 行	北京大学出版社
地　　　址	北京市海淀区成府路 205 号　100871
网　　　址	http://www.pup.cn　http://www.yandayuanzhao.com
电 子 信 箱	yandayuanzhao@163.com
新 浪 微 博	@北京大学出版社　@北大出版社燕大元照法律图书
电　　　话	邮购部 010-62752015　发行部 010-62750672 编辑部 010-62117788
印 刷 者	北京宏伟双华印刷有限公司
经 销 者	新华书店 880 毫米×1230 毫米　A5　11.75 印张　433 千字 2022 年 5 月第 1 版　2022 年 5 月第 1 次印刷
定　　　价	59.00 元

未经许可,不得以任何方式复制或抄袭本书之部分或全部内容。
版权所有,侵权必究
举报电话:010-62752024　电子信箱:fd@pup.pku.edu.cn
图书如有印装质量问题,请与出版部联系,电话:010-62756370

"法律人进阶译丛"编委会

主　编

李　昊

编委会

（按姓氏音序排列）

班天可	陈大创	杜志浩	季红明	蒋　毅
李　俊	李世刚	刘　颖	陆建华	马强伟
申柳华	孙新宽	唐志威	夏昊晗	徐文海
查云飞	翟远见	张　静	张　挺	章　程

做一个理想的法律人（代译丛序）

近代中国的法学启蒙授之日本，而源于欧陆。无论是法律术语的移植、法典编纂的体例，还是法学教科书的撰写，都烙上了西方法学的深刻印记。即使是中华人民共和国成立后兴盛过一段时期的苏俄法学，从概念到体系仍无法脱离西方法学的根基。20世纪70年代末，借助于我国台湾地区法律书籍的影印及后续的引入，以及诸多西方法学著作的大规模译介，我国重启的法制进程进一步受到西方法学的深刻影响。当代中国的法律体系可谓奠基于西方法学的概念和体系之上。

自20世纪90年代开始的大规模的法律译介，无论是江平先生挂帅的"外国法律文库""美国法律文库"，抑或许章润、舒国滢先生领衔的"西方法哲学文库"，以及北京大学出版社的"世界法学译丛"、上海人民出版社的"世界法学名著译丛"，诸多种种，均注重于西方法哲学思想尤其英美法学的引入，自有启蒙之功效。不过，或许囿于当时西欧小语种法律人才的稀缺，这些译丛相对忽略了以法律概念和体系建构见长的欧陆法学。弥补这一缺憾的重要转变，应当说始自米健教授主持的"当代德国法学名著"丛书和吴越教授主持的"德国法学教科书译丛"。以梅迪库斯教授的《德国民法总论》为开篇，德国法学擅长的体系建构之术和鞭辟入里的教义分析方法进入中国法学的视野，辅以崇尚德国法学的我国台湾地区法学教科书和专著的引入，德国法学在中国当前的法学教育和法学研究中日益受到尊崇。然而，"当代德国法学名著"丛书虽然遴选了德国当代法学著述中的上乘之作，但囿于撷取名著的局限及外国专家的视角，丛书采用了学科分类的标准，而未区分注重体系层次的基础教科书与偏重思辨分析的学术专著，与戛然而止的"德国法学教科书译丛"一样，在基础教科书书目的选择上尚未能充分体现当代德国法学教育的整体面貌，是为缺憾。

职是之故，自2009年始，我在中国人民大学出版社策划了现今的"外国法学教科书精品译丛"，自2012年出版的德国畅销的布洛克斯和瓦尔克的《德国民法总论》（第33版）始，相继推出了韦斯特曼的《德国民法基本概念》（第16版）（增订版）、罗歇尔德斯的《德国债法总论》（第7版）、多伊奇和阿伦斯的《德国侵权法》（第5版）、慕斯拉克和豪的《德国民法概论》（第14版），并将继续推出一系列德国主流的教科书，涵盖了德国民商法的大部分领域。该译丛最初计划完整选取德国、法国、意大利、日本诸国的民商法基础教科书，以反映当今世界大陆法系主要国家的民商法教学的全貌，可惜译者人才梯队不足，目前仅纳入"日本侵权行为法"和"日本民法的争点"两个选题。

系统译介民商法之外的体系教科书的愿望在结识季红明、查云飞、蒋毅、陈大创、葛平亮、夏昊晗等诸多留德小友后得以实现，而凝聚之力源自对"法律人共同体"的共同推崇，以及对案例教学的热爱。德国法学教育最值得我国法学教育借鉴之处，当首推其"完全法律人"的培养理念，以及建立在法教义学基础上的以案例研习为主要内容的教学模式。这种法学教育模式将所学用于实践，在民法、公法和刑法三大领域通过模拟的案例分析培养学生体系化的法律思维方式，并体现在德国第一次国家司法考试中，进而借助于第二次国家司法考试之前的法律实训，使学生能够贯通理论和实践，形成稳定的"法律人共同体"。德国国际合作机构（GIZ）和国家法官学院合作的《法律适用方法》（涉及刑法、合同法、物权法、侵权法、劳动合同法、公司法、知识产权法等领域，由中国法制出版社出版）即是德国案例分析方法中国化的一种尝试。

基于共同创业的驱动，我们相继组建了中德法教义学 QQ 群，推出了"中德法教义学苑"微信公众号，并在《北航法律评论》2015 年第 1 辑策划了"法教义学与法学教育"专题，发表了我们共同的行动纲领：《实践指向的法律人教育与案例分析——比较、反思、行动》（季红明、蒋毅、查云飞执笔）。2015 年暑期，在谢立斌院长的积极推动下，中国政法大学中德法学院与德国国际合作机构法律咨询项目合作，邀请民法、公法和刑法三个领域的德国教授授课，成功地举办了第一届"德国法案例分析暑期班"并延续至今。2016 年暑期，季红明和夏昊晗也积极策划并参与了由西南政法大学黄家镇副教授牵头、民商法学院举办的"请求权基础案例分析法课程暑期培训班"。2017 年暑期，加盟中南财经政法大学法学院的"中德法教义学苑"团队，成功举办了"案例分析暑期培训班"，系统地在民法、公法和刑法三个领域以德国的鉴定式模式开展了案例分析教学。

中国法治的昌明端赖高素质法律人才的培养。如中国诸多深耕法学教育的启蒙者所认识的那样，理想的法学教育应当能够实现法科生法律知识的体系化，培养其运用法律技能解决实践问题的能力。基于对德国奠基于法教义学基础上的法学教育模式的赞同，本译丛期望通过德国基础法学教程尤其是案例研习方法的系统引入，能够循序渐进地从大学阶段培养法科学生的法律思维，训练其法律适用的技能，因此取名"法律人进阶译丛"。

本译丛从法律人培养的阶段划分入手，细分为五个子系列：

——法学启蒙。本子系列主要引介关于法律学习方法的工具书，旨在引导学生有效地进行法学入门学习，成为一名合格的法科生，并对未来的法律职场有一个初步的认识。

——法学基础。本子系列对应于德国法学教育的基础阶段，注重民法、刑法、公法三大部门法基础教程的引入，让学生在三大部门法领域中能够建立起系统的知识体系，同时也注重扩大学生在法理学、法律史和法学方法等基础学科上的知识储备。

——法学拓展。本子系列对应于德国法学教育的重点阶段，旨在让学生能够在三大部门法的基础上对法学的交叉领域和前沿领域，诸如诉讼法、公司法、劳动法、医疗法、网络法、工程法、金融法、欧盟法、比较法等有进一步的知识拓展。

——案例研习。本子系列与法学基础和法学拓展子系列相配套，通过引入德国的鉴定式案例分析方法，引导学生运用基础的法学知识，解决模拟案例，由此养成良好的法律思维模式，为步入法律职场奠定基础。

——经典阅读。本子系列着重遴选法学领域的经典著作和大型教科书（Grosse Lehrbücher），旨在培养学生深入思考法学基本问题及辨法析理之能力。

我们希望本译丛能够为中国未来法学教育的转型提供一种可行的思路，期冀更多法律人共同参与，培养具有严谨法律思维和较强法律适用能力的新一代法律人，建构法律人共同体。

虽然本译丛先期以德国法学教程和著述的择取为代表，但是并不以德国法独尊，而是注重以全球化的视角，实现对主要法治国家法律基础教科书和经典著作的系统引入，包括日本法、意大利法、法国法、荷兰法、英美法等，使之能够在同一舞台上进行自我展示和竞争。这也是引介本译丛的另一个初衷：通过不同法系的比较，取法各家，吸其所长。也希望借助于本译丛的出版，展示近二十年来中国留学海外的法学人才梯队的更新，并借助于新生力量，在既有译丛积累的丰富经验基础上，逐步实现对外国法专有术语译法的相对统一。

本译丛的开启和推动离不开诸多青年法律人的共同努力，在这个翻译难以纳入学术评价体系的时代，没有诸多富有热情的年轻译者的加入和投入，译丛自然无法顺利完成。在此，要特别感谢积极参与本译丛策划的诸位年轻学友和才俊，他们是：留德的季红明、查云飞、蒋毅、陈大创、黄河、葛平亮、杜如益、王剑一、申柳华、薛启明、曾见、姜龙、朱军、汤葆青、刘志阳、杜志浩、金健、胡强芝、孙文、唐志威，留日的王冷然、张挺、班天可、章程、徐文海、王融擎，留意的翟远见、李俊、肖俊、张晓勇，留法的李世刚、金伏海、刘骏，留荷的张静，等等。还要特别感谢德国奥格斯堡大学法学院的托马斯·M. J. 默勒斯（Thomas M. J. Möllers）教授慨然应允并资助其著作的出版。

本译丛的出版还要感谢北京大学出版社副总编辑蒋浩先生和策划编辑陆建华先生，没有他们的大力支持和努力，本译丛众多选题的通过和版权的取得将无法达成。同时，本译丛部分图书得到中南财经政法大学法学院徐涤宇院长大力资助。

回顾日本的法治发展路径，在系统引介西方法律的法典化进程之后，将是一个立足于本土化、将理论与实务相结合的新时代。在这个时代中，中国法律人不仅需要怀抱法治理想，还需要具备专业化的法律实践能力，能够直面本土问题，发挥专业素养，推动中国的法治实践。这也是中国未来的"法律人共同体"面临的历史重任。本译丛能预此大流，当幸甚焉。

李　昊

2018 年 12 月

序　言

传统的法学教育一直以公职工作为导向，特别是以定分止争的法官作为标杆。在大学课程中，如果要解决一个关于合同的法律案件，那么合同的日期通常是已经确定的、不可更改的；争议内容则是关于合同的解释或适用，合同义务的履行、不适当履行或不履行。法律咨询和合同设计的相关任务在传统的法学教育中仅处于从属地位。

不过，近年来，大学教育也开始关注法律咨询与合同设计。在经典课程之外，法学院开设了合同设计的课程，使学生能够了解以利益为导向的法律实务工作，尤其是律师或公司法务的工作。对于学生来说，这种角度打开了一个新的法律视野，使他们认识到，法律知识不仅对于合同关系出现障碍时的纠纷之解决发挥着重要作用，而且对于避免障碍的发生或者前瞻性地规定障碍发生时的解决方案，亦为必要。

在这一背景下，本书旨在向法学学生和法学见习生介绍合同的设计，用作法律实务培训颇为恰当。随着我的合著者离开作者团队，这本书的内容也发生了变化：负责撰写"国际合同设计"这一章的 Abbo Junker 离开了作者团队，这也是本版省略这一章的原因。取而代之的是一个关于"赠与情形的合同设计"的新章节。该版本是截至 2019 年 3 月 15 日的最新版本。

在此，感谢 Arne le Dandeck 和 Katja Schwarze 提供的有益帮助，特别感谢在撰写"赠与情形的合同设计"这一新章中发挥了重要作用的 Gerrit Horst，同时也要感谢负责修订工作的 Mark Püttmann，以及 Philipp Schröder 提供的宝贵帮助。

苏达贝·卡玛纳布罗
于比勒菲尔德，2019 年 3 月

目 录

第一章　合同设计导论 ····················· 001
第一节　裁判法学与预防法学 ··············· 005
第二节　目的实现与障碍预防 ··············· 006
第三节　合同设计的思维步骤 ··············· 009
　一、信息收集 ························· 011
　二、合同的初步草稿 ··················· 014
　三、法律适用 ························· 016
　四、设计标准之适用 ··················· 020
　五、应对目标冲突 ····················· 032
　六、合同谈判 ························· 035
　七、指导与咨询 ······················· 036
　八、准备合同文本 ····················· 038

第二章　合同谈判 ······················· 043
第一节　谈判类型 ······················· 046
第二节　谈判陷阱 ······················· 049
　一、一致性陷阱（"伸脚卡门"技巧） ······ 049
　二、让步性陷阱（"吃闭门羹"技巧） ······ 052
　三、纠缠性陷阱（Verstrickung） ········· 053
　四、表达性陷阱 ······················· 054
第三节　谈判策略 ······················· 055

一、谈判阶段 ·· 055
　　二、可能的策略 ·· 056
　　三、哈佛谈判方法 ·· 057
　第四节　调解 ·· 065
　第五节　谈判的结构 ·· 068

第三章　一般交易条款的设计 ·· 071
　第一节　一般性的考虑因素 ·· 074
　　一、《德国民法典》第305条至第310条的适用范围 ······················ 075
　　二、一般交易条款的概念（《德国民法典》第305条第
　　　　1款） ··· 075
　　三、纳入的前提条件 ·· 079
　　四、《德国民法典》第307条至第309条规定的内容
　　　　控制 ·· 083
　　五、没有纳入合同以及合同无效的法律后果 ···························· 086
　　六、消费者合同的特别规则 ·· 088
　第二节　案例：一般交易条款的设计 ···································· 091
　　一、所有权保留条款 ·· 091
　　二、瑕疵担保限制 ·· 100
　　三、法院管辖协议 ·· 108
　　四、对合同条款建议的总结 ·· 112

第四章　动产取得的合同设计 ·· 115
　第一节　一般性的考虑因素 ·· 117
　　一、信息收集 ·· 117
　　二、法律适用 ·· 121
　　三、设计标准的适用 ·· 122
　　四、指导与咨询 ·· 124

第二节 案例：购买投资物 ································ 124
　一、信息收集 ····································· 125
　二、问题概览与初步草稿 ···························· 127
　三、法律适用 ····································· 128
　四、与任意法规则的偏离 ···························· 134
　五、合同草案 ····································· 139

第五章 债的担保的合同设计 ···························· 143
第一节 引言：贷款担保手段 ···························· 145
　一、人的担保 ····································· 146
　二、物的担保 ····································· 150
　三、过度担保 ····································· 155
　四、概览：担保手段 ································ 157
第二节 案例：让与担保 ································ 158
　一、信息收集 ····································· 158
　二、选择贷款担保手段 ······························ 159
　三、问题概览与初步草稿 ···························· 159
　四、担保协议的具体细节 ···························· 160
　五、合同草案 ····································· 164

第六章 不动产取得的合同设计 ·························· 167
第一节 一般性的考虑因素 ······························ 169
　一、信息收集 ····································· 169
　二、不动产买卖合同的形式要求 ······················ 172
　三、不动产取得中的利益冲突 ························ 174
　四、指导与咨询 ··································· 181
　五、参与禁止（《德国公证书证法》第3条） ············ 184
第二节 案例：别墅不动产的取得 ························ 185

一、信息收集 ··· 186

　　二、合同的制定 ··· 188

　　三、合同草案 ··· 196

第七章　赠与情形的合同设计 ································ 203

　第一节　一般性的考虑因素 ····························· 205

　　一、现实赠与和约定赠与的形式要求 ············· 205

　　二、赠与人的责任 ······································· 206

　　三、请求返还与撤销 ···································· 207

　　四、附有负担的赠与 ···································· 209

　　五、混合赠与 ··· 211

　　六、配偶之间的给与 ···································· 213

　　七、死亡时的赠与 ······································· 215

　第二节　案例：给与未成年人土地财产 ·············· 215

　　一、信息收集 ··· 216

　　二、问题概览与初步草稿 ······························ 217

　　三、法律适用与合同细节 ······························ 218

　　四、合同草案 ··· 237

第八章　劳动法中的合同设计 ································ 243

　第一节　一般性的考虑因素 ····························· 246

　　一、信息收集 ··· 246

　　二、法律适用 ··· 250

　　三、设计标准的适用 ···································· 262

　第二节　案例：终止合同 ································ 266

　　一、预先问题 ··· 267

　　二、信息收集 ··· 270

　　三、问题概览与初步草稿 ······························ 271

四、终止合同的具体细节 …………………………………… 272

第九章　公司法中的合同设计 …………………………………… 283
　第一节　一般性的考虑因素 …………………………………… 285
　　一、信息收集 ……………………………………………… 285
　　二、法律适用 ……………………………………………… 293
　　三、设计标准的适用 ……………………………………… 296
　第二节　案例：一个有限责任公司的成立 …………………… 297
　　一、信息收集 ……………………………………………… 298
　　二、公司形式的选择 ……………………………………… 299
　　三、简易程序中的公司设立 ……………………………… 303
　　四、问题概览与初步草稿 ………………………………… 305
　　五、公司合同的具体细节 ………………………………… 306
　　六、指导与咨询 …………………………………………… 314
　　七、合同草案 ……………………………………………… 314

缩写目录 …………………………………………………………… 317
文献目录 …………………………………………………………… 327
术语目录 …………………………………………………………… 335
译后记 ……………………………………………………………… 351

第一章

合同设计导论

第一次国家司法考试前的法学教育在很大程度上是以**法官的职业图景**（Berufsbild des Richters）为导向的。但大多数法学学生毕业后从事的是其他职业，而这些职业的大门通常只有在法学学生们经过相应的职业实践"培训期"后，才向他们敞开。[1] 1992年在不莱梅召开的德国法学家大会因此得出结论："**法律咨询与法的设计**（Rechtsberatung und Rechtsgestaltung）在法学教育中所占的比重过小。"[2] 近年来，法学教育越来越重视法律技能的传授，这些技能在法律实践中通常是必需的，尤其是对于法律咨询职业。对这一发展起到重要作用的是2003年7月1日生效的《法学教育改革法》[3]，该法对《德国法官法》第5a条第3款第1句做出了补充。在修改之前，《德国法官法》第5a条第3款第1句仅规定，大学课程应涵盖法院审判、行政管理和法律咨询方面的实践。《法学教育改革法》则在该句中增加了后半句，即还要求传授上述领域所需的关键技能，如"谈判管理、谈判技巧、修辞、争议调停、调解、提问技巧

---

[1] *Ahlers*, in: Festschrift Sigle, 2000, S. 453（454）; *Heussen*, Anwalt, S. 32 ff.; *Hommelhoff*, in: Festschrift Sigle, 2000, S. 463（464 ff.）; *Rittershaus*, JuS 1998, 302（304）。关于律师视角在第二次国家司法考试中的重要性以及典型的考试情况，见 *Ramm*, Jura 2011, 408。

[2] Verhandlungen des Zweiundsechzigsten Deutschen Juristentages, Band II/2, 1998, S. N 239. Rawert也呼吁加强对法的设计的方法和知识的教学，见 *Rawert*, in: Hof/von Olenhusen (Hrsg.), Rechtsgestaltung – Rechtskritik – Konkurrenz von Rechtsordnungen …, 2012, S. 58 ff.。

[3] 关于改革，见 *Fischer*, AnwBl. 2003, 319; *ders.*, ZZP119（2006）, 39; *Kessler*, JA 2003, 712。

和沟通技巧".* 这些要求已经得到了各州立法者和各个法学院不同程度的贯彻实施。[4]

2　　法学教育更加注重律师职业导向的发展趋势是切合实际的,因为法律咨询类职业在法律劳动力市场上占据很大的比重。[5] 然而,司法机关与公共行政机关招纳的法学学生仅占法律劳动力市场的一小部分。德国科学委员会在2002年的一份报告中指出,75％的法学毕业生从事的是律师职业[6],15%的法学毕业生在公司和协会中工作,其工作内容同样以法律咨询类业务为主[7],只有10％的法学毕业生进入司法机关或公共行政机关工作。至今,法学学生职业领域的这种分布情况也没有发生变化。[8] 以此为背景,本书旨在介绍法律咨询的一个重要领域:合同设计,即以合同为工具对生活关系做出面向特定目标和未来的安排。[9] 虽然一本有关合同设计的书不能替代与当事人打交道以及处理当事人需求的实践经验,但本书可以使读者对法官之外的法律职业领域有一个初步的了解。

---

* 修改后的《德国法官法》第 5a 条第 3 款第 1 句规定:"大学课程应涵盖法院审判、行政管理和法律咨询方面的实践所需的关键技能,如谈判管理、谈判技巧、修辞、争议调停、调解、提问技巧和沟通技巧。"——译者注

[4] 对此,*Becker-Eberhard*, NJ 2004, 389 提供了概述。

[5] 争议解决业务和非诉法律咨询占据了律师行业总业务的70%—75%,见 *Hommelhoff/Teichmann*, in: Festschrift 50 Jahre Arbeitsgemeinschaft der Fachanwälte für Steuerrecht e. V., 1999, S. 537 (537 f.)。

[6] Wissenschaftsrat, Empfehlungen zur Reform der staatlichen Abschlüsse, DrS. 5460/02, abrufbar unter: http://www.wissenschaftsrat.de/download/archiv/5460-02.pdf, S. 19 f. (最后访问日期:2019年3月4日)。

[7] Wissenschaftsrat, Empfehlungen zur Reform der staatlichen Abschlüsse, DrS. 5460/02, abrufbar unter: http://www.wissenschaftsrat.de/download/archiv/5460-02.pdf, S. 19 f. (最后访问日期:2019年3月4日)。

[8] Vgl. *Kunkel*, Vertragsgestaltung, S. 12.

[9] Rehbinder 的表述是 "运用法律工具在法律允许的范围内对私人的生活关系的设计",见 *Rehbinder*, AcP174 (1974), 265 (266); H. P. Westermann 的表述是 "对法律关系的前瞻性规划与设计",见 *H. P. Westermann*, AcP175 (1975), 375 (376)。

第一节　裁判法学与预防法学

对既定事实做出评价是法官的工作。呈交给法官的是业已结束的事实,法官以该事实为基础对当事人之间的法律关系作出评判。[10] 如果对事实存在争议,那么法官必须根据证据规则决定,应以哪一种事实描述作为裁判的依据。人们将这种活动称为法律适用或**裁判法学**(Dezisionsjurisprudenz)。[11] 与此相对立的概念是法的设计与**预防法学**(Kautelarjurisprudenz),这些概念描述了合同律师的工作特点:合同律师(即预防型律师)的工作是设计性的,即运用法律工具在法律允许的范围对未来的生活关系做出安排。[12]

> 法官的任务是根据法律规范对业已结束的事实作出"评判",即作出有约束力的判决(法律适用,裁判法学)。合同律师的任务是实现当事人的意愿,使当事人所欲的法律效果在将来发生,而不会出现其不欲的法律效果(法的设计,预防法学)。

与法官不同,合同律师在工作中面对的是不确定的事实:合同律

---

[10] *Aderhold/Koch/Lenkaitis*, Vertragsgestaltung, §2 Rn. 14; *Kanzleiter*, NJW 1995, 905; *Küttner*, RdA 1999, 59; *Langenfeld*, Vertragsgestaltung, Kap. 2 Rn. 1; *Rittershaus/Teichmann*, Vertragsgestaltung, Rn. 143; *Wolf/Neuner*, BGB AT, §39 Rn. 5.

[11] *Langenfeld*, Vertragsgestaltung, Kap. 2 Rn. 1; *Rehbinder*, Vertragsgestaltung S. 1; *Rittershaus*, JuS 1998, 302 (303); *Sontheimer*, JuS1999, 872 (872f.); *Wolf/Neuner*, BGB AT, §39 Rn. 5; *Zawar*, JuS 1992, 134 (134 f.).

[12] *Franzen*, Anwaltskunst, 3. Aufl. 2001, S.241; *Hommelhoff*, in: Festschrift Sigle, 2000, S.463 (472); *Rehbinder*, AcP174 (1974), 265 (286); *Wolf/Neuner*, BGB AT, §39 Rn. 5.

师的目光是朝向未来的。[13] 其以法律为工具，对当事人之间的关系做出调整和安排。[14] 但合同律师的法律适用活动并非是完全自由的。一方面，合同律师受到强行法的约束：其必须审查拟定的设计方案是否符合**强行法**（zwingendem Recht）的规定；另一方面，合同律师必须确定**任意性规则**（dispositiven Normen）的适用范围，然后以此为基础，判断在哪些方面可以做出符合当事人利益的安排。就此而言，合同设计可以被看作是法律适用的一种特殊形式。[15]

5　　对强行法的必要考察不能导致这样的结果，即合同律师的法律意见仅阐述哪些事情是不可能或不可为的。[16] 相反，合同律师必须在**法律框架内制订出可能的设计方案**（Gestaltungsmöglichkeiten entwickeln），为实现当事人利益的最大化而努力。

第二节　目的实现与障碍预防

6　　在设计合同时，合同律师（即预防型律师）需要思考两个方面问题。一是应如何设计合同，以实现当事人追求的效果；二是哪些情况可能会妨碍合同的履行。对于这些障碍，合同律师必须尽可能地避

---

〔13〕 *Kanzleiter*, NJW 1995, 905; *Küttner*, RdA 1999, 59; *Langenfeld*, Vertragsgestaltung, Kap. 2 Rn. 1; *Ramm*, Jura 2011, 408 (409); *Teichmann*, in: Festschrift Kanzleiter, 2010, S. 381 (390). 关于不同视角的一个直观的例子，见 *Teichmann*, JuS 2001, 870 (873 f.)。

〔14〕 *Aderhold/Koch/Lenkaitis*, Vertragsgestaltung, §2 Rn. 15 f.; *Rehbinder*, AcP 174 (1974), 265 (291); *Rittershaus/Teichmann*, Vertragsgestaltung, Rn. 12. 关于律师和法官的不同决策程序，见 *Teichmann*, JuS 2001, 973 (974 ff.)。

〔15〕 *Rehbinder*, Vertragsgestaltung, S. 1 f.

〔16〕 Rittershaus 以客户的口吻说了这样一句话："我不想知道为什么不可以这样，我只想知道怎样才可以（实现我的目标）！"见 *Rittershaus*, JuS 1998, 302 (304); 也见 *Rittershaus*, in: Hommelhoff/Müller-Graff/Ulmer, Die Praxis der rechtsberatenden Berufe, 1999, S. 12.

免。[17] 因此，合同包含两类条款：一类为实现当事人的目的，另一类为预防障碍的发生。[18] 人们可以分别称之为履行规划和风险规划。[19] 但更贴切的是"目的实现"与"障碍预防"这两个概念；原因之一在于，目的实现的设计目标不仅限于合同义务的履行。具体而言，这两个合同设计的基本任务可以表述如下：

在**目的实现**（Zweckverwirklichung）中，当事人的实质性目标是最为重要的。对此，合同律师要解决的问题是，怎样设计合同可以使当事人所期望的结果能够发生。目的实现并非一定要以积极的结果为目标，当事人也可以将规避不利作为目标，如规避税收或法律责任方面的不利。目的实现中的关键性问题是，为了合同能够顺利进行，是否可能必须采取某项设计方案。[20]

与目的实现不同，**障碍预防**（Störfallvorsorge）的目的在于预防可能出现的风险。如果某项合同条款对于合同的顺利实施不是必要的，而是只有在出现问题时才发挥作用，那么该条款就属于障碍预防类条款。负责起草合同的法律顾问的核心技能之一就在于预测合同履行中的障碍，并将这些可能发生的事件引导到合法有序的轨道上。[21]

> 服务于目的实现（或履行规划）的合同条款，应当使当事人能够实现其所追求的实质性目标。而服务于障碍预防（或风险规划）的合同条款，应当通过各种预防措施来保护当事人免受合同履行中的风险的影响。

---

〔17〕 *Reithmann/Albrecht/Reithmann*, Vertragsgestaltung, Rn. 23 ff. ; *Schmittat*, Vertragsgestaltung, Rn. 185; *Zankl*, Vertragssachen, Rn. 295.

〔18〕 这些概念见 *Langenfeld*, Vertragsgestaltung, Kap. 3 Rn. 8, 15 ff. 。

〔19〕 *Küttner*, RdA 1999, 59; *Rehbinder*, Vertragsgestaltung, S. 4; *Schmittat*, Vertragsgestaltung, Rn. 185. 由于结构上的原因，Rittershaus 和 Teichmann 对这些概念的使用与上述作者有所不同，见 *Rittershaus/Teichmann*, Vertragsgestaltung, Rn. 261 ff. 。

〔20〕 *Rehbinder*, Vertragsgestaltung, S. 4, 21–30.

〔21〕 *Küttner*, RdA 1999, 59; *Langenfeld*, Vertragsgestaltung, Kap. 3 Rn. 15; *Rehbinder*, Vertragsgestaltung, S. 4, 30 ff. ; *Zankl*, Vertragssachen, Rn. 296 f.

9 　　特别是对于履行不能、履行迟延或履行瑕疵的情形，障碍预防是很有意义的。[22] 由于制定法对于履行障碍中的风险分配已有规定，因此，通常情况下无需再做合同约定。[23] 当然，为更好地实现当事人利益，有时需要对此再做出合同约定。约定的合同条款既可以是与任意法**不同的规定**（abweichende Regelungen），也可以是仅对任意法**作出的补充条款**（ergänzende Klauseln）。举例来说，如果当事人约定排除适用《德国民法典》第286条第3款，那么即使是对于付款类债务，债务人也只有在满足《德国民法典》第286条第1款、第2款的条件时才属于迟延履行。* 这样的合同条款即为与任意法不同的条款。而如果当事人在合同中对《德国商法典》第377条中的异议期做出了具体约定，那么该合同条款就是补充任意法的条款。

　　示例：

　　本合同不适用《德国民法典》第286条第3款。债务人只有在满足《德国民法典》第286条第1款、第2款的条件时方陷于迟延。

　　《德国商法典》第377条中的异议期为三日。

10 　　除了不履行、不适当履行等一般情况下应考虑的风险以外，有些合同本身还存在典型的争议隐患。[24] 例如，在不动产买卖中，买受人在取得不动产所有权之前，该不动产上可能还存在着其他公共负担。又如，在继承方面，如果法律交易不利于法定继承人，那么法定

---

[22] *Zankl*, Vertragssachen, Rn. 301 ff.

[23] *Reithmann*, in: Festschrift 125 Jahre bayerisches Notariat, 1987, S. 159（182）.

* 《德国民法典》第286条第5款规定："对于与第1款至第3款规定的迟延发生所不同的约定，适用本法第271a条第1款至第5款。"由此可见，当事人约定排除适用《德国民法典》第286条第3款关于迟延发生的规则，在法律上是允许的。——译者注

[24] *Rittershaus/Teichmann*, Vertragsgestaltung, Rn. 282; *Zankl*, Vertragssachen, Rn. 337 ff.

继承人很可能会对此交易产生争议。[25]

目的实现与障碍预防是交织在一起的,两者无法截然分开。比如,当事人关于物的具体交付时间或特定交付方式的约定会对履行障碍中的风险分配产生影响。即以合同履行为导向的合同约定同时具有风险分配的功能。[26]

11

示例:

房地产开发商 B 为 A 建造一套房屋。B 在合同中承诺,该房屋最迟在 2019 年 6 月 3 日交付。该交付期限是 A 提出的要求,因为其已将旧公寓转租,届时,他必须将旧公寓腾空。在本案中,房屋迟延交付的风险由 B 承担。如果 B 未能如期交付房屋,那么除另有约定外,应适用关于履行迟延的法律规定。比如,A 可以根据《德国民法典》第 280 条第 1 款、第 2 款以及第 286 条,请求 B 支付临时住宿费和存放家具的费用。如果合同对此约定了损害赔偿金或违约金,那么相关合同条款也应适用。

反例:

如果房地产开发商 B 并未做出关于交付期限的承诺,那么房屋迟延交付的风险由 A 承担。

第三节 合同设计的思维步骤

与所有创造性的活动一样,合同设计也要经过多个阶段。合同设计的终点是完成的合同文本。[27] 合同设计的思维步骤可以归纳为如下几个关键词:

12

---

[25] *Zankl*, Vertragssachen, Rn. 338 f.
[26] *Rehbinder*, Vertragsgestaltung, S. 5.
[27] 关于合同律师在整个合同设计过程中是如何工作的,见 *Brambring*, JuS 1985, 380 (381 ff.); *Hommelhoff/Hillers*, Jura 1983, 592 (593ff.)。

—信息收集

—合同的初步草稿

—（假设性的）法律适用

—设计标准的适用

—应对目标冲突

—合同谈判

—指导与咨询

—准备合同文本

13   上述步骤并非一定要按照固定的顺序进行。相反，它们之间是**相互影响**（Wechselwirkung）的，故而每个步骤经常有可能需要重复数次。[28] 比如在最开始设计合同时，与当事人有关的信息可能并不完整或者不够准确，假设性的法律适用以及合同的初步草稿将会显示，在哪些方面还需要更多的信息。各个步骤的发生顺序以及重复次数取决于个案的具体情况。除了当事人可以自行开展的合同谈判阶段以外，其他步骤都应由合同律师至少完成一次。

14   关于法律从业者在合同设计中的义务，并没有统一的**法律基础**（Rechtsgrundlage）。对于法律交易的公证，《德国公证书证法》第17条规定了公证员的基本义务，即公证员负有明确当事人意愿，指导以及记录的义务。[29] 此外，根据《德国联邦公证员法》第24条第1款规定，公证员对当事人负有咨询义务与照顾义务。[30] 除该条规定的特别的咨询与照顾义务之外，《德国联邦公证员法》第14条还规定了

---

[28] *Aderhold/Koch/Lenkaitis*, Vertragsgestaltung, §4 Rn. 1; *Rittershaus/Teichmann*, Vertragsgestaltung, Rn. 134, 176; *Rehbinder*, Vertragsgestaltung, S. 6; *Schmittat*, Vertragsgestaltung, Rn. 12.

[29] 详见 *Winkler*, BeurkG, §17 BeurkG Rn. 3 ff.; *Keim*, Das notarielle Beurkundungsverfahren–Methodik und Praxis, 1990。

[30] *Rehbinder*, Vertragsgestaltung, S. 59; *Reithmann/Albrecht/Reithmann*, Vertragsgestaltung, Rn. 169 ff.

公证员的一般性照顾义务。[31] 律师的义务与公证员的义务大体上是相同的，律师的义务来源于其与当事人订立的委托合同，公司内部律师的义务来源于其与公司订立的劳动合同。

一、信息收集

1. 合同设计的第一步是收集信息

这里的信息是指与具体的合同设计有关的当前的和将来的**事实情况**（tatsächliche Umstände）。[32] 虽然律师也需要"了解"**法律框架条件**（rechtlichen Rahmenbedingungen），但这不属于信息收集，而属于法律适用阶段的任务。[33] 在信息收集阶段，首先律师必须清楚当事人的目标与利益[34]，其次还需要了解作为合同产生基础的事实情况。[35] 律师在查明事实情况时应当考虑，能否通过改变当下的事实状况以使当事人未来受益。与法官不同，事实状况对于合同律师而言，并不是不可改变的。法官原则上是对过去的[36]、通常不能改变的事实情况做出法律评价，但设计合同的律师则有机会向当事人提出改变现状的建议。

通常情况下，设计合同时首先要明确基本的事实情况和当事人的目标。[37] 在**初步的信息收集**（anfängliche Informationsgewinnung）后，合同律师需要划出问题范围，查明基本的法律情况，并考虑初步的设计方案。在这一过程中，律师往往会产生新的信息需求。同

---

[31] 见本书第六章边码25。
[32] Weber 称之为"收集需要规范的要点"，见 *Harald Weber*, JuS 1989, 636 (640 f.)。
[33] 同样的观点见 *Aderhold/Koch/Lenkaitis*, Vertragsgestaltung, §4 Rn. 7。
[34] *Ahlers*, in: Festschrift Sigle, 2000, S. 453 (458); *Schmittat*, Vertragsgestaltung, Rn. 17 ff.; *Teichmann*, JuS 2001, 973 (977); *Zankl*, Vertragssachen, Rn. 270 ff.
[35] *Kunkel*, Vertragsgestaltung, S. 51; *Schmittat*, Vertragsgestaltung, Rn. 22。
[36] 例外情形：预测性裁判，例如对与疾病相关联的解雇行为进行评判。见 *Junker*, Grundkurs Arbeitsrecht, Rn. 366 f.。
[37] *Kunkel*, Vertragsgestaltung, S. 49; *Rittershaus/Teichmann*, Vertragsgestaltung, Rn. 131, 223 ff.; *Schmittat*, Vertragsgestaltung, Rn. 17 f.

时，如果当事人在此之前并不了解某一设计方案的法律后果，那么在律师向其阐明相关法律后果之后，当事人的意愿可能也会发生改变。[38]

17　　2. 合同律师不能只考虑己方当事人的利益

合同律师不能只考虑己方当事人的利益（Interessen seines Mandanten），还须顾及**对方当事人的利益**（Interessen der anderen Partei），因为仅考虑单方利益的合同方案可能会导致合同订立的失败。只有当双方都能通过该方案实现其目标时，合同方能成功订立。[39] 而且，对方当事人的某些情况可能会给合同的履行带来障碍，对此，己方当事人须采取必要措施来保障合同的顺利进行。特别是在家庭法和继承法事务中，可能还需要考虑第三人的利益（或感情）。[40]

18　　与对方当事人利益相关的各类信息在**合同谈判**（Vertragsverhandlungen）阶段也是很重要的。[41] 一方越清楚地知道另一方想要达到什么或想要避免什么，就越能更好地做出应对。在首轮谈判之前，掌握详细信息的一方就已经可以大致确定双方能够谈判到什么程度，进而避免自己作出让步，甚至可以通过表面上的让步来获取对方真正的让步。[42]

　　示例：

　　A 是 B 股份公司（以下简称"B 公司"）新闻部门的主管。

---

[38]　*Teichmann*，JuS 2001，973（978 f.）.

[39]　*Aderhold/Koch/Lenkaitis*，Vertragsgestaltung，§ 3 Rn. 2；*Rehbinder*，Vertragsgestaltung，S. 13；*Rittershaus/ Teichmann*，Vertragsgestaltung，Rn. 289；*Schmittat*，Vertragsgestaltung，Rn. 24 f.

[40]　关于遗嘱的设计，见 *Scholz/Kleffmann/Doering-Striening*，Praxishandbuch Familienrecht，Stand September 2018；*Krenzler*，Vereinbarungen bei Trennung und Scheidung，5. Aufl. 2013；*Nieder/Kössinger*，Handbuch der Testamentsgestaltung，5. Aufl. 2015. 关于捐献精子的生育合同的设计，见 *Moes*，FamRZ 2018，1553。关于对第三人关系的考虑，详见 *Schmittat*，Vertragsgestaltung，Rn. 108。

[41]　*Aderhold/Koch/Lenkaitis*，Vertragsgestaltung，§ 4 Rn. 6.

[42]　*Bauer*，NZA 1994，578（579）.

在公司的公众形象与公开回应方面，A 与 B 公司已多次产生意见分歧。一日，B 公司认为 A 做得太过分了：在媒体面前，A 没有掩饰 B 公司的失败（比如说"我们从中总结了经验……"），而是直接批评了相关责任人。因此，B 公司希望与 A 解除劳动关系。如果律师要为 B 公司设计解决方案，那么对其而言重要的是，B 公司是否希望避免主动的解雇行为。如果 B 公司在过去几年已经接连解雇了两位新闻部门的主管。这一情况在解约协议谈判中会成为 B 公司的弱点（比如 A 说："如果公司认为我要求的离职补偿金过高，那么就直接解雇我吧。"）。但如果 A 希望可以尽快终止合同，因为其已找到一份新的工作，且必须在短时间内履职，那么情况就不一样了（比如 B 公司可以说："在我们看来，只有满足这些条件，方有可能在短期内解除劳动关系。"）。

3. 需要收集的信息还包括与未来的障碍源（künftige Störungsquellen）有关的信息

与当事人主要考虑自己的目标不同，负责设计合同的律师还必须注意障碍预防，并为此收集必要的信息。[43]

示例：

A 在水硬度高（即自来水含水垢）的地区销售除垢设备。如果客户加钱，则 A 还提供到家安装除垢设备的服务。这项安装工作通常由 A 的一名雇员来完成。由于该雇员最近在安装设备时经常会造成买方室内物品的损害，因此，A 希望通过制定格式条款来限制其对雇员的责任。关于合同的其他条款，A 没有更多思考。而负责合同设计的律师则需要考虑更多的问题，比如，所有权保留对 A 而言是否是有利的。这取决于 A 是否先向客户交付除垢设备，然后再向客户收款（在这种情况下，所有权保留条款

---

[43] *Rittershaus/Teichmann*, Vertragsgestaltung, Rn. 284.

是有意义的），还是在客户付款后方交货（在这种情况下，所有权保留条款是不必要的）。对于这些事实情况，律师应当查明。

> 合同设计的第一步是收集信息。在这一阶段，合同律师需要确定当事人的目标与利益，并全面了解可能的障碍源。

二、合同的初步草稿

1. 合同设计是一个动态的过程

从最开始的问题的确定到后来的合同草案的拟定，合同设计是一个动态的过程。对于简单的标准合同，律师无需过多琢磨就可以拟出草案或从已发表的出版物中找到范本；但对于复杂的规范事项，律师往往需要对未知的领域进行系统的探索。首先，其需根据前期收集的信息来确定事实方面和法律方面的**规范难题**（Regelungsprobleme）。[44] 这些难题产生于客户的利益和目标以及事实和法律上的障碍。其次，其需对**各种设计可能**（Gestaltungsmöglichkeiten）进行大致的评估。[45] 一般来讲，律师此时已可以确定哪些目标是相冲突的，并对各个目标按其重要性进行排序。通过这一系统性的探索，律师在合同设计的初期就可以排除掉不合适的设计方案。

在检查法律框架条件（即法律适用）之前，律师通常只能拟出**一份初步的草稿**（Rohentwurf），因为只有之后的法律适用才能揭示出所有的设计可能与设计局限。合同的初步草稿是合同的概括性提纲，包含了所有需要规范的要点。该"提纲"是根据法律条文、司法判例和文献资料制成的，其目的在于探索各种可能的设计方案。由于合同设计者不可能一次就想到所有需要规范的问题，因而在之后的设计步骤中，还须考虑是否应在该草稿中添加其他要点。在合同设计

---

[44] *Kunkel*, Vertragsgestaltung, S. 51；*Rehbinder*, Vertragsgestaltung, S. 18.
[45] *Rehbinder*, Vertragsgestaltung, S. 19；*Zankl*, Vertragssachen, Rn. 281.

过程中还可能出现这样的情况，即对于某些需要明确的问题，法律条文已给出了令人满意的答案。此时，律师无需再对这些问题做出合同规定。

2. 律师不必每一份合同都重新拟定

律师不必像起草第一份该类合同一样，对每一份合同都自己重新拟定。正如任意法为某些类型的合同制定了统一的规则一样，对于一些重复出现的情形（例如在购买旧建筑物时排除担保）也存在标准化的合同条款。[46] 对于许多类型的合同（不仅限于《德国民法典》中规定的合同），文献中已经存在**示范合同**（Musterverträge），这些示范合同适用于各种不同情况的合同设计。[47] 例如，商业租赁的**合同范本**（Vertragsmuster）与私人租赁合同范本的具体设计不同，车库租赁合同与高层写字楼租赁合同的侧重点不同，动产买卖合同与不动产买卖合同的内容不同，婚姻合同也可以根据配偶的生活状况而规定不同的内容。[48]

与任意法一样，从法律实践中发展出来的合同范本在实务中也被使用着。[49] 合同条款和标准合同范本可以在不少**标准合同手册**（Formular-handbüchern）中找到。[50] 最著名的相关汇编包括单卷本的《**贝克舍民法、商法与经济法标准合同汇编**》（Beck'sche Formularbuch zum Bürgerlichen, Handels- und Wirtschaftsrecht）（2019 年第 13

---

[46] *Reithmann/Albrecht/Reithmann*, Vertragsgestaltung, Rn. 42 ff.; *Zankl*, Vertragssachen, Rn. 291; *Zawar*, JuS 1992, 134 (136 f.).

[47] *Schmittat*, Vertragsgestaltung, Rn. 61, 250 ff.; *Wolf/Neuner*, BGB AT, §39 Rn. 25 ff.

[48] 详见 *Brambring*, Ehevertrag und Vermögenszuordnung unter Ehegatten, 7. Aufl. 2012; *Langenfeld/Milzer*, Handbuch der Eheverträge und Scheidungsvereinbarungen, 8. Aufl. 2019。

[49] *Rehbinder*, Vertragsgestaltung, S. 50.

[50] 相关介绍见 *Anschütz*, NJW 1999, 1092; *Rittershaus/Teichmann*, Vertragsgestaltung, Rn. 298a ff.; *H. Weber*, JuS 1989, 818 (822 f.); 另见 Formularbuch Recht und Steuern, 9. Aufl. 2018; *Hopt*, (Hrsg.), Vertrags- und Formularbuch zum Handels-, Gesellschafts- und Bankrecht, 4. Aufl. 2013。

版),《慕尼黑合同手册》(Münchener Vertragshandbuch)(第一卷:公司法,2018年第8版;第二卷:经济法一,2015年第7版;第三卷:经济法二,2015年第7版;第四卷:经济法三,2018年第8版;第五卷:民法一,2013年第7版;第六卷:民法二,2016年第7版)以及《海德堡示范合同》(Heidelberger Musterverträge)等等。

> 律师可以借助合同范本拟订合同的初步草稿。在这方面,标准合同手册在实践中是尤其有用的。

24 使用合同范本可以降低律师遗漏合同要点问题的风险。[51] 但也存在新的风险,比如律师采用了**不适合的合同范本**(unpassendes Vertragsmuster),或者律师在个案中不加修改地使用合同范本。尤其是在非典型的个案情形中,选择适合的合同范本是有一定困难的。即使律师找到了相应的合同范本,也不能因此而忽视对合同范本做出基于个案情况的补充规定或不同规定。[52] 所以,律师应谨慎使用合同范本。[53] 合同范本应仅作为合同设计的补充工具。

三、法律适用

25 **1. 合同设计的目的在于在当事人之间建立法律上的联系**

合同设计只能在法律的框架内进行:一方面,任意性法律规则为合同设计提供了多种可能;另一方面,强行法律规则限制了当事人的设计可能。[54] 律师必须检查哪些**任意法**(dispositiven Recht)规

---

[51] *Aderhold/Koch/Lenkaitis*, Vertragsgestaltung, §4 Rn. 100; *Rehbinder*, Vertragsgestaltung, S. 103; *Rittershaus/Teichmann*, Vertragsgestaltung, Rn. 299 ff.

[52] *Rittershaus/Teichmann*, Vertragsgestaltung, Rn. 312 f.; *Schmittat*, Vertragsgestaltung, Rn. 257.

[53] *Rehbinder*, Vertragsgestaltung, S. 104; *Rittershaus/Teichmann*, Vertragsgestaltung, Rn. 312; *Schmittat*, Vertragsgestaltung, Rn. 257; Teichmann, JuS 2001, 973 (980).

[54] *Medicus/Petersen*, Allgemeiner Teil des BGB, Rn. 466, 470; *Rehbinder*, Vertragsgestaltung, S. 42 f.

则是可以适用的,以及设计与该规则不同的合同条款是否合理且必要。[55] 合同的设计不能超出**强行法**(zwingenden Rechts)的边界。此外,在合同设计中还存在一个问题,即当事人所期待的法律效果可能涉及多个法律领域(如民法、税法、建筑法等)。律师在设计合同时必须考虑所有相关的法律领域。[56]

> 示例:
> 如果 A 购买了一块带有新建筑物的土地,希望在此开设餐厅,那么除了所有权转移和付款方式的问题之外,A 还须考虑税收以及公法方面的问题。后者包括土地开发、建筑秩序法(关于建筑物的使用可能性)以及风险预防(关于开设餐厅之许可)等问题。

2. 以合同设计为目的的法律适用是一种假设性的法律适用(hypothetische Rechtsanwendung)[57]

双方当事人之间通常尚未产生争议,但律师从一开始就应当认识并消除可能的争议隐患。设计合同的律师必须预见到可能发生的纠纷,制订相应的法律解决方案,并准备其他替代方案。[58] 律师可以对比各种设计方案和相应的法律后果,从中选择最有利的方案;而且,与法官不同,律师可以以未来为导向对当下的情况作出调整。例如,出于税法方面的考量而选择某些特定的公司形式。

---

[55] *Ahlers*, in: Festschrift Sigle, 2000, S.453(458);*Rittershaus/Teichmann*, Vertragsgestaltung, Rn. 242 f.;*Teichmann*, JuS2001, 973(978);*Harald Weber*, JuS 1989, 818 (819 f.).

[56] *Rehbinder*, Vertragsgestaltung, S.43;*Sontheimer/Kollmar*, Vertragsgestaltung und Steuerrecht, 3. Aufl. 2017, Rn. 3;*Wolf/Neuner*, BGB AT, § 39 Rn. 7 ff.

[57] *Rehbinder*, Vertragsgestaltung, S. 43 ff.;*Rittershaus/Teichmann*, Vertragsgestaltung, Rn. 256.

[58] *Heussen*, Anwalt, S.4;Langenfeld, Vertragsgestaltung, Kap. 2 Rn. 29;*Rehbinder*, Vertragsgestaltung, S. 44;*Schmittat*, Vertragsgestaltung, Rn. 59;*Wolf/Neuner*, BGB AT, § 39 Rn. 9.

> 合同律师受强行法的约束。其可以设计与任意法所不同的合同条款，如果这一做法从假设性的法律适用来看是合理的。

27　　法律适用与当事人利益评估之间的关系通过以下案例进行说明：

> 示例：
>
> A尚未确定是否要购买一套多功能健身器械。经销商B向A展示了各种样品。B表示，如果A愿意在家中试用一次这些器械，那么A就会对这套增肌力量训练器械（包括双杠练习器、倾斜板、高拉滑轮机等）产生极大兴趣。在本案中，B可以如何促使A做出购买决定？如果B无法成功地说服A签订"正常"的买卖合同，那么在不降价的情况下，B可以考虑通过以下几种方式激励A做出购买决定：

28　　（1）提供试用。B可以为A提供在家试用相关健身器械的机会，该**试用**（Aufstellung zur Probe）对A不产生任何约束力。如果B认为，经过试用，A会喜欢上使用这些器械，那么提供试用机会这一方案对B而言是可取的。但对B不利的是，其一，试用对A不产生任何约束力，存在A试用后仍决定不购买这些器械的风险；其二，B还要承担器械在试用后无法正常使用的风险，这可能导致其他客户不愿再购买这些器械，或者至少要求一定折扣。

（2）订立试用买卖合同。**试用买卖**（Kauf auf Probe）也有同样的缺点（《德国民法典》第454条）。在试用买卖的情况下，买卖合同以买方的认可为生效要件（《德国民法典》第454条第1款第2句）。是否作出该认可，由买方自由决定（《德国民法典》第454条第1款第1句）。在试用期间，买方不受任何约束。而且风险的转移也被推迟到认可之日[59]，即在 A 作出认可之前，标的物毁损、灭失的风险始终由 B 承担。此外，只有在 A 拒绝认可但仍继续使用的情况下，B 方可向其请求相应的赔偿。[60]

（3）可考虑的方案还包括订立**带有购买选择权的租赁合同**（Mietvertrag mit Kaufoption）（租赁买卖）。[61] 与无约束力的试用或试用买卖相比，该方案的优势在于，在 A 使用器械的期间，B 可以获得租金形式的补偿。但是在这种安排下，A 是否会行使购买选择权还有待观察。此外对于 B 而言，该合同的进行也比买卖合同更为复杂。比如，B 必须收取租金并记账、与 A 就器械维护达成协议以及告知其使用器械时的注意义务。

（4）B 在买卖合同中赋予 A 合同解除权。虽然在这种方案中，A 所受约束较为宽松，但在 A 行使解除权时，B 至少可以请求 A 赔偿使用健身器械相关的费用。

（5）与 A 订立**换货权保留的买卖合同**（Kauf mit Umtauschvorbehalt）。这也是对 B 而言最佳的选择方案，该合同是不附条件的买卖合同，其赋予了买方换货权。[62] 至于买方可以从哪些存货中选择替换物以及替换物价格与原购买物价格的关系如何等问题，取决于双方当事人的约定。与无约束力的试用或试用买卖不同，在换货权保留的买卖合同中，买方负有受领标的物的义务。而且根据《德国民法典》第 446 条和第 447 条的风险负担规则，该方案下的风险转移情形对卖方更有利。此外，与上文租赁买卖方案相比，换货权保留的买卖合同对 B 也更有利，因为无论如何 B 都会将标的物卖给 A，同时双方之间不再产生长期的联系。综上，B 的律师会建议 B 将销售谈话的方向引导到这个方案上。

---

[59] *Palandt/Weidenkaff*，§454 BGB Rn. 11.
[60] *Staudinger/Mader/Schermaier*，§454 BGB Rn. 32.
[61] *Palandt/Weidenkaff*，Einf. vor §535 BGB Rn. 30.
[62] *Palandt/Weidenkaff*，Vorbem. zu §454 BGB Rn. 3.

30 **3. 从合同律师的视角来看，法律是工具性的**（instrumentale Sicht des Rechts）

律师运用法律对当事人之间的法律关系进行最优设计。[63] 其目标不在于实现客观上的正义理想，而在于满足当事人的利益和需求。[64] 在这里，安全路径的选择起着重要作用。在涉及任意法规则时，法律工具性的特点尤为明显，因为只有在无法设计更好的（更符合当事人利益的）合同条款的情况下，律师才会采用任意法规则。[65]

四、设计标准之适用

31 在合同设计中通常存在多种可能的方案。选择哪一种方案取决于合同设计所依据的评估标准。评估标准并非是由律师自动决定的，其在确定评估标准时还需考虑客户的想法和反馈。[66] 虽然律师在设计合同时倾向于参考一般性的评估标准，但客户会倾向于考虑具体方案在本案中的实际效用。[67] 律师参考的一般性的评估标准包括安全路径之要求和避免争议之要求。此外，合同律师还必须思考消除不安全因素和解决争议的具体方法。

（一）安全路径的要求

32 只有当设计方案是符合当下的法律秩序时，合同设计才是成功的。如果某个合同方案不被法院所承认，那么该方案是不符合当事人利益的，同时（部分）无效的合同还可能使当事人处于不利地位。除了合同有效这一基本要求外，避免未来的解释问题和法律纠纷也很

---

[63] *Rittershaus/Teichmann*, Vertragsgestaltung, Rn. 212.

[64] *Rehbinder*, Vertragsgestaltung, S. 46 f.; *ders.*, AcP 174 (1974), 265 (265 f.); *Brambring*, JuS 1985, 380 (381).

[65] *Rehbinder*, Vertragsgestaltung, S. 47; Küttner, RdA 1999, 59 (59 f.); *Zawar*, JuS 1992, 134 (138 f.)。

[66] *Teichmann*, in: Festschrift Kanzleiter, 2010, S. 381 (385 ff.).

[67] *Rehbinder*, Vertragsgestaltung, S. 20.

重要。**安全路径之要求**（Gebot des sicheren Weges）即服务于后者。[68] 安全路径之要求是指，合同设计者应从多个设计方案中选择最可能获得预期效果的方案。[69] 其中也包括在方案中尽可能明确地表述当事人的意愿。因此，信息收集在该阶段也发挥着重要作用。

对于**未发现的法律问题**（unerkannte Rechtsprobleme），律师无法采取任何预防措施。但即使是对于**已发现的法律问题**（erkannte Rechtsprobleme），采取预防措施也并非易事。如果最高法院判例和学说理论对某一法律问题的解决方法是一致的，那么合同设计就是相对确定的。在这种情况下，合同律师可以认为该解决方法在本案件中也会得到认可。当最高法院判例和学说理论存在分歧时，合同设计就变得较为困难。在这种情况下，合同律师通常应以最高法院判例为指引。[70] 但其还须考虑判例发生变化的可能性。[71] 一方面，如果最高法院的判例是近期作出的，而且法院在判例中对学说理论中的观点进行了详细的评估并最终将其否定，那么判例发生变化的可能性就比较小；另一方面，如果最高法院的判例是多年前作出的，且该判例未对学说理论中的观点进行讨论，那么合同律师就应当考虑判例发生变化的可能性。[72]

---

[68] *Höhn/Weber*, Planung und Gestaltung von Rechtsgeschäften, 1986, S. 78 f.; *Rehbinder*, Vertragsgestaltung, S. 23; *Reithmann*, in: Festschrift 125 Jahre bayerisches Notariat, 1987, S. 159（175ff.）; *Reithmann/Albrecht/Reithmann*, Vertragsgestaltung, Rn. 35ff.; *Rittershaus/Teichmann*, Vertragsgestaltung, Rn. 197; 详细内容见 *Teichmann*, in: Festschrift Kanzleiter, 2010, S. 381。

[69] *Henssler*, JZ 1994, 178（182）; *Küttner*, RdA 1999, 59（60）; *Ramm*, Jura 2011, 408（409）; *Wolf/Neuner*, BGBAT, § 39 Rn. 12.

[70] *Köhler*, in: Festschrift 125 Jahre bayerisches Notariat, 1987, S. 197（204）; *Rittershaus/Teichmann*, Vertragsgestaltung, Rn. 204.

[71] *Rittershaus/Teichmann*, Vertragsgestaltung, Rn. 205.

[72] *Köhler*, in: Festschrift 125 Jahre bayerisches Notariat, 1987, S. 197（202 f.）。

34 　　如果最高法院对合同中的某一重要法律问题尚未做出解答,那么合同律师将面临特别的难题。此时,合同律师必须对有管辖权的法院的预期态度进行**有充分根据的预测**(fundierte Voraussage)。[73] 但即使该预测与后来判例的实际发展有所不同,也不能认为合同律师违反了其注意义务。[74] 在这种情况下,约定**可分割性条款**(salvatorische Klauseln)可能对当事人是有利的[75],因为如果合同的某一部分无效,至少其余条款仍然有效。由此可见,安全路径之要求从责任法视角来看也是很重要的。为完成以上任务,合同律师必须对法律和最高法院判例有广泛的了解。[76]

> 合同律师应遵守安全路径之要求。在设计合同时,其应尽可能地以最高法院判例为指引。

35 　　通常情况下,**更安全的合同设计**(sichere Vertragsgestaltung)是符合当事人利益的。但考虑到个别案例的**特殊情况**(speziellen Gegebenheiten),更迅速或更经济的方案可能优先于最安全的方案。[77] 特别是,如果当事人双方有长期的合同关系或有形象方面的顾虑,那么他们通常不考虑通过合同来避免法律纠纷。[78] 这种情况主要出现在与对方频繁订立合同的公司之间。

---

[73] *Henssler*, JZ 1994, 178 (180); *Köhler*, in: Festschrift 125 Jahre bayerisches Notariat, 1987, S. 197 (204).

[74] *Rehbinder*, Vertragsgestaltung, S. 26 f. 关于事前视角,见 *Kanzleiter*, NJW 1995, 905 (910); *Reithmann*, in: Festschrift 125 Jahre bayerisches Notariat, 1987, S. 159 (175)。关于公证员对判例的预测,详见 *Köhler*, in: Festschrift 125 Jahre bayerisches Notariat, 1987, S. 197。

[75] 见本章边码 50—51。

[76] *Kunkel*, Vertragsgestaltung, S. 52 f. ; *Rehbinder*, Vertragsgestaltung, S. 26 f.

[77] *Teichmann*, in: Festschrift Kanzleiter, 2010, S. 381 (396).

[78] *Rehbinder*, Vertragsgestaltung, S. 25; *Zankl*, Vertragssachen, Rn. 450 ff.

(二) 避免争议的要求

避免争议是障碍预防的一个重要方面。[79] 通过合同的正确履行，争议得以避免。合同的正确履行可借助激励、惩罚以及担保措施而实现。如果**一方当事人**（eine Partei）可以单方面地制定这些措施，那么该方当事人在**另一方**（anderen Partei）违约的情况下就会获得更有利的地位，且不会增加自己的违约风险。当然，在设计与障碍预防有关的合同条款时，"实力较强"的一方也要考虑对方的利益，以使对方不至于放弃签订合同。[80]

（1）当事人可以采取**激励**（Anreiz）措施以实现合同的正确履行，比如为另一方设定**先履行义务**（Vorleistungspflicht）。在这种情况下，为了获得对待给付，负有先履行义务的一方必须先履行自己的给付义务。如此，负有先履行义务的一方就有动力正确地履行合同。[81]

示例：
货款应在交货两周后支付。

（2）除激励措施外，当事人可以为合同的不履行和不适当履行之情形制定**惩罚**（Sanktion）措施，如违约金条款。根据《德国民法典》第339条，**违约金**（Vertragsstrafe）产生于当事人的约定，是对债务人施加压力的一种手段。[82] 这一压力会促使债务人及时履行其给付义务。同时，违约金条款也省去了债权人对损害进行举证的繁琐

---

[79] Rehbinder, AcP174 (1974), 265 (288); Reithmann/Albrecht/Reithmann, Vertragsgestaltung, Rn. 26 ff. 。另见 Reithmann, in: Festschrift 125 Jahre bayerisches Notariat, 1987, S. 159 (181 f.)。

[80] Rehbinder, Vertragsgestaltung, S. 32.

[81] Zankl, Vertragssachen, Rn. 383.

[82] Fikentscher/Heinemann, Schuldrecht, Rn. 141; Langenfeld, Vertragsgestaltung, Kap. 4 Rn. 28 ff.; Medicus/Lorenz, Schuldrecht I, Rn. 577; Köhler, Vereinbarung und Verwirkung der Vertragsstrafe, in: Festschrift Gernhuber, 1993, S. 207; Weiler, Schuldrecht Allgemeiner Teil, §9 Rn. 23.

工作。[83] 因此，违约金条款既促进了合同的正确履行，也简化了履行障碍发生时的处理。[84] 如果债务人就其不履行或不适当履行债务的情况，向债权人约定支付某一金额作为违约金，那么根据《德国民法典》第339条第1句，当债务人限于迟延时，其应承担违约金责任。根据《德国民法典》的基本思想，违约金责任以过错为前提。但当事人可以对此做不同的约定，即约定无过错的违约金责任。[85]

39 　　由于违约金会给债务人带来较大的经济上的后果，因此法律规定了多种有利于商人以外的主体的**保护机制**（Schutzmechanismen）。[86]《德国民法典》第309条第6项规定，如果违约金条款约定，顾客在拒绝受领给付、迟延受领给付、迟延支付价款或解除合同的情况下应承担违约金责任，那么该条款无效。而根据《德国民法典》第310第1款第1句，这一规定不适用于经营者。此外，《德国民法典》第343条第1款规定，如果违约金数额过高，那么可根据债务人的申请，通过判决将其调至适当数额。而根据《德国商法典》第348条，这一规定不适用于商人。

示例：

A向B允诺，在2019年10月15日前交付1 000部手机，B担心，如果A迟延交付，那么自己会错过圣诞节期间的部分业务。因此，B非常关注A能否按期交货这一问题。如果B与A就迟延交货约定了违约金条款，那么作为对A违约行为的惩罚措施，该违约金条款可以起到督促A正确履行合同（即按期交付）的作用。例如，双方可以约定这样的违约金条款："如果卖

---

[83] *Langenfeld*, Vertragsgestaltung, Kap. 4 Rn. 28 ff.; *Palandt/Grüneberg*, §339 BGB Rn. 1; *Schmittat*, Vertragsgestaltung, Rn. 167; *Weiler*, Schuldrecht Allgemeiner Teil, §9 Rn. 23.

[84] *Zankl*, Vertragssachen, Rn. 683 ff.

[85] BGH vom 28. 1. 1997-XI ZR 42/96, WM 1997, 560; BGH vom 28. 9. 1978-II ZR 10/77, BGHZ 72, 174 (178ff.).

[86] *Larenz*, Schuldrecht I, S. 377 ff.; *Medicus/Lorenz*, Schuldrecht I, Rn. 580 ff.

方未能按期交货，且其对此有过错，那么每超过交货期一日，卖方即应向买方支付 500 欧元的违约金"。

(3) 当事人也可以通过**担保措施**（Sicherungsmittel）来促进合同的正确履行，例如不动产买卖情形中的**预先登记**（Auflassungsvormerkung），其条件与法律效果规定在《德国民法典》第 883 条和 885 条。根据《德国民法典》第 873 条第 1 款，买受人只有被登记于土地登记簿后，方成为不动产所有权人。但是，从签订买卖合同到买受人被登记于土地登记簿而成为所有权人，这中间通常需要几个月的时间。在此期间，不动产的出卖人可以通过将不动产出售给第三人而阻碍买受人获得不动产所有权。如果第三人先于买受人被登记在土地登记簿上，那么买受人虽然可以向出卖人主张损害赔偿，但其已不能取得不动产的所有权。[87] 而如果买受人在土地登记簿上进行了预告登记，那么根据《德国民法典》第 883 条第 2 款的规定，买受人可免受出卖人在此期间做出的处分行为的影响。只要出卖人的处分行为阻碍或影响买受人请求权的实现，那么该处分行为就是无效的。[88]

40

示例：
A 将一处不动产出售给 B。在经过公证的买卖合同中有这样的条款："卖方不可撤回地同意为买方设立预告登记。"

合同律师可通过激励、惩罚以及担保措施来避免争议，例如通过设定先履行义务（激励措施），约定违约金条款（惩罚措施）以及设立预告登记（不动产交易中的担保措施）。

在争议避免和争议解决之间，存在着有关**合同终止**（Vertragsbeendigung）的规则。[89] 合同关系的终止可以通过在合同中约定期限

41

---

[87] *Baur/Stürner*, Sachenrecht, § 20 Rn. 1 f.（提供了一个直观的例子）。
[88] 具体内容见 *Schreiber*, Sachenrecht, Rn. 393 ff.。
[89] *Rehbinder*, Vertragsgestaltung, S. 34; *Zankl*, Vertragssachen, Rn. 427 ff.

或约定解除条件等方式而实现。对于合同的通知终止，当事人可以在合同中约定通知终止的事由和期间。

示例：

在一份营业场所租赁合同中有这样的条款："特别终止的重大事由尤其产生于以下情形：

①一方违反本合同第 18 条规定的竞争条款；

②承租人在出租人作出书面警告后仍不遵守约定的店铺营业时间。"

（三）争议解决方法

42　　在障碍预防方面，当事人通常会约定**争议解决机制**（Konfliktlösungsmechanismen）。特别是对于长期有合同关系的双方当事人，实践中会约定发生争议时采取仲裁、调停或调解的方法。这些争议解决方法有助于双方当事人免于法院诉讼，并且尽可能快速、有效地解决争议。

43　　（1）《德国民事诉讼法》第 1025 条及以下对**仲裁协议**（Schiedsvereinbarungen）作出了规定。根据《德国民事诉讼法》第 1029 条、第 1030 条的规定，合同当事人可以将有关财产索赔的争议提交仲裁庭裁决。[90]《德国民事诉讼法》第 1031 条规定，仲裁协议必须以可核证的形式订立。根据《德国民事诉讼法》第 1032 条第 1 款的规定，如果一方当事人就仲裁协议所涉及的事项提起诉讼，那么在另一方当事人提出异议后，法院原则上应驳回该诉讼（即仲裁协议的抗辩）。对于双方当事人，仲裁裁决具有与法院判决同等的法律效力（《德国民事诉讼法》第 1055 条）。根据《德国民事诉讼法》第 1059 条的规定，只有在严格的条件下，通过撤销仲裁裁决之申请，仲裁裁

---

[90] 关于对旧法的修改，见 *Habscheid*, JZ 1998, 445 (447); *Lörcher*, DB 1998, 245 (246)。

决方可被法院撤销。[91]

与法院诉讼相比,仲裁的**优势**(Vorteil)在于,其一,仲裁实行一裁终局的制度,因此可以更快地对案件作出裁决;其二,当事人可以选择仲裁庭的组成人员,其可以挑选具有专业知识的人作为仲裁员;其三,非公开的仲裁程序可以保护案件的机密性,这对当事人可能意义非凡;其四,在跨境商事纠纷中,仲裁程序还具有特殊的优势,即当事人可以自由选择仲裁地点和仲裁语言(《德国民事诉讼法》第1043条、第1045条),而且其对仲裁程序有一定的设计自由(《德国民事诉讼法》第1042条第3款)。但费用较高是仲裁程序的一大**劣势**(Nachteilig),特别是对于争议价值较低的案件。[92]

44

(2)在德国,只有少数地区的法律规定了**调停程序**(Schlichtungsverfahren)。调停程序的具体安排通常由双方当事人决定。当事人在调停协议中经常会要求第三方参与谈判,如建筑行业重大项目纠纷中的索赔代理人,第三方参与谈判的目的在于促进当事人达成和解。[93] 在部分联邦州如巴伐利亚州、下萨克森州和北莱茵-威斯特法伦州等地区的法律规定,调停程序是某些诉讼程序的前置程序[94],但这对于合同设计影响不大。

45

下文以《巴伐利亚州调停法》(Bayerisches Schlichtungsgesetz)为例对调停程序作简要介绍。根据《巴伐利亚州调停法》第3条第1款第1句,下列人员有资格担任调停人:非当事人代理人的律师、公

46

---

[91] 关于撤销原因,见 Habscheid, JZ 1998, 445 (449);Junker, Deutsche Schiedsgerichte und Internationales Privatrecht (§ 1051 ZPO), in: Festschrift Sandrock, 1970, S. 443 (447 ff.)。

[92] 关于优势与劣势的全面介绍,见 MünchKomm-ZPO/Münch, Vorbem. zu § 1025 ZPO Rn. 88 ff. 。

[93] Meins, Vertragsverhandlung, S. 105;Rehbinder, Vertragsgestaltung, S. 34。

[94] 关于各州法律的确切的适用范围,见 Art. 1 BaySchlG vom 25. 4. 2000 (GVBl. S. 268), § 53 JustG NRW vom 26. 1. 2010 (GV. NRW. S. 30);§ 1 NdsSchlG vom 17. 12. 2009 (NdS. GVBl. S. 482)。

证人或《德国民事诉讼法施行法》第 15a 条第 3 款规定的商会、行会、专业协会或类似机构的常设调停人。在非公开调停程序中,调停人与当事人一起讨论解决争议可能的办法。在不过分拖延调停程序的前提下,还可以听取证人证言和专家意见(《巴伐利亚州调停法》第 10 条)。如果调停未果,那么双方当事人会收到相应的证明,在提起诉讼时,当事人必须出示该证明(《巴伐利亚州调停法》第 4 条第 1 款第 1 句)。调停程序的费用在 50 欧元到 100 欧元之间(《巴伐利亚州调停法》第 13 条第 2 款)。双方当事人也可以根据《巴伐利亚州调停法》第 12 条第 3 句对调停费用的分配进行约定。如未作约定,则调停费用包含在后续诉讼费用中。

47　　调停程序的一种特殊形式是**监察员程序**(Ombudsmann-verfahren)。在这一源自瑞典公法的程序中,同样有独立的第三方帮助双方当事人解决冲突。在私法中,监察员程序被用来调停特定公司与其客户之间的纠纷。与调解不同的是,并不是任何人都可以求助于第三方(即监察员),只有特定群体的成员才可以,如银行的个人客户。例如,德国银行联合会任命了多名监察员。[95] 私营银行的个人客户在业务关系出现问题时,可向监察员求助。客户对此无需支付任何费用。但是如果法院诉讼程序已经开始或者检察机关已介入,那么监察员将不会采取任何行动。监察员的决定对客户不具有约束力;当争议价值不超过 1 万欧元时,监察员的决定对银行有拘束力。因此,争议价值低于 1 万欧元的银行业监察员程序被视为仲裁程序与调停程序的混合。[96]

48　　(3)如果第三人只是参与调停会谈,那么这种争议解决方法即

---

[95] 这一程序在私营银行的监察员程序法规中有所规定。关于这一程序的法律性质以及改革建议,详见 v. Hippel, Der Ombudsmann im Bank-und Versicherungswesen, 2000, S. 25 ff.。

[96] 关于之前规定的争议价值,见 v. Hippel, Der Ombudsmann im Bank-und Versicherungswesen, 2000, S. 111。

为调解（Mediation）。当中立的第三方介入争议以协助当事人谈判时，调解就开始了。调解的一个基本特点是，调解人没有决定权。因此，如果当事人希望最终的解决方案是双方当事人都认可的，那么调解这一争议解决方法就尤为合适。由于调解不仅可以用于解决现有合同关系中的冲突，也可以用于该合同关系以外的合同谈判或其他谈判，因此，有第三方参与的调停只是调解的多种形式之一。[97]

> 在合同履行过程中可能会产生争议，对此，当事人可以约定仲裁、调停或调解程序作为解决争议的方法。

（四）不确定因素的应对

律师在设计合同时，难免会遇到事实上或法律上的不确定（或不明晰）的情况。这些不确定的情况既可能出现在障碍预防领域，也可能出现在目的实现领域。

49

（1）处理**法律上的不确定因素**（rechtlichen Unsicherheiten）是障碍预防领域的任务。合同律师会面临法律上的不确定性，尤其是当其必须对未来的法院判决进行预测时。[98] 根据《德国民法典》第139条的规定，如果合同部分条款无效，那么"在有疑义时"，整个合同归于无效。这一法律后果往往违背了当事人的利益追求。[99] 为此，律师可以在合同中加入**可分割性条款**（salvatorische Klauseln），以确保合同尽可能得以存续。[100] 一方面，律师可以将可分割性条款设计为**维持性条款**（Erhaltungsklauseln），其效果是，在合同某一条款无效的情况下，不适用《德国民法典》第139条（即合同部分无

50

---

[97] 关于调解，见本书第二章边码 43—46。
[98] 见本章边码 33—34。
[99] *Medicus/Petersen*, Allgemeiner Teil des BGB, Rn. 510; *Seiler*, in: Festschrift Kaser, 1976, S. 127.
[100] *Köhler*, BGB Allgemeiner Teil, §15 Rn. 8; *Kornexl*, Vertragsgestaltung, Rn. 213 f.; *Harry Westermann*, in: Festschrift Möhring, 1975, S. 135.

效，则全部无效）的规定，而是合同其他条款仍然有效。[101]

维持性条款的示例："如果本合同的某一条款无效或之后变为无效，那么其余条款应继续有效。"[102]

51　　另一方面，律师也可以将可分割性条款设计为**替换性条款**（Ersetzungsklauseln）。[103] 维持性条款没有回答"无效的合同条款应由哪一条款替代"这一问题。替换性条款则试图回答这个问题。例如，律师可以在合同中规定合同的空白应通过解释进行填补，或者规定由当事人进行重新协商[104]，或者规定一方当事人或第三人有单方面制定新的合同条款的权利。[105] 其中，在行使单方面合同条款的制定权时，制定权人应遵守《德国民法典》第315条中的公平裁量的界限。当然，律师也可以直接在某些合同条款中设计相应的替代规定。[106] 通常情况下，维持性条款和替换性条款在合同设计中都是允许的。[107] 但在设计替换性条款时需注意，替换机制应足够明确。

替换性条款的示例："如果本合同的某一条款无效或之后变为无效，那么双方应通过重新协商制定新的条款替换该条款"。

52　　（2）在合同履行过程中，不仅可能发生法律上的变动，也可能发生**事实上的变动**（tatsächliche Veränderungen）。事实上的变动可能

---

[101] Beyer, Salvatorische Klauseln, S. 5；Kasselmann, Salvatorische Klauseln in Allgemeinen Geschäftsbedingungen, 1986, S. 46；Staudinger/Roth, §139 BGB Rn. 22.
[102] 关于一个广泛的可分割性条款的例子，见 Medicus/Petersen, Allgemeiner Teil des BGB, Rn. 510。
[103] Böhme, Erhaltungsklauseln, 2000, S. 90；Kasselmann, Salvatorische Klauseln in Allgemeinen Geschäftsbedingungen, 1986, S. 51；Staudinger/Roth, §139 BGB Rn. 22.
[104] 关于重新协商条款，见 Horn, AcP 181 (1981), 255 (257 ff.)；Martinek, AcP 198 (1998), 329 (344 ff.)；Nelle, Neuverhandlungspflichten, 1993, S. 250 ff.。
[105] Beyer, Salvatorische Klauseln, S. 56 ff.，但其认为，规定合同空白应通过解释进行填补的合同条款是具有额外法律后果的维持性条款（见该书第52页及以下）；Böhme 则区分了替换性条款的七种类型，见 Böhme, Erhaltungsklauseln, 2000, S. 90 ff.。
[106] Beyer, Salvatorische Klauseln, S. 58 ff.；Schmittat, Vertragsgestaltung, Rn. 180.
[107] Beyer, Salvatorische Klauseln, S. 92, 102 ff.；Schröder, Sicherer Weg, S. 222 ff.；Staudinger/Roth, §139 BGB Rn. 22.

由当事人引起（如某一重要员工离职）或由外部因素引起（如能源成本急剧上升）。[108] 如果律师在合同中未制订预防措施，那么当事实上的变动发生时，当事人只能求助于《德国民法典》第313条中的交易基础障碍规则。作为预防措施，律师可以在合同中设计调整性条款。[109] 如果调整的事实发生在合同的履行中是可以合理预见到的，那么调整性条款的设计就属于目的实现领域的任务。例如，长期合同中的金钱给付应当根据货币贬值情况而调整。相比之下，对发生概率极低的事件（如战争、自然灾害）的预防则属于障碍预防领域的任务。

调整性条款可以规定**自动的合同调整**（automatische Vertragsanpassung）。[110] 例如，长期供货合同的双方当事人可以约定，标的物的价格取决于某一可比较商品的价格，从而标的物的价格受可比较商品的价格的影响（所谓的张力条款）。工资和材料成本的变化也可以通过自动的调整性条款进行调节。这类所谓的成本要素条款在能源行业很常见。[111] 如果是关于金钱债务的调整，这也是很常见的情形，那么需要特别注意2007年9月7日颁布的《价格条款法》[112]，该法只允许在特定情况下将金钱债务数额与其他要素挂钩。例如，《价格条款法》第1条第1款规定，仅允许将金钱债务数额与可比较商品的价格挂钩，而不允许将其与无可比性的商品的价格挂钩。

示例：

在关于法兰克福东区某商业用房期限为5年的租赁合同中，不允许这样规定："如果联邦统计局确定的德国所有家庭的

---

[108] *Rehbinder*, Vertragsgestaltung, S. 39.

[109] *Rehbinder*, AcP 174 (1974), 265 (289); *Rittershaus/Teichmann*, Vertragsgestaltung, Rn. 286; *Zankl*, Vertragssachen, Rn. 439 ff. 关于调整型条款的详细介绍，见 *Kamanabrou*, Vertragliche Anpassungsklauseln, 2004。

[110] *Bilda*, Anpassungsklauseln in Verträgen, 2. Aufl. 1973, Rn. 43 ff.

[111] *Baur*, Vertragliche Anpassungsregelungen, 1983, S. 32 ff.

[112] BGBl. 2007 I, S. 2246 (2247).

生活成本价格指数上涨超过5%，那么该房屋的租金相应上涨。"

相反，允许这样规定："如果法兰克福东区的可比较房屋的价格上涨，那么该房屋的租金相应上涨。"

54　　此外，这种调整也可以交由一方当事人或第三人决定（Entscheidung einer Partei oder eines Dritten）。在这种情况下，调整权人必须遵守《德国民法典》第315、317条的规定。在有疑义时，调整权人应遵循《德国民法典》第315条第1款的规定，公平地对合同做出调整。调整的公平性可由法院审查。《德国民法典》第315条第3款规定，不公平的调整将被法院判决所取代。

> 示例：
> 如果对价格计算具有决定性作用的成本因素发生变化，那么卖方可以提高价格，但不得超过成本增加的数额。

55　　最后，也可以考虑在合同中规定**重新协商条款**（Neuverhandlungsklauseln）。根据该条款，当某些变动发生时，双方当事人应就合同的调整进行重新协商。[113]

> 示例：
> 如果经济情况发生变化，以至于约定的购买价格对卖方来说不再是可合理期待的，那么双方应重新协商确定一个合适的价格。

合同律师使用可分割性条款来应对法律上的不确定性。事实上的不确定性可借助调整性条款来克服。

五、应对目标冲突

56　　在设计合同时，一方或双方当事人的目标可能在不同层面上发生

---

[113] 对于使用重新协商条款的批评，见 Zankl, Vertragssachen, Rn. 441。

冲突。例如，一方当事人的多个实质目标之间可能会相互冲突[114]，或者实质目标与障碍预防的目标不一致。如果事实情况并不复杂，那么律师可以使用**利益矩阵**（Interessenmatrix）来检查，在哪种合同设计中可以实现哪些目标。[115] 以上文的"多功能健身器械"案例为例[116]，其利益矩阵如下：

目标 设计	是否销售商品	对顾客有无约束力	有无补偿
无约束力的试用	可能	无	无
试用买卖	可能	无	无
带有购买选择权的租赁合同	可能	有（租金）	有
带有解除权的买卖合同	可能	无	有
带有换货权保留的买卖合同	是	有	无

然而，最好的设计不一定是实现目标最多的设计。有可能另一种设计实现的目标数量虽然不是最多，但其实现的目标更为重要。在这种情况下，除非客户明确表示更看重其他利益，否则应优先选择**更安全的合同设计**（sichere Vertragsgestaltung）。[117] 例如在下面的案例中，客户必须在实现更多的目标和实现更重要的目标之间做出选择。

示例：

X公司希望在奥斯纳布吕克建立一个大型购物中心。对 X 公司而言，合作伙伴的金融投资是非常重要的。在考虑的两个地点中，位置 A 的交通比位置 B 便利得多。因此有很多商家表示，如果 X 公司选择位置 A，那么其有兴趣与 X 公司签订租赁协

---

[114] *Teichmann*, in: Festschrift Kanzleiter, 2010, S. 381（395 f.）.
[115] *Rehbinder*, Vertragsgestaltung, S. 35.
[116] 见本章边码 27—29。
[117] *Schröder*, Sicherer Weg, S. 18 f.

议,入驻该购物中心。如果 X 公司选择位置 B,那么有兴趣入驻的商家就没有那么多,但也是足够的。此外,就土地价格而言,位置 A 的地皮比位置 B 的土地的购买价格要便宜。但是 X 公司的合作伙伴表示,只有在选择位置 B 的情况下,其才会向 X 公司提供资金支持。

58 从下方的利益矩阵可以看出,虽然在选择位置 A 时,X 公司可以实现更多的目标。但只有在选择位置 B 时,X 公司才能实现获得合作伙伴的金融投资这一决定性目标。

选项 \ 目标	获得金融投资	交通更为便利	土地购置成本较低
位置 A	否	是	是
位置 B	是	否	否

59 目标冲突不仅出现在一方当事人的不同目标之间,而且产生于**双方当事人的目标**(Zielen beider Parteien)之间。对于后者,用来识别和区分有争议要点和无争议要点,表格形式的比较分析也是颇有帮助的。

示例:

V 在 2017 年将自己位于汉堡-波塞尔多夫的底层房屋出租给 M,M 租赁房子的目的在于经营咖啡馆。该租赁合同的期限为 10 年。在此期间,双方只能基于重大原因终止租赁关系。合同终止后,V 应当按照现有价值接管咖啡馆的设施。由于 M 经营咖啡馆已有两年,但生意一直不理想,因此他想"退出",转而投入加勒比海地区的珍珠养殖事业中。为此,M 向 V 表达了终止合同的意愿。V 也不反对终止合同,因为他想把该房子留给女儿,其女儿想在这里开一家高级厨具和餐具店。由于咖啡馆的设施对 V 的女儿而言没有什么用处,因此 V 希望可以不接管咖啡馆的设施。

相反，M 希望 V 接管咖啡馆的设施，这样他就可以再获得一笔款项，用于购买养殖珍珠的基本设备。此外，M 还希望合同可以再存续三个月，因为三个月后他心仪的珍珠养殖地才空出来。而 V 则希望尽快把房子交给女儿，但是他对此并不十分着急。

出租人的利益	承租人的利益
解除合同	解除合同
尽可能不设存续期间	三个月的存续期间
不接管咖啡馆的设施	接管咖啡馆的设施

从根本上讲，真正的利益冲突只存在于咖啡馆设施的接管方面。但是，由于 M 和 V 很难充分了解对方的利益，因此，租赁合同的实际处理很大程度上取决于双方的谈判技巧。例如，V 可以通过"慷慨地"答应 M 提出的三个月存续期间的要求，来获得其他方面的利益。而如果 V 太急于解除合同，那么 M 就会思考，自己是否可以从 V 的这一急迫心态中获益。

六、合同谈判

（1）合同谈判的开启尤其发生在**没有标准合同**（kein standardisiertes Geschäft）并且双方当事人**不存在明显的力量差距**（kein übermäßiges Machtgefälle）的情况下。而标准合同主要存在于**消费者合同**（Verbraucherverträge）领域，这种合同通常须遵守法律规定的一般交易条款相关规则。因此，通过制定法实现对消费者的保护。但是公司之间的合同或私人之间的重要合同往往仍需要合同谈判。 60

谈判力量（Verhandlungsmacht）和**谈判技巧**（Verhandlungsgeschick）在谈判过程和结果中都起着重要作用。谈判力量的大小取决于竞争情况和市场情况、双方当事人的关系以及缔结合同对双方的重要性等。在具体的谈判中，占据优势地位的一方会努力将这种谈判力 61

量转化为最有利己方的合同设计。如果某种合同设计使得对方当事人宁愿放弃签订合同，或从长远来看会威胁双方关系的稳定性，那么该合同方案就触及了合同谈判的边界。[118]

62　　（2）合同律师可以通过不同的方式参与合同谈判。如果律师在双方之间充当**中间人**（Mittler）（如公证员），那么其必须在心中有一个公平的折衷方案。如果律师是一方当事人的**利益代表**（Interessenvertreter），那么其应当为自己的客户谈定最有利的结果或者提供相应的建议。此时律师可能还有一项任务，即确定对于哪些要点可以作出让步，以便实现其他目标。当然，律师的想法对于客户而言只是建议，如何评估各个目标，最终须由客户自己决定。[119]

63　　谈判的具体设计因合同律师加入的阶段以及客户是否在场而有所不同。[120] 如果律师需要准备谈判，那么其必须对谈判作出规划，并在可能的情况下，通过自己的**初步考虑拟定合同草案**（Vorüberlegungen und Entwürfe）以引导谈判进程。[121] 此外，合同律师应以不损害双方之间进一步合同关系的方式对待对方当事人。在很多谈判中，会面临各方当事人在其他事项上也要进行合作。[122] 这不仅适用于长期的业务合作伙伴，也适用于例如劳资协议的当事人或经营伙伴（即职工委员会和雇主）。

七、指导与咨询

64　　合同律师的任务还包括就合同设计的可能性及其后果向客户提供

---

[118]　*Aderhold/Koch/Lenkaitis*, Vertragsgestaltung, § 5 Rn. 16 f.; *Rehbinder*, Vertragsgestaltung, S. 63 f. 。关于当事人谈判的空间，见 *Zankl*, Vertragssachen, Rn. 177, 180。

[119]　*Rehbinder*, Vertragsgestaltung, S. 74 f.; *Zankl*, Vertragssachen, Rn. 20.

[120]　*Zankl*, Vertragssachen, Rn. 21.

[121]　*Rehbinder*, Vertragsgestaltung, S. 77 f.

[122]　*Bauer*, NZA 1999, 11 (13).

指导和咨询。[123] 对客户的**指导**（Belehrung）涉及合同的法律意义与效果。[124] 合同律师为客户提供尽可能清晰的解释，一定程度上可以保护作为外行人的客户免受订立合同带来的不可预见的不利后果。[125] 以恰当的、适宜的合同设计为导向的指导和**咨询**（Beratung）之间没有明确的分界线。[126] 咨询的范围较指导更广；咨询的目的是尽可能使当事人订立最优的合同。[127]

咨询的类型和范围取决于法律人的角色。公证员有义务保持中立，而律师则可以更多地关注其客户的利益。[128] 但即使是作为利益代表的律师，也要寻求平衡的合同设计，以建立一个长期稳定的合同关系。此外，尤其是对于没有经验的客户，指导和咨询起着重要的作用。这不仅包括障碍预防这一特定的法律活动领域。而且在目的实现方面，当事人在了解法律后果和其他设计方案后，其目标也可能发生变化。[129]

示例：

一对情侣想结婚，为避免日后发生法律纠纷，他们想提前对离婚的后果做出约定。由于两人都有工作并且不打算生孩子，因

---

[123] 关于指导与咨询的全面介绍，见本书第六章边码 22—26；详细介绍还可以见 *Aderhold/Koch/Lenkaitis*, Vertragsgestaltung, § 3 Rn. 27 ff.。

[124] *Rittershaus/Teichmann*, Vertragsgestaltung, Rn. 173; *Schmittat*, Vertragsgestaltung, Rn. 62; *Wolf/Neuner*, BGB AT, § 39 Rn. 3.

[125] *Rehbinder*, Vertragsgestaltung, S. 54.

[126] *Kunkel*, Vertragsgestaltung, S. 58 f.; *Wolf/Neuner*, BGB AT, § 39 Rn. 3.

[127] *Reithmann/Albrecht/Reithmann*, Vertragsgestaltung, Rn. 170; *Schmittat*, Vertragsgestaltung, Rn. 64; *Wolf/Neuner*, BGB AT, § 39 Rn. 3.

[128] *Rehbinder*, Vertragsgestaltung, S. 54 f.; Wolf/Neuner, BGB AT, § 39 Rn 3 f. 关于公证员义务的详细介绍，见本书第六章边码 22—26。

[129] *Henssler*, JZ 1994, 178（181）; *Rehbinder*, Vertragsgestaltung, S. 54 f.; *Reithmann/Albrecht/Reithmann*, Rn. 133 ff.

此想排除婚后抚养义务。[130] 此时，公证员应指出，如果还是有孩子出生了，且配偶一方因此在职业发展上落后于另一方，那么排除婚后抚养义务的这种约定就会产生不良后果。对此，公证员可以提出这样的方案，即以孩子的出生作为原先离婚时财产分配约定的解除条件。[131]

> 合同律师应当指导客户了解相关法律行为的意义和后果。如果合同律师还承担咨询的任务，那么其应当为客户订立最优的合同而努力。

八、准备合同文本

合同律师需要准备**合同文本**（Vertragsurkunde）以备签字。[132] 如果是比较复杂的合同设计，那么律师在定稿前通常会先打草稿，之后再根据当事人的利益一步步地完善。在**语言方面**（sprachlicher Hinsicht），合同律师应尽量使用一般人可以理解的、不复杂的措辞。当然，为了合同表述的清楚与准确，可以适当使用法律专业术语。[133] 在有疑义时，清晰明确的措辞优先于通俗易懂的表述[134]，因为合同的主要目的在于有效地规范当事人之间的法律关系。[135] 在实践中，跨境合同的**合同语言**（Vertragssprache）通常取决于合同所适用

---

[130] 根据《德国民法典》第1585c条，这样的排除约定原则上是有效的。关于判例对于《德国民法典》第1585c条的限制，见 *Schwenzer*, Vertragsfreiheit im Ehevermögens-und Scheidungsfolgenrecht, AcP 196（1996），88（95 ff.）。

[131] 例子见 *Langenfeld*, JuS 1998, 417（418）。

[132] *Reithmann/Albrecht/Reithmann*, Vertragsgestaltung, Rn. 2 ff.；*Harald Weber*, JuS 1986, 636（641 f.）。

[133] *Kornexl*, Vertragsgestaltung, Rn. 10 f.；*Langenfeld*, Vertragsgestaltung, Kap. 5 Rn. 20；*Rehbinder*, Vertragsgestaltung, S. 102f.；*Ritterhaus/Teichmann*, Vertragsgestaltung, Rn. 511；*Schmittat*, Vertragsgestaltung, Rn. 80.

[134] *Langenfeld*, Vertragsgestaltung, Kap. 5 Rn. 23.

[135] 关于对复述制定法这一做法的反对意见，见 *Aderhold/Koch/Lenkaitis*, Vertragsgestaltung, §6 Rn. 11。

的法律。[136] 如果合同是用多种语言撰写的，那么当事人应约定在发生解释上的争议时以哪种语言文本为准。[137]

对于**合同文本的具体结构**（Aufbau der Vertragsurkunde），法律没有规定。但实务中已经发展出了结构大纲（即所谓的合同文本的"外壳"），标准合同手册即是以这些大纲作为基础而进行阐述的。合同的条款应遵循结构大纲，**按照所规范的事项进行梳理**（nach Sachgruppen zu gliedern）。[138] 首先，合同要有一个标题，该标题应尽可能准确地表明合同的类别。其次，需要写明合同的各方当事人。如果当事人为公司，那么合同律师必须确保当事人的名称（包括公司代表人的名字）是正确的。[139]

> **示例：**
>
> 如果上文"新闻部门主管"案例[140]中的双方当事人签订了解约合同，那么在该合同中，用人单位的正确名称不是"公司B"，而是"B股份公司"。此外，在公司名称这一部分还要添加公司的代表人。如果B股份公司由其董事会成员Bernd Heise和Konrad Kröger共同代表，则应添加这样的语句："（B股份公司）由有权共同代表公司的董事会成员Bernd Heise和Konrad Kröger共同代表。"

再次，应在合同中加入关于主给付义务及其履行方式（包括

---

[136] *Zankl*, Vertragssachen, Rn. 878. 关于多种语言的合同文本的解释难题，见 *Rittershaus/Teichmann*, Vertragsgestaltung, Rn. 512。

[137] *Aderhold/Koch/Lenkaitis*, Vertragsgestaltung, §6 Rn. 2；*Zankl*, Vertragssachen, Rn. 879 ff.

[138] *Aderhold/Koch/Lenkaitis*, Vertragsgestaltung, §6 Rn. 13；*Langenfeld*, Vertragsgestaltung, Kap. 3 Rn. 5 ff.

[139] *Rittershaus/Teichmann*, Vertragsgestaltung, Rn. 493 f.；*Schmittat*, Vertragsgestaltung, Rn. 188；*Zankl*, Vertragssachen, Rn. 902 ff.

[140] 见本章边码18。

给付与对待给付的履行时间和地点）的条款。[141] 另外，如有需要，还可以加入关于违约的规定和关于合同期限的规定等。最后，在合同末尾部分往往会有书面形式条款和可分割性条款；争议解决规则（如仲裁约定或法院管辖约定）通常也会作为所谓的结尾条款放在合同文本的最后。[142]

69　　部分结构大纲的形成受到法条的结构或未来事件的时间顺序的影响：例如在有疑义时，股份公司的**章程**（Satzung）以《德国股份法》的体系为导向[143]，协会的章程会把加入协会的规则放在退会和除名的规则之前。**双务合同**（Austauschvertrag）在规定（物权性的）处分行为之前，会先对（债权性的）负担行为进行规定。

本章参考文献(同时参见缩略引用的本书"文献目录")：

Ahlers, Rechtsberatende Praxis im juristischen Studium, in: Festschrift Sigle, 2000, S. 453; *Brambring*, Einführung in die Vertragsgestaltung, JuS 1985, 380; *Eiden*, Vertragsgestaltung in Klausur und Praxis, JuS 2014, 496; *Henssler*, Haftungsrisiken anwaltlicher Tätigkeit, JZ 1994, 178; *Höhn/Weber*, Planung und Gestaltung von Rechtsgeschäften, 1986; *Hommelhoff*, Anwälte im Streckbett der Richterausbildung, in: Festschrift Sigle, 2000, S. 463; *Hommelhoff/Hillers*, Zur Methodik kautelarjuristischer Arbeitsweise-Der Werkstattwagen, Jura 1983, 592; *Hommelhoff/Teichmann*, Zu einer Methodik der Kautelarjurisprudenz in der Universitätsausbildung, in: Der Fachanwalt für Steuerrecht im Rechtswesen-Festschrift 50 Jahre Arbeitsgemeinschaft der Fachanwälte für Steuerrecht e. V., 1999, S. 537; *Horn*, Neuverhandlungspflicht, AcP 181 (1981), 255; *Kanzleiter*, Der Blick in die Zukunft

---

[141] *Rittershaus/Teichmann*, Vertragsgestaltung, Rn. 497 ff.
[142] 同样观点见 Aderhold/Koch/Lenkaitis, Vertragsgestaltung, § 6 Rn. 22。
[143] Vgl. *Harald Weber*, JuS 1989, 636 (641).

als Voraussetzung der Vertragsgestaltung, NJW 1995, 905; *Kunkel*, Vertragsgestaltung, 2016; *Krafka/Seeger*, Autonome Vertragsgestaltung, ZNotP 2011, 445, ZNotP 2012, 15; *Langenfeld*, Einführung in die Vertragsgestaltung, JuS 1998, 33, 131, 224, 321, 417, 521, 621; *Martinek*, Die Lehre von den Neuverhandlungspflichten-Bestandsaufnahme, Kritik - und Ablehnung, AcP 198 (1998), 329; *Meins*, Die Vertragsverhandlung, 2. Aufl. 1993; *Ramm*, Die Vertragsgestaltung im Examen, Jura 2011, 408; *Rawert*, Rechtsgestaltung durch Private, in: Hof/von Olenhusen (Hrsg.), Rechtsgestaltung - Rechtskritik-Konkurrenz von Rechtsordnungen... Neue Akzente für die Juristenausbildung, 2012, S. 58; *Rehbinder*, Vertragsgestaltung, 2. Aufl. 1993; *ders.*, Die Rolle der Vertragsgestaltung im zivilrechtlichen Lehrsystem, AcP 174 (1974), 265; *Reithmann*, Kautelarjurisprudenz und Vorsorgende Rechtspflege, in: Festschrift 125 Jahre bayerisches Notariat, 1987, S. 159; *Rittershaus*, Forum - Anwaltsorientierte Juristenausbildung, JuS 1998, 302; *Scharpf*, Vertragsgestaltung im Zivilrecht-Die Wahl des sicheren Weges bei der Vertragsgestaltung, JuS 2002, 878; *Schmittat*, Einführung in die Vertragsgestaltung, 4. Aufl. 2015; *ders.*, Das Vorsorgeprinzip in der Vertragsgestaltung-Zu Grundlagen und Grenzen, RNotZ 2012, 85; *Teichmann*, Vertragsgestaltung durch den Rechtsanwalt-Grundzüge einer Methodik der zivilrechtlichen Fallbearbeitung, JuS 2001, 870, 973, 1078, 1181, JuS 2002, 40; *ders.*, Der „relativ" sicherste Weg in der Vertragsgestaltung, in: Festschrift für Rainer Kanzleiter, 2010, S. 381; *Walz*, Mediative Vertragsgestaltung durch Notare, DNotZ 2003, 164; *Harald Weber*, Methodenlehre der Rechtsgestaltung, JuS 1989, 636; *Zawar*, Neuere Entwicklungen zu einer Methodenlehre der Vertragsgestaltung, JuS 1992, 134 (unter Mitwirkung von Friedrich Arend); *Zugehör*, Die neue Rechtsprechung des Bundesgerichtshofs zur zivilrechtlichen Haftung der Rechtsanwälte und steuerlichen Berater, WM 2010, Sonderbeilage 1.

第二章

合同谈判

当然，并非所有的合同设计在合同缔结前都要经历合同谈判这一步骤。特别是对于日常交易，即每天都在预定的条件下达成的交易，很少进行谈判。但是未经谈判而缔结的合同数量之众，也不能掩盖这样一个事实：对于**具有重要经济意义的法律交易**（wirtschaftlich bedeutenden Rechtsgeschäften）[1]，合同谈判通常是不可或缺的。例如，新车的买方往往在购车价格和其他条件方面有谈判的空间。在私人房地产交易中，卖方通常也不能单方面规定合同条款。

1

在公司之间的商业交易（Geschäftsverkehr zwischen Unternehmen）中，合同谈判发挥着重要作用。一方面，与一方为个人或双方均为个人的合同订立相比，公司之间的合同订立往往更具有不确定性，"悬而未决"的时间更长，因为有意签订合同的双方公司通常还有其他潜在的合作谈判对象。另一方面，在公司之间的商业交易中，即使是简单的买卖交易，也会因其（较大的）经济规模而导致谈判进展艰难，这一点在较为复杂的交易中尤为突出，如公司收购或类似交易。

2

复杂的合同项目不仅需要双方当事人进行谈判，而且当一方当事人为公司时，还需要协调**公司内部**（innerhalb der beteiligten Unternehmen）的专家、财务部门和法务部门的意见。合同律师必须意识到，法律方面的考虑有时会被其他相关方视为干扰或阻碍。在**合同谈判的准备阶段**（Vorfeld von Vertragsverhandlungen），会出现许多技

3

---

[1] *Rehbinder*, Vertragsgestaltung, S. 61 f.。也见 *Döser*, Vertragsgestaltung, Rn. 123; *Rittershaus/Teichmann*, Vertragsgestaltung, Rn. 62 ff.; *Medicus/Petersen*, Allgemeiner Teil des BGB, Rn. 464.

性问题,如谈判地点的选择、谈判代表团的组成以及时间规划等。[2]但是下文探讨的重点不是谈判的技术性细节[3],而是谈判类型、谈判陷阱和谈判策略。

第一节 谈判类型

4 除其他因素外,合同谈判的进程和结果取决于参与谈判的人。正如人有不同的性情,参与谈判的人也有不同的类型。社会心理学家将谈判类型分为竞争型、合作型和个人主义型[4]:

竞争型试图以牺牲对方的利益为代价,使自己的谈判成果最大化。

合作型追求谈判双方的谈判成果的最大化。

个人主义型主要关注己方的谈判成果,而不管对方的结果如何。

5 特定情形中的谈判结果取决于所遇到的谈判类型。心理学家通过"囚徒困境博弈"说明了这种联系。

囚徒困境博弈[5]:

两名男子(B1 和 B2)因涉嫌盗窃被逮捕。由于现有证据不足以给他们定罪,警方按照以下策略对他们进行审讯:两人被分开审讯,不存在串供的可能。两名嫌疑人均被告知证据不足,背叛同伴的

---

[2] 详见 *Jung/Krebs*, Die Vertragsverhandlung, S. 13 ff.。

[3] 详见 *Heussen/Heussen*, Handbuch, 2. Teil Rn. 446 ff.;概要见 *Rittershaus/Teichmann*, Vertragsgestaltung, Rn. 65 ff.;*Zankl*, Vertragssachen, Rn. 233 ff.。

[4] *Gottwald/Haft*, Verhandeln, S. 34, 40;*Haft*, Verhandlung, S. 166 ff.;*Klinger/Bierbrauer*, in: Haft/Schlieffen, Handbuch Mediation, § 4 Rn. 25 ff. 也有学者将之分类为中性行为、破坏性行为和建设性行为,见 *Heussen/Heussen*, Handbuch, 2. Teil Rn. 400 ff.。关于竞争型谈判和合作型谈判,见 *Ponschab/ Schweizer*, Kooperation, S. 94 ff., 104 ff., 108 ff.。

[5] 囚徒困境博弈的流程与结果转载自 *Gottwald/Haft*, Verhandeln, S. 34, 41 ff.。关于囚徒困境博弈,也见 *Klinger/Bierbrauer*, in: Haft/Schlieffen, Handbuch Mediation, § 4 Rn. 27 ff.;*Saner*, Verhandlungstechnik, 2. Aufl. 2008, S. 98 ff.。

一方将获得自由，另一方则将被判处 48 个月的监禁。如果两人都背叛了对方，那么他们都会被关押 18 个月。如果两人都不背叛对方，那么他们仅会因流浪罪而被关押 6 个月。

这一博弈进行了多个回合，目的在于考察博弈双方之间的**合作**（Kooperation）是如何进行的。在这一过程中，很显然，如果双方各自追求**自己的利益最大化**（größtmöglichen eigenen Nutzen），那么一定会出现困境。如果每个人都背叛对方，同时希望对方保持沉默，那么一段时间后，没有人会愿意为对方**考虑**（Rücksicht）。反之，如果双方都保持沉默，那么他们之间会建立相互信任，最终两名嫌疑人可以实现**最大化的共同利益**（größten gemeinsamen Nutzen）。具体来说，博弈的走向取决于博弈者的谈判类型。

可能的行为	结果
B1 沉默 B2 沉默	B1　6 个月监禁 B2　6 个月监禁
B1 背叛了 B2 B2 背叛了 B1	B1　18 个月监禁 B2　18 个月监禁
B1 背叛了 B2 B2 沉默	B1　0 个月监禁 B2　48 个月监禁
B1 沉默 B2 背叛了 B1	B1　48 个月监禁 B2　0 个月监禁

如果将符合本节开头介绍的谈判类型的博弈者与竞争型、合作型或有条件合作型博弈对手（有条件合作型博弈对手会做出与对方在上一轮的选择相一致的选择）放在同一博弈中，那么可以观察到以下情况：**竞争型博弈者**（Kompetitive Spieler）总是试图超越对方，而不管对方的行为如何。**合作型博弈者**（Kooperative Spieler）会采取合作行为，直到他们意识到自己只能得到不利的结果。因此，合作型博弈者会与合作型博弈对手以及有条件合作型博弈对手进行合作，而不会与

竞争型博弈对手合作。**个人主义型博弈者**（Individualistische Verhandlungstypen）只有在对方是有条件合作型博弈对手时才会合作。

8　　下表按谈判类型分类，以概述的方式说明谈判者对各自谈判伙伴的行为：

博弈对手	博弈者	博弈者的行为
竞争型博弈对手 合作型博弈对手 有条件合作型博弈对手	竞争型博弈者	通常会试图战胜博弈对手
	合作型博弈者	会与合作型博弈对手以及有条件合作型博弈对手进行合作
	个人主义型博弈者	只与有条件合作型博弈对手进行合作

9　　由此可见，**个人主义型谈判者**（der individualistische Typ）可以最为灵活地作出反应，因为其可以适应各种类型的谈判者。抱有**合作态度**（kooperative Haltung）的谈判者虽然可以获得很多，但是当对方是**竞争型谈判者**（kompetitive Typ）时，其就难以获益了；反而还存在着这样一种危险，即竞争型谈判者会试图诈取合作型对方的利益。在这种情况下，个人主义型谈判者可以（至少在开始时）同样只考虑己方利益，虽然这可能导致谈判失败，但避免了仅有利于竞争型谈判者的谈判结果。

10　　各种谈判者类型及其典型特征可以总结如下：

竞争型	试图以牺牲对方的利益为代价，使自己的谈判成果最大化
合作型	追求双方的谈判成果的最大化
个人主义型	主要关注己方的谈判成果，而不管对方的结果如何

第二节　谈判陷阱

在某些谈判情形中,一方基本上可以依仗其**强势地位**(Machtposition)来实现自己的利益目标。比如,能够提供稀缺商品的一方,相较于需求方,就处于更有利的谈判地位。

> **示例:**
> 在一个大学城,由于市场对单间公寓的需求大大超过了供给,因此一个单间公寓的所有者可以挑选其租客。并且,在有关租赁的强行法和善良风俗(《德国民法典》第138条)的范围内,公寓所有者可以单方面决定合同条款。但是,这种情况可能会发生改变,比如因为学费的原因导致学生人数迅速减少,租客因此成为"稀缺品"。此时,如果房东不想失去这个有价值的租客,那么他可能不得不接受新的条件。

此外,谈判者个人的认知也起着决定性的作用,它可能会破坏理性行为这一谈判者追求的基本目标。[6] 再者,熟练的谈判者会尝试操纵对方谈判者,并且对方谈判者可能对此毫无察觉。在以下四个**操纵技巧**(Manipulationstechniken)中[7],有两个技巧值得强调:一致性陷阱(即"伸脚卡门"技巧)和让步性陷阱(即"吃闭门羹"技巧)。[8]

一、一致性陷阱("伸脚卡门"技巧)

一致性陷阱("伸脚卡门"技巧)可以在日常生活中观察到,例

---

[6] 关于理性行为陷阱,见 Bühring - Uhle/Eidenmüller/Nelle, Verhandlungsmanagement, S. 41 ff.。

[7] 关于对事实与观点的操纵,见 Fisher/Ury/Patton, Harvard-Konzept, S. 192 ff.。

[8] 这些概念取自 Cialdini, Überzeugen, S. 72 f., 113 f.; Gottwald/Haft, Verhandeln, S. 49 ff., 93 f., 100 f.。关于操纵的形式,也见 Klinger/Bierbrauer, in: Haft/Schliefen, Handbuch Mediation, § 5 Rn. 75 ff.。Meins, Vertragsverhandlung, S. 185 ff.。

如上门推销。* 在这种谈判策略中，谈判者会先从对方那里争取到一个小的让步（kleine Konzession），其目的在于之后提出**更大的要求**（größeres Anliegen）。重要的是，小的让步与大的要求之间是有关联的，因此对方会发现自己处于这样的情境中，即"如果答应了 A 事项，那么也应当答应 B 事项"。这种策略之所以有效，是因为人们需要在对待他人的行为中表现出自己是有逻辑的以及是前后一致的。如果在作出了小的让步之后，没有再答应大的要求，那么自己的有逻辑性和前后一致的形象就会被破坏。因此，人们在作出小的让步之后往往也会答应大的要求，而后者即为谈判者真正想要的让步。[9]

示例：

（加利福尼亚肥皂试验）：一名自称是消费者协会成员的人致电加利福尼亚的一些家庭主妇，询问她们在家里用什么肥皂。几天后，这些主妇又接到该消费者协会成员的电话，该成员在电话中请求，允许消费者协会的工作人员对她们进行两个小时的到家访问，以确定她们家里有哪些洗涤用品。在这些妇女中约有 53% 的人同意了消费者协会工作人员的到家访问，但在没有接过第一次电话的对照组中，只有 22% 的人同意了消费者协会工作人员的到家访问。[10]

心理学家将这种结果差异归因为：第一组中的主妇们已经建立了一种自我形象，即她们对消费者协会的工作是持支持态度的。因此，她们比第二组中的主妇们更容易接受更大的请求。

14 对于"伸脚卡门"技巧应用于**法律谈判**（juristische Verhandlung）的情形，读者可以想象这样的案例：

---

* "伸脚卡门"这一俚语的产生与上门推销有关。在信息时代以前，美国公司常雇用推销员挨门挨户地推销产品。主人一般都不会请推销员进屋，所以推销员首先要做到的就是把一只脚伸进门里，这样他就有机会在主人关门前推销商品。——译者注

[9] *Cialdini*, Überzeugen, S. 95 ff.; Gottwald/Haft, Verhandeln, S. 49 f., 100.

[10] 示例转载自 *Gottwald/Haft*, Verhandeln, S. 50。

示例：

V 因为工作原因，不得不带着家人（妻子、三个孩子、一条狗）搬到另一个城市。他把自己的房子卖给了 K。V 需要在短期内（2019 年 7 月 1 日前）获得卖房款来为其新房提供资金，但新房要到 2019 年 9 月 1 日才能搬进去。V 不想通过其他途径来获得资金（因为会花更多的钱），也不想带着家人搬两次家。V 知道 K 在搬家日期方面很灵活。

因此，V 在 5 月份与 K 进行了如下的谈判：首先 V 请求 K 允许他和他的家人 8 月份之前继续住在这套房子里（V 会支付这段时间的水电等杂费）。V 提出的理由是，孩子们需要在原来的学校里完成学业，而且在市内搬家一个月的花费是很大的。K 同意了 V 的请求，这体现了其对 V 的家庭的友好态度。7 月底，V 向着自己的真实目标迈进。V 再次找到 K 并告诉他，需"推迟"到 2019 年 9 月 1 日自己才能搬进新房。幸好放假了，因此他可以让家人在旧房再住一个月，而他则搬进新房所在地的酒店。如果全家人都住酒店，那么花费将是巨大的。K 作出了让步，允许 V 的家人在旧房里再住一个月。在 K 对一个家庭的搬家困难表达了理解并且同意了第一个请求后，他就很难拒绝第二个请求。反之，如果 V 直接向 K 提出自己的全部请求，那么 K 很可能会拒绝（或至少要求 V 支付租金）。

为抵御这种操纵技巧，相对方从第一步开始就应小心谨慎。如果其已经作出了第一次让步，但及时认识到了这种影响，那么其就必须克服心理障碍，拒绝后续的请求。[11]

> 一致性陷阱是指操纵者首先争取获得小的让步，但其目的在于在此基础上提出自己真正的要求。

---

[11] *Cialdini*, Überzeugen, S. 150 ff.；Gottwald/Haft, Verhandeln, S. 51.

二、让步性陷阱（"吃闭门羹"技巧）

16 　　另一种操纵技巧是让步性陷阱（"吃闭门羹"技巧）。让步性陷阱的进行过程与一致性陷阱是正好相反的：操纵者首先要求对方做出**很大的让步**（großes Zugeständnis），可以预见到对方很可能会拒绝做出这一让步。操纵者这样做的目的在于之后获得**较小的让步**（kleineres Zugeständnis），而这才是操纵者真正追求的让步。操纵者真正追求的让步不一定是事实上较小的让步。重要的是，其谈判伙伴是否将操纵者的第二次请求视为一种让步，并因此认为自己也应做出相应的让步。[12]

> **示例：**
>
> 假设一位红十字会的志愿者问您，是否愿意在两年内每月献血 250 毫升。对于这一请求您可能会拒绝。但如果该志愿者随后问您，是否愿意第二天献血 250 毫升，那么您很可能会同意这一相对较小的请求。一项针对学生的调查显示，被问过第一个问题的人中有 50% 愿意献血一次，而在没有被问过第一个问题的对照组中只有 32% 的人愿意献血一次。[13]

　　心理学家对这种行为差异的解释是：被请求者在拒绝了他人较大的请求后，感觉自己至少要同意较小的请求。另外，人们会追求一个积极的自我表达，而不断地说"不"是与之相违背的。

17 　　对于"吃闭门羹"技巧应用于法律谈判的情形，读者可以想象这样的案例：

> **示例：**
>
> 由于意见不合，X 有限责任公司的业务执行人 A 将于年底离

---

[12] Bühring - Uhle/Eidenmüller/Nelle, Verhandlungsmanagement, S. 49 f.；Cialdini, Überzeugen, S. 72 ff.；Gottwald/Haft, Verhandeln, S. 51, 94.

[13] 示例转载自 Gottwald/Haft, Verhandeln, S. 51 f.。

开公司。由于 X 公司已经不再信任 A，因此 A 在离开公司前即应被免除职务。9 月底，双方就解雇协议的方案进行了谈判。在约定好离职费、离职证明等事宜后，双方还需对 X 公司提供给 A 的公司用车的归还问题进行协商。A 希望 10 月份可以继续使用该车，因为他订购的新车要到 10 月底才能交付。X 公司则希望尽快取回该车以备公司之用。A 首先提出这样的要求，即允许其使用该车直到年底。X 公司拒绝了这一要求。A 随后提出了"折中方案"，即仅在 10 月份使用该车。这一方案很可能不会再被 X 公司的谈判代表拒绝。

"吃闭门羹"技巧主要在这样的情形中会成功：其一，同一个人分别提出了两个请求，并且这两个请求的间隔时间较短。如果间隔的时间较长，那么对方做出让步的意愿就会降低。其二，即使提出请求的并非同一人，"吃闭门羹"技巧也是有效的，因为该技巧针对的是被请求者的自我认知或自身形象，而这与请求者无关。此时，两个请求的间隔时间也不能过长，否则将会影响该技巧的有效性。[14]

> 让步性陷阱是指操纵者首先请求对方做出较大的让步，其目的在于在该请求被拒绝时提出自己真正的、较小的要求。

三、纠缠性陷阱（Verstrickung）

心理学家警告，不要自设陷阱，比如做无谓的纠缠。有些人往往会坚持某个**毫无希望的事情**（aussichtslose Position），因为其不愿白白损失之前投入的资金。在这种情况下，谈判者可以通过设定一个限度来避免自己做出错误决策，即超过这个限度，其就不再对

---

［14］ *Gottwald/Haft*, Verhandeln, S. 52.

目标进行付出。[15]

> 示例：
>
> 拍卖一枚面值为 1 欧元的硬币（没有任何增值功能）。出价必须是 0.5 马克或其倍数。出价最高的人将获得该硬币。出价第二高的人必须付钱，但什么也得不到。在一次试验中，该 1 欧元硬币的最终竟得价为 5.5 马克（远超硬币的自身价值），这是因为两位竞标者在最后的拉锯战中都不想先认输。[16]

四、表达性陷阱

20 巧妙表达决策方案也可以起到操纵谈判对手的作用。

> 示例：
>
> 一家汽车公司销售困难。面临可能关闭三家工厂并裁减 6000 名员工的困境。生产经理制订了两套方案来应对这种情况：A 方案可以挽救一家工厂和 2000 个工作岗位。B 方案有 1/3 的概率挽救全部三家工厂和 6000 个工作岗位，但还有 2/3 的概率是失去全部三家工厂，同时失去全部 6000 个工作岗位。您会选择哪个方案？[17]

对于这个问题，超过八成的受访者选择了 A 方案，即确定获利的方案比有风险的方案更受欢迎，因为前者可以避免损失。

21 接下来，受访者被告知了这样两个方案：C 方案会失去两家工厂和 4000 个工作岗位。D 方案有 2/3 的概率失去所有工厂和

---

[15] Bühring‑Uhle/Eidenmüller/Nelle, Verhandlungsmanagement, S. 50 ff.；Gottwald/Haft, Verhandeln, S. 53, 55 f.；关于避免这种自我纠缠的策略，详见 Klinger/Bierbrauer, in：Haft/Schlieffen, Handbuch Mediation，§4 Rn. 93。也见 Haft, Verhandlung, S. 198 ff.。对于设定限度这一做法持批判态度的，见 Fisher/Ury/ Patton, Harvard‑Konzept, S. 148 ff.。

[16] 示例见 Gottwald/Haft, Verhandeln, S. 54；Klinger/Bierbrauer, in：Haft/Schlieffen, Handbuch Mediation, §4 Rn. 88 f.。

[17] 示例转载自 Breidenbach, Mediation, S. 90 f.。

所有 6000 个工作岗位，但有 1/3 的概率是不会失去任何一家工厂和工作岗位。您会选择这两个方案中的哪一个？

现在，超过八成的受访者选择了 D 方案，即风险较高的方案较之有确定损失的方案更受欢迎。但是，同时选择 A 方案和 D 方案是不符合逻辑的，因为 A 方案和 C 方案的结果是一致的，B 方案与 D 方案的结果是相同的。也就是说，如果采用 A 方案和 C 方案，那么都会挽救 2000 个工作岗位，失去 4000 个职位。如果采用 B 方案和 D 方案，那么有 1/3 的概率挽救所有工作岗位，有 2/3 的概率失去所有工作岗位。由此可见，受访者的选择仅仅因为采访者对方案的表述不同而发生了改变。

心理学家研究发现，如果**决策方案**（Entscheidungsalternativen）是以积极的方式来表述的（A 方案和 B 方案），那么人们更倾向于避免风险。相反，如果同样的方案是以消极的方式来表述的（C 方案和 D 方案），那么人们更倾向于冒险。在采用积极表述的场合，确定获利的方案较之有风险的方案更受欢迎；在采用消极表述的场合，有风险的方案较之有确定损失的方案更受欢迎。[18]

第三节　谈判策略

识别和避免谈判陷阱只是整个谈判过程的一部分。运用谈判策略对谈判过程进行规划同样是重要的。谈判有多种策略，本节将对此展开讨论。

一、谈判阶段

首先，应当认识到谈判有不同的阶段，各个阶段需要不同的行为。

---

[18]　*Gottwald/Haft*, Verhandeln, S. 59.

——了解谈判对方

——讨论争议点

——进一步谈判或停止谈判

——记录谈判结果

在**了解阶段**（Orientierungsphase），谈判者可以尝试了解谈判对方，并确定对方属于哪一种谈判者类型。在这一阶段双方通常会彼此交换立场和观点。之后是**讨论**（Diskussion）争议点；然后是**进一步进行或停止谈判**（Annäherung oder Abbruch）；最后是记录**谈判结果**（Ergebnisses）。[19] 谈判策略适用于第二阶段和第三阶段。

二、可能的策略

24 在谈判时，可以采取以下三种策略：

—— 最大限度策略

—— 公平策略

——一体化策略

采取**最大限度策略**（maximalistische Strategie）的谈判者首先会提出一个远超其预期的要求，其目的在于之后通过"让步"来实现真正的目标。如果谈判双方都采用这种策略，那么谈判的前景不容乐观，因为双方的初始立场相差太远。即使只有一方采取该策略，从长远来看谈判也有可能失败，因为谈判对方可能不会与采取最大限度策略的谈判者进行深入认真的谈判，原因在于谈判对方必须做出巨大的让步。[20]

25 在**公平策略**（Strategie der Fairness）中，谈判者关注的是如何通

---

[19] *Gottwald/Haft*, Verhandeln, S. 67 f.; *Saner*, Verhandlungstechnik, 2. Aufl. 2008, S. 155 ff.。稍有不同的，见 *Heussen/Heussen*, Handbuch, 2. Teil Rn. 522 ff.。也见 *Erbacher*, Verhandlungsführung, S. 31 ff.; *Zankl*, Vertragssachen Rn. 251 f.。

[20] *Aderhold/Koch/Lenkaitis*, Vertragsgestaltung, § 5 Rn. 22; *Gottwald/Haft*, Verhandeln, S. 69 f.; *Ponschab/ Schweizer*, Kooperation, S. 215.

过公平的行为来实现对双方而言最公平的结果。与最大限度策略相比，公平策略确实降低了谈判失败的风险。但如果谈判对方是竞争型谈判者，那么对于会考虑到对方利益的谈判者来说，存在己方获益过少的风险。[21]

一体化策略（integrative Strategie）采取以利益为导向、以双方利益最大化为目标的谈判方式。在采用一体化策略时，应避免常见的立场之争。但是这种策略很难真正实施，其一，实施起来很费时间，因为其需要极大的创造力和想象力；其二，在一方只能以牺牲另一方利益为代价来获取利益的情况下，一体化策略也无法取得成功。[22]

26

三、哈佛谈判方法

"一体化策略"的一个替代概念是"对事谈判"[23]。这一概念及其谈判方法可以追溯到哈佛大学的一个研究项目，即**哈佛谈判项目**（Harvard Negotiation Project）。在该项目中，对谈判方法进行了研究并使之进一步发展。尽管哈佛谈判方法存在上述一体化策略的种种弊端，但其对于很多谈判情形而言都是有意义的。哈佛谈判方法最突出的特点是，不以立场争夺为目的，而是着眼于各方利益。哈佛谈判方法有四个原则。[24] 如下：

27

——对事不对人原则
——聚焦利益原则
——互惠互利原则

---

[21] Aderhold/Koch/Lenkaitis, Vertragsgestaltung, § 5 Rn. 23; Gottwald/Haft, Verhandeln, S. 70 f.

[22] Aderhold/Koch/Lenkaitis, Vertragsgestaltung, § 5 Rn. 24; Gottwald/Haft, Verhandeln, S. 71 f.; Saner, Verhandlungstechnik, 2. Aufl. 2008, S. 85 ff. Ponschab/Schweizer, Kooperation, S. 104 ff. 将之称为合作型谈判。

[23] Fisher/Ury/Patton, Harvard-Konzept, S. 22; Haft, Verhandlung, S. 20 将之称为理性谈判，与感性谈判相对。

[24] Fisher/Ury/Patton, Harvard-Konzept, S. 37; Quinting, in: Eyer (Hrsg.), Wirtschaftsmediation, S. 33.

—客观决策标准原则

在哈佛谈判项目的进行过程中,在以上四项原则之外又新增了一个原则:

—制订最佳备选方案原则

(一)对事不对人原则

28　　当两个人或更多的人互相交流时,这就并非仅与事实问题有关了。在当事人之间还存在着人与人的关系(persönliche Beziehung),而这种关系会对当事人的行为产生影响。参与谈判的当事人很容易将人的因素与事实问题混为一谈,比如把他人对自己立场的批评理解为人身攻击。[25] 其实,谈判者通常既应尊重谈判对手本人,也应尊重其观点,只是双方观点不同。如果只想对事情进行谈判,那么就必须将**事的层面**(sachliche Ebene)和人的关系层面分开。[26] 谈判中的攻击只针对事情,不针对对方个人。但这并不意味着在谈判中不应考虑个人因素。[27] 相反,如果谈判者对谈判对方个人有所了解,那么谈判成功的概率就会增加。

29　　(1)站在**对方的立场**(Vorstellungen der Gegenpartei)上思考问题是很有帮助的。[28] 但这并不意味着要采纳对方的观点。谈判过程

---

〔25〕 *Bühring - Uhle/Eidenmüller/Nelle*,Verhandlungsmanagement,S. 9;*Fisher/Ury/Patton*,Harvard - Konzept,S. 49;*Gottwald/Haft*,Verhandeln,S. 73;*Quinting*,in:Eyer(Hrsg.),Wirtschaftsmediation,S. 33;*Schulz von Thun*,Störungen,S. 51.

〔26〕 *Fisher/Ury/Patton*,Harvard - Konzept,S. 50 f.;*Gottwald/Haft*,Verhandeln,S. 74;*Ponschab/Schweizer*,Schlüsselqualifikationen,2008,S. 177;*Quinting*,in:Eyer(Hrsg.),Wirtschaftsmediation,S. 33. 关于沟通中的事的层面、人的关系层面以及可能产生的干扰的概述,见 *Watzlawick/Beavin/Jackson*,Menschliche Kommunikation,13. Aufl. 2017,S. 61 ff.,92 ff.。

〔27〕 *Heussen/Heussen*,Handbuch,2. Teil Rn. 384 ff.;*Quinting*,in:Eyer(Hrsg.),Wirtschaftsmediation,S. 33 f. 关于谈判过程中的情绪的重要性,见 *Fisher/Shapiro*,Erfolgreich verhandeln,2007。

〔28〕 *Erbacher*,Verhandlungsführung,S. 64 f.;*Ponschab/Schweizer*,Kooperation,S. 155 ff.;*Quinting*,in:Eyer(Hrsg.),Wirtschaftsmediation,S. 34. 这不仅限于谈判场合,见 *Schulz von Thun*,Störungen,S. 54 ff.。

中如果谈判者不理解对方的观点，双方就很难达成一致意见。比如，在商议租金数额时，租户可能会认为，由于物价上涨，自己的负担已经很重了，无法支付更多租金。但是房东可能正是因为物价上涨而想收取更高的租金，以弥补其增加的开支。[29]

单方预制的解决方案（Vorgefertigte Lösungen）是不容易被他人接受的。因此，谈判者应将对方的想法和观点纳入自己的谈判规划。[30] 在这里，对方提出的改进建议应被视为有意义的解决方案，而非一方借助自己的方案来对抗对方，从而使对方处于防御状态。此外，给对方**保留面子**（Gesichtswahrung）也是符合己方利益的。谈判方应当考虑到对方的自我想法。如果对方觉得自己是失败者，或者解决方案与其自我认知不一致，那么谈判就有可能失败。[31]

（2）谈判越重要，双方的**个人情绪**（Emotionen）就越强烈。紧张和恐惧的情绪会阻碍双方达成一致意见。为消除这样的障碍，谈判者既要观察对方也要观察自己，正确认识相应的情绪。[32]

（3）谈判是通过**沟通**（Kommunikation）来进行的。[33] 有三个问题会阻碍沟通：第一，一方可能并非真的在与对方对话，其对话实际上是说给第三方听的（如在场的客户）。第二，一方可能会听错对方的意思。第三，即使是出于好意，双方也有可能产生误解。[34] 为克服这些问题，首先，谈判者应当倾听对方的意见，而不应在对方还没

---

[29] *Fisher/Ury/Patton*, Harvard-Konzept, S. 54.

[30] *Fisher/Ury/Patton*, Harvard-Konzept, S. 58 ff. 关于对他人提案的不信任，见 *Breidenbach*, Mediation, S. 93 f. 。

[31] *Fisher/Ury/Patton*, Harvard-Konzept, S. 60 f.；*Rittershaus/Teichmann*, Vertragsgestaltung, Rn. 70；*Zankl*, Vertragssachen, Rn. 179.

[32] *Fisher/Ury/Patton*, Harvard – Konzept, S. 61. 关于负面情绪的影响，见 *Bühring-Uhle /Eidenmüller /Nelle*, Verhandlungsmanagement, S. 10 f 。

[33] *Quinting*, in：Eyer（Hrsg.），Wirtschaftsmediation, S. 35；*Zankl*, Vertragssachen, Rn. 183. 关于非语言的沟通方式，见 *Heussen/Heussen*, Handbuch, 2. Teil Rn. 415 ff. 。

[34] *Fisher/Ury/Patton*, Harvard-Konzept, S. 66 ff.；*Quinting*, in：Eyer（Hrsg.），Wirtschaftsmediation, S. 35. 关于谈判中的干扰因素的概述，见 *Schulz von Thun*, Störungen。

说完时就急于表达自己的看法。[35] 其次，为向对方表明自己已经正确理解了其观点，谈判者在陈述自己的立场之前，应先将对方的重要观点重述一下。[36] 再者，较之对他人的意图和动机加以评判，表达自己的意图和动机是更妥当的做法。比如，与其说："您没有考虑我们的财务状况。"不如说："我们在财务上负担过重。"描述自己的处境可以避免得罪对方，抨击对方则可能起到相反的效果。[37]

（二）聚焦利益原则

33　　哈佛谈判方法的第二个原则是**聚焦利益**（Konzentration auf Interessen）：谈判者应当着眼于利益而非立场。下面的例子可以解释这一原则。

> **示例：**
>
> 两个人在图书馆的阅览室里发生争吵。一方想要开窗，另一方想要关窗。两人都不同意半开窗户这一折中方案。图书管理员过来询问原因，一方解释说自己需要新鲜空气，另一方则说自己受不了穿堂风。图书管理员最终采取的解决方案是，打开隔壁房间的一扇窗户。[38]

34　　这一示例表明，**对立场的争夺**（Kampf um Positionen）往往会导致谈判陷入僵局。虽然可能存在满足双方利益的解决方案，但由于双方都只固守自己的立场，不考虑其他适当的解决办法，因此就会错过一些机会。人们的立场背后有一定的利益。既然谈判最终是为了实现这些利益，那么就应当优先考虑利益而非立场。在此，谈判者既要明确地表达自己的利益需求，也要正确评估对方的（可以识别出

---

[35] 关于积极倾听以及沉默的作用，Erbacher, Verhandlungsführung, S. 88 ff. 。
[36] *Fisher/Ury/Patton*, Harvard-Konzept, S. 68 ff.; *Saner*, Verhandlungstechnik, 2. Aufl. 2008, S. 181.
[37] *Fisher/Ury/Patton*, Harvard-Konzept, S. 71; *Quinting*, in: Eyer (Hrsg.), *Wirtschaftsmediation*, S. 35; *Schulz von Thun*, Störungen, S. 79 f.
[38] 示例见 *Fisher/Ury/Patton*, Harvard-Konzept, S. 75。

的）利益需求。[39]

示例：

M 是"比勒菲尔德住房合作社"（简称"W"）的成员。M 一家五口将于 2019 年 9 月 1 日前入住 W 的公寓。在搬入前不久，W 告知 M，该公寓的装修推迟了，因此只有到 2019 年 10 月 1 日才能入住。但 M 已经解除了之前房屋的租约，他必须在 2019 年 8 月 31 日前搬出。因此，M 要求 W 承担其存放家具的费用和一个月的酒店住宿费。由于 M 本人没有足够的钱，因此他要求 W 立即支付必要款项。W 则拒绝任何形式的付款。

在本案例中，W 和 M 最初的利益是完全相反的。M 希望 W 可以支付必要款项，但 W 并不打算支付。就 M 而言，其与 W 产生法律纠纷是不得已的，因为 M 确实付不起酒店住宿和家具存放的费用。W 虽然不愿意付款，但由于履行障碍是己方导致的，因此 W 希望可以友好解决纠纷。M 关心的重点则是，9 月份的住宿费用和家具存放费用不应由自己独自承担。在这种情况下，如果 M 与家人可以一起搬到 W 的另一个公寓住一个月，且其支付的租金不超过约定的租金，那么双方的利益都将得到保障（毕竟租房较之酒店住宿要便宜很多）。如有可能，W 及其成员还可以帮助 M 从临时住所搬到租处，或承担额外的搬家费用。但如果某一方始终固守自己的"理想立场"，那么双方就不可能达成妥协，这最终会导致谈判失败，己方利益受损。

谈判双方有共同的利益、对立的利益以及中立的利益（gemeinsame, gegenläufige und neutrale Interessen）。如果双方能够意识到各种利益之间的关系，就能避免在可以达成一致意见的事情上争论不

35

---

[39] *Fisher/Ury/Patton*, Harvard – Konzept, S. 88 ff.；*Ponschab/Schweizer*, Kooperation, S. 163, 242 ff.；*Quinting*, in: Eyer (Hrsg.), Wirtschaftsmediation, S. 36 f.；*Risse*, Wirtschaftsmediation, § 2 Rn. 37.

休,从而集中精力解决真正需要谈判的问题。[40] 谈判者不仅可以通过直接提问来确定对方的利益,也可以通过将自己代入对方角色的方式来思考,对方为何会采取某种立场。[41]

(三) 互惠互利原则

36　人们经常认为:己方利益只能靠牺牲对方的利益来实现。在某些情况下可能确实是这样,比如,对一辆二手车的价格进行谈判,一方**的获利**(Gewinn der einen Seite) 即为**另一方的损失**(Verlust der anderen Seite)。但即使是在这种利益分明的情况中,有时也可以找到同时满足双方利益的解决方案。比如,如果买方允许卖方在其拿到新车前继续使用该二手车,那么卖方可能会同意降低价格出售。在谈判中,双方经常可以取得比最初预想的更多的成果。接下来的案例将说明,明确的、兼顾双方利益的、以达成解决方案为目的的沟通是十分重要的。

示例:

两姐妹为了一个橘子而争吵。最后她们同意将橘子分为两半。其中一人把果肉吃了,扔掉了橘皮。另一个人则取橘皮用于烘焙,扔掉了果肉。[42]

示例:

V 想搬家,因此将自己的房子卖给 K。V 需要在 7 月初就拿到卖房的款项,因为他要为买新房准备资金,但他又想在 7 月份和 8 月份继续住在老房子里。如果 V 愿意为这两个月的居住支付合理的租金,同时 K 在搬家日期方面也比较灵活,那么 V 与 K

---

[40] 关于示例的问题,见 Ponschab/Schweizer, Schlüsselqualifikationen, 2008, S. 183。

[41] Bühring-Uhle/Eidenmüller/Nelle, Verhandlungsmanagement, S. 116 ff.；Fisher/Ury/Patton, Harvard-Konzept, S. 80 ff.；Jandt/Gilette, Konfliktmanagement, 1994, S. 157 f.；Quinting, in: Eyer (Hrsg.), Wirtschaftsmediation, S. 37.

[42] 示例转载自 Fisher/Ury/Patton, Harvard-Konzept, S. 96。

的利益就可以通过这一方案达成一致：V 先租住该房子两个月，等租期届满，K 再搬进来。对于这种情况，V 与 K 可以根据《德国民法典》第 575 条第 1 款第 1 项订立有固定期限的租赁合同。

谈判者经常会认为，可供分配的**蛋糕大小是固定的**（begrenzten Kuchen）。这一想法会阻碍谈判双方提出有创造性的备选方案，因为他们只关注自己认为正确的"那一个"解决方案，而不考虑其他的选择可能。[43] 事实上，人们应采取相反的做法，即创造其他的**选择可能**（Wahlmöglichkeiten）。谈判者应收集不同的想法和意见，并对其进行评估和修改。[44] 制订备选方案的人应时刻考虑对方的利益，尽量把"蛋糕"做大。[45] 原因在于，一方面，如果对方觉得自己处于劣势，那么其有可能会终止谈判。另一方面，即使一方成功地占到了对方的便宜，这对双方未来的关系也会产生不利影响。

（四）客观决策标准原则

尽管谈判者努力寻求互惠互利的结果，但利益冲突并不总是能够通过备选方案得到解决。例如，一方面，二手车的卖方不想再使用该车，只想获得特定数额的卖车价款，因为他需要这笔钱来买新车。另一方面，买方希望该二手车的价格不要超过自己提出的数额。在这种情况下，双方可能都不愿意放弃自己的报价，这样一来，谈判就会失败。而使用**客观的决策标准**（objektive Entscheidungskriterien）对避免失败是有帮助的。[46] 比如，在购买二手车时，双方可以参考同类型和同车龄的汽车的市场价格；在订立租房合同时，可以参考城市租金指数。

---

[43] *Fisher/Ury/Patton*, Harvard-Konzept, S. 99. 关于价值分配型与价值增加型谈判，见 *Breidenbach/ Henssler*, Mediation, S. 5。

[44] *Fisher/Ury/Patton*, Harvard – Konzept, S. 100 ff.; *Quinting*, in: Eyer (Hrsg.), Wirtschaftsmediation, S. 38 f.; *Rittershaus/Teichmann*, Vertragsgestaltung, Rn. 72.

[45] *Heussen/Heussen*, Handbuch, 2. Teil Rn. 392m, 560.

[46] Hierzu *Fisher/Ury/Patton*, Harvard – Konzept, S. 126 ff.; *Quinting*, in: Eyer (Hrsg.), Wirtschaftsmediation, S. 39 f.

（五）制订最佳备选方案原则

39 如前所述，当谈判对手实力非常强大时，谈判策略的作用是有限的，谈判者往往无法取得预期的成功。在这种情况下，较弱的一方必须保护己方利益，不能轻率地同意一个不符合其利益的谈判结果。虽然有时在谈判时看起来并非如此，但其实达成协议不是绝对必要的，或者不一定是最好的解决方案。与达成不利的协议相比，**停止谈判**（Abbruch der Verhandlungen）可能更为明智。[47]

40 谈判者可以通过设置**界限（或限度）**（Begrenzung/Limit）来避免不利的谈判结果。但如果这一界限过于严格，那么谈判者可能会错过创造性的解决方案。比如，在界限非常严格的情况下，不能接受将金钱利益与其他利益交换（如用较低的购车价格换取两个月的使用权）的方案。如果谈判者不能灵活处理自己设置的界限，那么可能会错过其本来能接受的方案。[48]

41 如果谈判者不固守某一特定金额，而是随时考虑采取最佳备选方案，那么谈判就具有灵活性。比如，如果特定的价格预期因客观情况（如市场因素）而无法实现，那么对于卖方或出租人来说，接受一个较低的价格可能比在未来较长时间内无法订立合同更有利。同样，买方或承租人也应当考虑是否要接受更高的价格，否则其可能根本得不到想要的东西。

示例：

V 在科隆有一间公寓。因工作原因，他必须搬到慕尼黑居住两年。V 需要尽快将科隆的公寓出租，因为他需要用这一租金来填补在慕尼黑的租房支出。在这种时间紧迫的情况下，V 自己对于房租的价格预期，比如考虑是否划算等，是没有用的。因为如

---

[47] *Jandt/Gilette*, Konfliktmanagement, 1994, S. 145 ff.；*Ponschab/Schweizer*, Kooperation, S. 109.
[48] *Fisher/Ury/Patton*, Harvard-Konzept, S. 148 ff.

果 V 想尽快把公寓租出去，那么他的房租价格就必须符合当前的租房市场形势。

反例：来自法兰克福的 M 于 2019 年 4 月 18 日以"良好"的成绩通过了第二次国家司法考试。杜塞尔多夫一家著名的律师事务所为 M 提供了一个年薪丰厚的职位。M 同意从 2019 年 5 月 1 日起工作。由于 M 知道自己一旦开始工作就没有时间找房子了，所以他想在 5 月 1 日前完成搬家。在这种情况下，M 没有时间等待更便宜的房子。

这些例子表明，谈判者应当将可达成的谈判结果与这些可能的方案进行比较，清楚自己的最佳备选方案。为了避免仓促行事，谈判者可以给自己设定一个界限，如果超出这一界限，那么他将暂停谈判，以便重新考虑自己的选择（即暂停机制）。[49]

42

示例：

M 给自己设定了这样一项规则：如果租金在不包含暖气费用的情况下超过 12 欧元/平方米，那么他不会在看房当日就签订租房合同。

第四节　调解

在德国，谈判中也可能用到**调解**（Mediation）。[50] 调解一词的表述是"Mediation"，德语"Vermittlung"也有类似的含义，但 Mediation 这一术语已被普遍接受。自 2012 年以来，调解的相关内容由

43

---

[49] *Fisher/Ury/Patton*, Harvard-Konzept, S. 153 ff.
[50] 但德国联邦政府关于《调解法》的影响的评估报告显示，《调解法》在实践中的作用不大，见 https://dserver.bundestag.de/btd/18/131/1813/78.pdf（最后访问日期：2019 年 3 月 4 日）。

《调解法》[51] 进行规范。欧盟发布的《注册调解员培训和进修法令》自 2017 年 9 月 1 日起生效。[52] 德国的《调解法》贯彻实施了《欧盟议会和理事会关于民商领域调解程序若干事项的第 2008/52/EC 号指令》，是首次对法庭以外的冲突解决方式制定的专门法律。《调解法》比该欧盟指令的适用范围更广泛，它不仅适用于境内情形，还适用于跨境纠纷。《调解法》不仅对调解的整个过程做了规定，还对调解员的保密义务进行了规定。《调解法》第 1 条第 1 款规定，调解是一种保密且结构化的程序，在该程序中，各方当事人在一名或多名调解员的帮助下，自愿并自担责任地努力友好地解决其冲突。根据《调解法》第 1 条第 2 款，调解员承担**独立**、**中立**的**调解人角色**（Rolle eines unabhängigen und neutralen Vermittlers），通过调解引导各方，但**其没有决定权**（keine Entscheidungsbefugnis）。

44 调解有时被视为**法院诉讼的替代方案**（Alternative zu gerichtlichen Verfahren）。[53] 不过，调解的适用范围更为广泛。例如，有些谈判的失败并不会导致法院诉讼的产生；而对于这些谈判，当事人可以运用调解来**助力谈判**（Unterstützung bei Verhandlungen）。[54]

示例：

（1）某工业公司与某区政府就新工厂的落户问题进行谈判。工业公司要求享受税收优惠，但区政府不同意，因为区政府正是出于增加税收的考虑才对新工厂的落户感兴趣的。

（2）某经理与公司管理层就增加薪酬进行谈判。

---

[51] BGBl. 2012 I, S. 1577；关于《调解法》的具体规定，参见 *Goltermann/Hagel/Klowait/Levien*, „Das neue Mediationsgesetz" aus Unternehmenssicht, SchiedsVZ 2012, 299, SchiedsVZ 2013, 41；*Meyer/Schmitz-Vornmoor*, Das neue Mediationsgesetz in der notariellen Praxis, DNotZ 2012, 895。

[52] BGBl. 2016 I, S. 1994。

[53] *Breidenbach*, Mediation, S. 5；*Breidenbach/Henssler*, Mediation, S. 1 ff.；*Leeb*, BB 1998, Beilage 10, 1.

[54] 关于调解在争议避免中的运用，见 *Risse*, NZA 2017, 1030, 1032 ff.。

如果这些案例中的当事人最终没有达成协议，那么他们就无法在法院诉讼中主张自己的权益。示例（1）中的工业公司无权向区政府要求税收优惠，而只能选择在其他地方开设工厂；区政府也无权要求工业公司在本区开设工厂。示例（2）中的经理和公司也不能就其请求向法院提起诉讼。可能的解决方案是，在示例（1）中，区政府可以为工业公司提供临时税收优惠（即"启动期援助"）。在示例（2）中，公司可以为经理提供额外的固定工资和绩效奖金。

示例的解决方案表明，调解员制订的方案与**有创造力的当事人**（kreative Parteien）制订的方案没有什么不同。但问题恰恰在于，由于个人原因或其他原因，当事人往往缺少必要的创造力，太过坚持自己的立场，或经常将情绪问题与事实问题混为一谈。在这种情况下，如果当事人无法自行顺利开展谈判，那么调解员就可以**协助谈判**（Verhandlungshilfe）。在此，调解员同样应考虑哈佛谈判法的各项原则。其应帮助当事人区分事的层面与人的关系层面，认识和表达自己的利益，同时为当事人制订可使双方互利的决策方案。如果调解员的方案采用了客观标准，那么当事人接受该方案的概率会增加。最后，调解员必须时刻留意各方当事人的最佳备选方案，否则很可能无法达成协议。　　　45

调解的目的是协助当事人实现其**对利益的自主追求**（selbstbestimmte Interessenverfolgung）。调解不是要把调解员的想法强加给当事人，也不是为了达成表面上的协议。[55] 调解的另外一个重要作用是为当事人**处理情绪问题提供**"治疗性" **帮助**（Hilfe im Umgang mit Emotionen）。[56] 特别是在涉及人身权利的争议中，当事人要适当表达自己的情绪，理解对方的观点。在调解中，**单文本程序**（Ein-　　　46

---

〔55〕 *Breidenbach/Henssler*, Mediation, S. 8；关于各种目标的介绍，详见 *Breidenbach*, Mediation, S. 113 ff.。

〔56〕 *Breidenbach*, Mediation, S. 139 ff.；*Risse*, Wirtschaftsmediation, §1 Rn. 60 f. 对治疗性帮助持批判态度的，见 *Wolf/Weber/Knauer*, NJW 2003, 1488 (1489 ff.)。

Text-Verfahren）是尤其合适的[57]：即双方当事人均不制订书面方案，书面解决方案仅由调解员起草，双方当事人以该方案为基础进行谈判并不断完善之。

> 在调解中，如果当事人无法自行顺利开展谈判，那么中立的第三方（调解员）会帮助双方当事人进行谈判。

第五节 谈判的结构

47 对于如何处理**复杂问题**（komplexen Problemen），哈佛谈判法没有深入说明。谈判通常会涉及多个因素，这些因素会相互影响。例如，为了不损害与客户的业务关系，公司可能会放弃向客户主张某些权利。对无形资产*的考量也会影响公司对谈判方案的选择。为了能够正确处理复杂的问题，谈判者应当将问题结构化。[58] 最常见的**结构化**（Strukturierung）方法是创建带有子项目的层次结构。这样一来，一方面谈判者可以避免自己和谈判对方负担过重，另一方面也为双方提供了一个可以在谈判中进一步讨论和完善的**谈判提纲**（Verhandlungskonzept）。

示例：

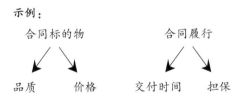

48 结构化也可以采用其他形式。比如，谈判者可以制作一个**账目**

---

[57] *Eidenmüller*, BB 1998, Beilage 10, 19 (20)；关于单文本程序，见 *Fisher/Ury/Patton*, Harvard-Konzept, S. 168 ff.。

* 如公司形象和声誉。——译者注

[58] *Haft*, Verhandlung, S. 77 ff.；*Ponschab/Schweizer*, Kooperation, S. 273 ff.

（Konto），将可能的解决方案的优点和缺点以对比的形式列出。[59] 谈判者可以通过**图示**（Abbildungen）的方式将复杂问题结构化，这一方法尤其适用于梳理复杂的人际关系。

示例：

A 希望从 B 处获得 1.5 万欧元的贷款，以便从 C 处购买一间路易十五的卧室。B 要求 A 提供担保。B 不接受让与担保，因为其对古董一窍不通，无法估计该卧室的价值。在 B 看来，A 的哥哥 D 提供的保证也不安全。最终，A 的姑姑 E 同意在自己的房产上设定了土地债务，权利人为 B；但前提是，D 为 A 的债务向 E 提供保证。D 同意提供 1 万欧元的保证。贷款在以这种方式被担保并支付给 A 后，A 未能按时还款。F 是 B 的债权人，B 将自己对 A 的债权转让给了 F。F 在要求 A 支付未果后，强制执行了 E 的房产。E 现在向 D 索要 1.5 万欧元。显然，这种复杂的情况需要结构化的分析。律师在提供法律意见之前，应当先画出一张草图，以说明不同当事人之间的关系。

最后，在谈判中承担**主导角色**（Führungsrolle）以及预先制订谈判结构，对谈判者是有利的。[60] 如上文所述，合理的谈判结构可以决定谈判的框架。谈判双方在评估和决定谈判中的实质问题时，也会以谈判结构为基础和导向。如果谈判双方都希望获得主导权，那么他们会制订出一个共同的谈判结构。

本章参考文献(同时参见缩略引用的本书"文献目录")：
Beck, Mediation und Vertraulichkeit, 2009; *Bickel*, Verhandlungsmanagement und Mediation in der Juristenausbildung, JuS 2000, 1247;

---

[59] *Haft*, Verhandlung, S. 86 ff.
[60] *Haft*, Verhandlung, S. 73 ff.; *Heussen/Heussen*, Handbuch, 2. Teil Rn. 505; *Meins*, Vertragsverhandlung, S. 15 f.; *Zankl*, Vertragssachen, Rn. 233.

Eidenmüller, Mediationstechniken bei Unternehmenssanierungen, BB 1998, Beilage 10, 19; *Fisher/Shapiro*, Erfolgreicher verhandeln mit Gefühl und Verstand, 2007; *Goltermann/Hagel/Klowait/Levien*, „Das neue Mediationsgesetz" aus Unternehmenssicht, SchiedsVZ 2012, 299, SchiedsVZ 2013, 41; *Greger/Unberath/Steffek*, Recht der alternativen Streitbeilegung, 2. Aufl. 2016; *Grobosch/Heymann*, Vertrauen als Verfahrensgegenstand – Fallgruppen der Mediation, NJW 2012, 3626; *Groth/von Bubnoff*, Gibt es gerichtsfeste Vertraulichkeit bei der Mediation?, NJW 2001, 338; *Haft*, Intuitives und rationales Verhandeln, BB 1998, Beilage 10, 15; *Heussen*, Die Vertragsverhandlung in der Krise, ZKM 2003, 18; *Hohmann*, Notizen zum Harvard-Konzept Die Phasen eines Verhandlungsmodells auf der Grundlage des Harvard-Konzepts, ZKM 2003, 48; *Jung/Krebs*, Die Vertragsverhandlung, 2016; *Meyer/Schmitz – Vornmoor*, Das neue Mediationsgesetz in der notariellen Praxis, DNotZ 2012, 895; *Ponschab/Schweizer*, Schlüsselqualifikationen, 2008; *Prütting*, Die Mediation und die rechtsberatenden Berufe, ZAP 2018, 335; *Quinting*, Erfolgreich verhandeln mit dem Harvard – Konzept, in: Eyer (Hrsg.), Report Wirtschaftsmediation, 2. Aufl. 2003, S. 33; *Riehm*, Alternative Streitbeilegung und Verjährungshemmung, NJW 2017, 113; *Risse*, Mediation als Mittel zur Streitvermeidung, NZA 2017, 1030; *Saner*, Verhandlungstechnik, 2. Aufl. 2008; *Schlösser*, Druckausübung in Vertragsverhandlung, 2014; *Schöbel*, Verhandlungsmanagement und Mediation in der Juristenausbildung, JuS 2000, 372; *Wolf/Weber/Knauer*, Gefährdung der Privatautonomie durch therapeutische Mediation?, NJW 2003, 1488.

第三章

一般交易条款的设计

一般交易条款（简称"AGB"）的使用者通常有几个目标：首 1
先，交易过程**合理化**（Rationalisierung）。使用统一的合同条款可以
使合同的签订更为简易、经济成本更低。对于非典型合同，有必要在
其中加入一般交易条款，以建立合同的**基本规则**（Grundregeln）——
这些规则在《德国民法典》明文规定的典型合同中业已存在。[1]

但是，一般交易条款的使用者通常也会尽可能地将**合同风险** 2
（Vertragsrisiken）转嫁给合同相对人。[2] 合同相对人往往没有机会谈
判不同的合同条款，此时其只有两种选择：接受使用者预先制定的合
同条款或者不与之签订合同。

示例：

Gert Gaiser（简称"G"）的父母送给了 G 一辆崭新的汽
车，作为其参加第一次国家司法考试的礼物。G 第一次去洗车店
时，看到了洗车店入口张贴的一般交易条款。其中，第 12 条第 4
款第 2 句规定，洗车店经营者对其店员造成的汽车漆面损害不负
赔偿责任，但重大过失或故意的情况除外。G 不同意该条款。他
想与店长约定：洗车店经营者对其店员因一般过失造成的漆面损

---

[1] *Erman/Roloff*, Vorbem. zu § 305 BGB, Rn. 1; *MünchKomm-BGB/Basedow*, Vorbem. zu § 305 BGB, Rn. 1 f.; *Palandt/Grüneberg*, Überbl. vor § 305 BGB, Rn. 5; *Ulmer/Brandner/Hensen/Ulmer/Habersack*, Einl. Rn. 4; *Wolf/Lindacher/Pfeiffer/Pfeiffer*, Einl. Rn. 1 f.

[2] *MünchKomm - BGB/Basedow*, Vorbem. zu § 305 BGB Rn. 3; *Palandt/Grüneberg*, überbl. vor § 305 BGB Rn. 6; *Stoffels*, AGB-Recht, Rn. 72 f.; *Ulmer/Brandner/Hensen/Ulmer/Habersack*, Einl. Rn. 5.

害承担赔偿责任。于是 G 要求洗车店的店员去把店长找来。店员则直接要求 G 离开该店。

第一节　一般性的考虑因素

3　　在经济生活中，合同相对人会受到合理的一般交易条款的约束。合同相对人，即一般交易条款使用者的合同相对方，可以是个人客户或商业客户，也可以是供应商，比如汽车制造商或贸易公司向其供应商提出一般交易条款性质的采购条件。[3] 对使用者单方面制定的一般交易条款的必要控制，规定在《德国民法典》第 305 条及以下，其目的在于保护合同相对人的合同设计自由不受侵害。[4] 这些条款并不是作为纯粹的消费者保护规则来设计的。其目的，或者说其主要目的不在于保护合同当事人中较弱的一方，而是为了限制（一般交易条款）使用者单方面制订合同。合同相对人受到保护的理由在于**部分性市场失灵**（partielles Marktversagen），这种情况也会发生在公司与消费者之间，但远不限于此。[5]

4　　《德国民法典》第 305 条及以下的适用，与合同相对人是否在经济上和（或）知识上低于一般交易条款的使用者没有任何关系。[6] 比如，如果一个在经济上处于劣势的供应商对一个大客户使用了一般交易条款，那么也应适用第 305 条及以下。但这些条款对消费者和经营者的**保护力度不同**（unterschiedliche Schutzintensität）。一方面，根据《德国民法典》第 310 条第 1 款，第 305 条及以下的部分条款不适

---

[3]　*Ulmer/Brandner/Hensen/Christensen*, Einkaufsbedingungen Rn. 1 ff. 有说服力的也见 *Wellenhofer-Klein*, BB 1999, 1121。

[4]　*Stoffels*, AGB-Recht, Rn. 89. ——关于一般交易条款基本价值的一般性论述，见 *Stoffels*, AGB-Recht, Rn. 76 ff.；*Wolf/Lindacher/Pfeiffer/Pfeiffer*, Einl. Rn. 15 ff.。

[5]　*MünchKomm-BGB/Basedow*, Vorbem. zu § 305 BGB Rn. 4 f.

[6]　*Stoffels*, AGB-Recht, Rn. 184.

用于经营者。另一方面,《德国民法典》第310条第3款将一般交易条款的概念扩展到了与消费者进行的法律交易,并规定了对消费者合同的内容控制(第307条第1款、第2款)的特殊规则。

一、《德国民法典》第305条至第310条的适用范围

《德国民法典》第305条及以下的适用范围,即物上适用范围与对人适用范围规定在《德国民法典》第310条。其中,第310条第4款第1句规定,第305条及以下不适用于继承法、家庭法、公司法领域的合同以及劳动法领域的劳资协议、企业合同和劳务合同。[7] 但劳动合同没有被排除在适用范围以外(例外情形见第310条第4款第2句)。第310条第1款是关于对经营者使用一般交易条款的特别规定;第2款规定了对公用事业行业的一般交易条款的限制;第3款规定了消费者合同的特别规则。

二、一般交易条款的概念(《德国民法典》第305条第1款)

根据《德国民法典》第305第1款第1句的规定,如果满足以下条件,即为法律意义上的一般交易条款:

必须是合同条款;

必须是单方制定的;

必须是为数量众多的合同而预先制定的。

1. 合同条款(Vertragsbedingungen)

合同条款是指构塑合同内容的规则。其主要与主给付义务或从给付义务有关,并且可以包含各种类型的规则。[8] 即使是一般交易条款使用人预先制定的**合同相对人的单方意思表示**(einseitige Erklärungen des Vertragspartners)条款也被主流学说视为《德国民法

---

[7] 对于劳资协议、企业合同和劳务合同的详细介绍,请见本书第八章。
[8] *Palandt/Grüneberg*, §305 BGB Rn. 4; *Wolf/Lindacher/Pfeiffer/Pfeiffer*, §305 BGB Rn. 7; *Wolf/Neuner*, BGB AT, §47 Rn. 8 f.

典》第 305 条第 1 款意义上的一般交易条款。[9] 当然，也有学者认为，这里只能类推适用（而非直接适用）关于一般交易条款的法律规定。[10] 此外，**使用人自己的单方意思表示**（Einseitige Erklärungen des Verwenders）条款不属于一般交易条款，因为其并没有对合同相对人的意思表示进行规制，而是行使了自己的合同设计自由。[11]

8   **2. 单方制定（Einseitige Auferlegung）**

一方当事人的单方制定是一般交易条款的第二个特征。合同条款必须是使用者单方"提出"的。使用者是指要求在合同中加入某些条款的人。[12] 如果合同条款是第三方为一方当事人起草的，那么这些合同条款也属于一方当事人提出的。相反，如果合同条款并非是第三方为某方当事人的利益而提出的，那么其就不属于《德国民法典》第 305 条第 1 款意义上的一般交易条款。[13]

> **示例：**
>
> V 有限责任公司与 K 股份公司希望在公证员 N 的协助下达成一项不动产交易。N 使用了规范合同手册中的一份格式合同，其对该格式合同所做的变动只是在上面填入了本案中当事人和不动产的具体信息。对于本案例，《德国民法典》第 305 条及以下不适用。

---

[9] Erman/Roloff, §305 Rn. 6; MünchKomm-BGB/Basedow, §305 BGB Rn. 9; Palandt/Grüneberg, §305 BGB Rn. 5.

[10] Locher, JuS 1997, 389; Ulmer/Brandner/Hensen/Ulmer/Habersack, §305 BGB Rn. 16.

[11] Palandt/Grüneberg, §305 BGB Rn. 6; Stoffels, AGB-Recht, Rn. 115; Ulmer/Brandner/Hensen/Ulmer/Habersack, §305 BGB Rn. 18.

[12] Fikentscher/Heinemann, Schuldrecht, Rn. 167; Ulmer/Brandner/Hensen/Ulmer/Habersack, §305 BGB Rn. 27; Wolf/Neuner, BGB AT, §47 Rn. 14.

[13] Locher, JuS 1997, 389 (390); Medicus/Petersen, Bürgerliches Recht, Rn. 75 a; Palandt/Grüneberg, §305 BGB Rn. 12; Wolf/Lindacher/Pfeiffer/Pfeiffer, §305 BGB Rn. 31. 关于《德国民法典》第 310 条第 3 款对于消费者合同的特别规定，见本章边码31—35。

3. 预先制定（Vorformulierung） 9

预先制定是法律规定的一般交易条款的第三个特征。一般交易条款虽然通常以书面形式规定，但这些条款并非一定要以书面形式或其他方式提前固定下来。只要合同一方当事人脑海中有这些条款，并准备以此作为大量的合同订立的基础就可以了。[14]

带空白的条款（Klauseln mit Leerräumen）也可以是一般交易条 10
款。如果需要填写的是非自主性的信息，如当事人的姓名等，那么就不是一般交易条款。而如果要填写的信息涉及合同实质内容，那么即使合同相对人只能从给定的选项中进行选择，这类条款也属于《德国民法典》第 305 条第 1 款意义上的预先制定的合同条款。[15]

示例：

在关于使用健身室的合同中，客户可以选择最短的合同期是 3 个月还是 6 个月。尽管只有两个选择可能，该条款仍然是一项预先制定的合同条款。

合同条款必须是为**大量的合同**（Vielzahl von Verträgen）而制定 11
的。这与合同条款的实际使用频率无关。唯一的标准是使用者将这些条款用于未来法律行为的预期目的。大量一词的最低标准是预期使用三次。[16] 但在首次使用时，《德国民法典》第 305 条及以下即已适用。

4. 非个别协商 12

一般交易条款不得是经个别协商而达成的合同条款（《德国民法典》第 305 条第 1 款第 3 句）；此外，**个别约定**（Individualvereinba-

---

[14] *Staudinger/Schlosser*, §305 BGB Rn. 22; *Wolf/Lindacher/Pfeiffer/Pfeiffer*, §305 BGB Rn. 14.

[15] *MünchKomm-BGB/Basedow*, §305 BGB Rn. 15 f.; *Palandt/Grüneberg*, §305 BGB Rn. 8.

[16] *Palandt/Grüneberg*, §305 BGB Rn. 9; *Ulmer/Brandner/Hensen/Ulmer/Habersack*, §305 BGB Rn. 25 及其引注。

rungen）优先于一般交易条款（第305b条）。这种个别协商不仅仅是谈判[17]：在个别协商的情形中，使用者必须是为进一步讨论而认真地提出合同条款；合同相对人必须有对预先制定的合同条款进行修改的现实机会。[18] 协商不以合同条款的修改为必然结果，协商的结果也可以是使合同相对人认为合同条款是合理的，从而接受该条款。[19] 但是有学者认为，如果合同条款保持不变，那么只有当使用者在其他地方作出了让步，才可以认为双方实际进行了协商。[20]

> 法律对一般交易条款的控制要求，不适用于经个别协商而达成的合同条款。但是协商不仅仅是谈判，（在协商的情形中）合同条款必须是为双方当事人进一步讨论而被认真地提出的。

13   根据《德国民法典》第305条第1款第3句的表述可知，如果只对个别的合同条款进行了协商，那么其他条款仍适用《德国民法典》第305条及以下。由于对每个条款的协商都是单独进行的[21]，因此一般交易条款的使用者可以（与合同相对人）协商对其特别重要的个别条款（如责任限制条款），对于这些个别协商的条款，第305条及以下的内容控制不再适用。而对于其余的合同条款，第305条及以下仍然适用。[22]

---

[17]　BGH vom 19.5.2005-III ZR 437/04，NJW 2005，2543（2544）。关于这一问题的详细论述，见 *Kappus*，NJW 2016，33 ff.。

[18]　*Erman/Roloff*，§305 BGB Rn. 18；*Palandt/Grüneberg*，§305 BGB Rn. 20；*Stoffels*，AGB – Recht，Rn. 148；*Wolf/Lindacher/Pfeiffer/Pfeiffer*，§305 BGB Rn. 38；*Wolf/Neuner*，BGB AT，§47 Rn. 19.

[19]　*BeckOK-BGB/Becker*，§305 Rn. 37；*Palandt/Grüneberg*，§305 BGB Rn. 20；*Ulmer/Brandner/Hensen/ Ulmer/Habersack*，§305 BGB Rn. 48.

[20]　*Wolf/Neuner*，BGB AT，§47 Rn. 19.

[21]　*MünchKomm-BGB/Basedow*，§305 BGB Rn. 44；*Stoffels*，AGB-Recht，Rn. 149.

[22]　*Erman/Roloff*，§305 BGB Rn. 22；*Wolf/Lindacher/Pfeiffer/Pfeiffer*，§305 BGB Rn. 41.

三、纳入的前提条件

根据《德国民法典》第 305 条第 2 款,只有在**双方合意**(einvernehmliche Einbeziehung)将一般交易条款**纳入**合同时,一般交易条款才能成为合同的一部分,从而有效。这种合意可以是通过推断得出的。[23] 第 305 条第 2 款还规定了将一般交易条款纳入合同的另外两个前提条件:其一,使用者明确地提示一般交易条款或者在特定情形下于合同订立地点张贴明确可见的布告(第 305 条第 2 款第 1 项);其二,存在合同相对人以合理方式获悉一般交易条款的可能性(第 305 条第 2 款第 2 项)。且两个前提条件需同时具备。

14

(1)根据《德国民法典》第 305 条第 2 款第 1 项第 1 选项规定,必须明确提示一般交易条款。在书面合同或申请表中,**提示**(Hinweis)一般交易条款的设计必须使一般的合同相对人一眼就能看到。[24] 而且提示(最迟)应在签订合同时给出。如果在合同订立后才向合同相对人提示一般交易条款,那么该一般交易条款不能成为合同的一部分。[25] 根据**第 305 条第 2 款第 1 项**,**张贴布告**(Aushang)也是可以的,但前提是作出明确的提示过于困难。这一困难必须是基于合同订立的技术条件而产生的。特别是在双方无接触的大量交易中,比如在洗车房和停车场订立的合同。[26]

15

示例:

Karl Kahn(简称"K")需要一个新的柜墙。为此,他通过

---

[23] *MünchKomm-BGB/Basedow*,§305 BGB Rn. 95;*Palandt/Grüneberg*,§305 BGB Rn. 41;*Wolf/Neuner*,BGB AT,§47 Rn. 33.

[24] *Palandt/Grüneberg*,§305 BGB Rn. 27;*Wolf/Lindacher/Pfeiffer/Pfeiffer*,§305 BGB Rn. 73;*Wolf/Neuner*,BGB AT,§47 Rn. 28.

[25] *MünchKomm-BGB/Basedow*,§305 BGB Rn. 83 ff.;*Staudinger/Schlosser*,§305 BGB Rn. 111, 114;*Stoffels*,AGB-Recht,Rn. 286.

[26] *Palandt/Grüneberg*,§305 BGB Rn. 29;*Staudinger/Schlosser*,§305 BGB Rn. 128 ff.;*Stoffels*,AGB-Recht,Rn. 272 f.

电话向 V 订购了一个柜墙，价格为 1775 欧元。价款中包含了在客厅中安装该柜墙的服务费用。V 告知 K，其会在收到货款后的十四天内交货，但 V 没有提到自己的一般交易条款。在安装柜墙的过程中，V 的雇员因一般过失而损坏了 K 房屋的玻璃门。K 要求 V 赔偿损失。V 则指出，根据自己的一般交易条款，其对于雇员因一般过失而造成的损害不负赔偿责任。V 的一般交易条款打印在订货单的背面，K 在收到柜墙的同时也收到了订货单；订货单的正面则没有任何关于一般交易条款的提示。K 提问，自己是否必须接受这一责任限制条款。

根据双方的约定，安装柜墙是 V 的合同义务。对于 V 在履行这一义务过程中给 K 带来的损失，K 可以根据《德国民法典》第 280 条第 1 款、第 276 条和第 278 条向 V 请求损害赔偿。虽然 V 可以根据第 309 条第 7 项字母 b 排除自己对履行辅助人因一般过失而造成的损害的责任，但 V 的这一条款未能成为合同的组成部分。原因在于，一方面 V 缺少对于一般交易条款的明确提示，因为其"隐藏"在一张订货单的背面。另一方面，V 在通过电话签订合同后才提供了其一般交易条款。

16　　（2）此外，根据《德国民法典》第 305 条第 2 款第 2 项的规定，一般交易条款的使用者必须为合同相对人创造**获悉**一般交易条款**的可能性**（Möglichkeit der Kenntnisnahme）。如果使用者向合同相对人递交了一般交易条款，那么该条件在任何情况下都已得到满足。另外，如果使用者已经明确提示了一般交易条款，那么展示或张贴它即已足够。[27] 在网上进行法律交易的情况下，客户必须能够根据第 312i 条第 1 款第 4 项保存一般交易条款文本。[28] 在通过电话签订合

---

[27] Palandt/Grüneberg, § 305 BGB Rn. 32.
[28] 关于在网上法律交易中引入一般交易条款的论述，见 *Kamanabrou*, CR 2001, 421。

同的情况下，客户可以以明示或以可推断的方式放弃对《德国民法典》第305条第2款第2项的遵守要求。[29]

在购买计算机软件的所谓**保护罩合同**（Schutzhüllenverträgen）中纳入一般交易条款，可能会产生特别的问题。在保护罩合同中，购买者收到的软件是使用电脑技术加密的数据载体。在安装软件时，购买者必须先（点击）同意软件制造商的一般交易条款，然后才能打开软件安装包。在这种设计中，只有当购买者在订立合同和安装软件之前就能够阅读到一般交易条款时，该条款才成为合同的一部分。[30]

17

（3）根据《德国民法典》第310条第1款，第305条第2款不适用于对经营者使用的一般交易条款的规定。但这只表明第305条对于合同约定之外的要求不再适用。根据法律行为的一般原则，一般交易条款的有效仍需要明示或默示的**双方合意**（einvernehmliche Vereinbarung）。[31] 因此，经营者也必须有获悉一般交易条款的可能，但此处的获悉要求比在与消费者的法律交易中的要求低。[32]

18

> 《德国民法典》第305条第2款只适用于与消费者的法律交易。若在与经营者的合同中纳入一般交易条款的，应适用就合同内容进行约定的一般法律规则。

（4）在经营者之间的法律交易中，可能出现**一般交易条款冲突**（kollidierenden AGB）（即格式之争）的问题。

19

---

[29] *MünchKomm-BGB/Basedow*, §305 BGB Rn. 73; *Ulmer/Brandner/Hensen/Ulmer/Habersack*, §305 BGB Rn. 149.

[30] *Fischl*, in: Auer-Reinsdorff/Conrad, Handbuch IT-und Datenschutzrecht, 2. Aufl. 2016, §17 Rn. 86 ff.; *Junker/Benecke*, Computerrecht, 2003, Rn. 385.

[31] *Palandt/Grüneberg*, §305 BGB Rn. 49 ff.; *Ulmer/Brandner/Hensen/Ulmer/Schäfer*, §310 BGB Rn. 29; *Wolf/Neuner*, BGB AT, §47 Rn. 37.

[32] *Ulmer/Brandner/Hensen/Ulmer/Schäfer*, §310 BGB Rn. 29; *Wolf/Neuner*, BGB AT, §47 Rn. 37.

示例：

位于汉堡的 Rüdiger Jahtal 无限公司（简称"R"）生产野外生存设备，专门销售给批发商。Münchener Outdoor 有限责任公司（简称 O）打算在 2019 年首次从 R 公司订购货品。R 以书面形式向 O 发出要约表明为其提供大量价格优惠的北极帐篷和睡袋，并附上了销售条款。O 对 R 的该要约以书面形式予以接受，并附上了购买条款。R 的销售条款和 O 的购买条款在多处存在矛盾，比如在担保和所有权转移方面。如果 R 和 O 开始履行合同，那么应适用哪方的一般交易条款？

如果对于一般交易条款冲突的情形根据《德国民法典》第 150 条第 2 款的规定，应采用的是在谈判中最后提出的一般交易条款。显然这种解决方法是不合适的。正确的解决方法是，双方不存在矛盾的一般交易条款都应当有效；对于其他（即双方有矛盾的条款），应适用相关的法律条文的规定。[33] 但所有权保留的场合例外：即使与买受人的一般交易条款相悖，所有权保留条款也是有效的，因为所有权的转移可以通过出卖人的单方意思表示而被排除。[34] 即使所有权保留是违反合同的，也不妨碍其在物权法上的有效性。

20　　（5）**出人意料的条款**（überraschende Klauseln）不能成为合同的组成部分。出人意料的条款是指，根据实际情况，该条款十分不寻常，以至于合同相对人无需考虑其影响的条款（《德国民法典》第 305c 条第 1 款）。合同相对人的必要同意不涉及此种条款，使用人不能合理期待合同相对人会同意此条款。这种条款必须是在客观上不寻

---

〔33〕 *Medicus/Petersen*, Bürgerliches Recht, Rn. 75；*Palandt/Grüneberg*，§305 BGB Rn. 54；*Ulmer/Brandner/Hensen/Ulmer/Habersack*，§305 BGB Rn. 191 ff.；*Wolf/Neuner*，BGB AT，§47 Rn. 35.

〔34〕 *Palandt/Grüneberg*，§305 BGB Rn. 55；*Ulmer/Brandner/Hensen/Ulmer/Habersack*，§305 BGB Rn. 195 ff.；*Ring/Klingelhöfer/Ring*，AGB-Recht，§4 Rn. 131.

常的,并且会让合同相对人感到出乎意料的。[35] 如果使用者明确提示了该条款,那么其就不再具有出人意料这一特性。[36]

四、《德国民法典》第 307 条至第 309 条规定的内容控制

被有效地纳入合同中的一般交易条款,会受到《德国民法典》第 307 条至第 309 条的内容控制的约束。根据第 307 条第 3 款第 1 句的规定,内容控制只适用于偏离或补充法律规定的合同条款。其他条款,比如对给付的描述以及价格约定,仅受明晰性要求的约束(《德国民法典》第 307 条第 3 款第 2 句)。这意味着:给付确定条款和报酬条款虽依据《德国民法典》第 307 条第 3 款第 1 句不受内容控制的约束,但仍然可能根据第 307 条第 1 款,因其不明晰而无效。[37]

21

(1)《德国民法典》第 305 条及以下的内容控制不仅可以在使用者和合同相对人之间的法律纠纷中进行(**即个人程序**)(Individualprozess),还可以通过**集体诉讼**(Verbandsklage)而预防性实现。根据《不作为之诉法》,消费者协会、经济类协会等可以对一般交易条款的使用者(或推荐者)提起不作为之诉,并对违反《德国民法典》第 307 条至第 309 条的一般交易条款提出异议。如果法院判定这些条款无效,那么原告可以根据《不作为之诉法》第 7 条向法院申请公布权。*

22

---

[35] *Palandt/Grüneberg*, §305c BGB Rn.3 f.; *Ulmer/Brandner/Hensen/Ulmer/Schäfer*, §305c BGB Rn. 11 ff.

[36] *MünchKomm–BGB/Basedow*, §305c BGB Rn. 10; *Palandt/Grüneberg*, §305c BGB Rn.4; *Ulmer/ Brandner/Hensen/Ulmer/Schäfer*, §305c BGB Rn. 23; *Wolf/Lindacher/ Pfeiffer/Lindacher/Hau*, §305c BGB Rn. 38a.

[37] *Erman/Roloff*, §307 BGB Rn.38; *Stoffels*, AGB-Recht, Rn. 561. 这与对《一般交易条款法》第 8 条的主流观点是一致的,见 *Stoffels*, JZ 2001, 843(845); *Ulmer/Brandner/Hensen/Fuchs*, §307 BGB Rn. 10。

* 《不作为之诉法》第 7 条规定:"如果诉讼得到支持,那么经申请,原告可获准在《联邦公报》上刊登带有罪判决的被告姓名的判决文书,费用由被告承担,在其他报刊或媒介上公布的费用由原告自行承担。法院可以对公布权的行使期限加以限制。"——译者注

之后的一般交易条款的合同相对人可以援引本判决；根据《不作为之诉法》第 11 条第 1 句，相应条款被视为无效。*〔38〕

23　　（2）内容控制的目的在于，确保合同相对方不会遭受一般交易条款使用者对其造成的不适当的不利益。立法者通过多条法律规定来追求这一目标：

24　　①《德国民法典》第 309 条规定了**无评价可能性的禁止条款**（Klauselverbote ohne Wertungsmöglichkeit）。该条规定的一般交易条款无效，而无需确定合同相对方是否遭受了不适当的不利益。

25　　②《德国民法典》第 308 条规定了**有评价可能性的禁止条款**（Klauselverbote mit Wertungsmöglichkeit）。该条包含了不确定的法律概念（如第 308 条第 1 项："期限不合理地过长或者期限不够明确。"），这些概念需要法官在个案中进行解释。〔39〕

26　　③既不根据《德国民法典》第 309 条也不根据第 308 条而无效的一般交易条款，则应根据**一般性条款即《德国民法典》第 307 条第 1 款第 1 句**（Generalklausel des § 307 I 1 BGB）进行评价。根据《德国民法典》第 307 条第 1 款第 1 句，如果一般交易条款违反诚实信用原则，不适当地使合同相对人遭受不利益，则这些条款无效。《德国民法典》第 307 条第 2 款规定了在哪些情形下，有疑义时应认为有不适当的不利益。这些情形包括，一般交易条款与法律规则的基本思想相抵触（《德国民法典》第 307 条第 2 款第 1 项），或限制了由合同性质而产生的重要权利和义务，以至于危及合同目的的实现（《德国民法典》第 307 条第 2 款第 2 项）。

---

*《不作为之诉法》第 11 条第 1 句规定："如果一般交易条款的使用者的行为违反了本法第 1 条规定的不作为要求，那么当合同相关方援引不作为判决时，一般交易条款中的规定应被视为无效。"——译者注

〔38〕关于《不作为之诉法》，详见 *Heß*, in: Ernst/Zimmermann（Hrsg.），Zivilrechtswissenschaft und Schuldrechtsreform, 2001, S. 527; *Stoffels*, AGB-Recht, Rn. 1213 ff.。

〔39〕*Wolf/Lindacher/Pfeiffer/Dammann*, vor §§ 308, 309 BGB Rn. 6; *Wolf/Neuner*, BGB AT, § 47 Rn. 62.

示例：

B 有限责任公司（简称"B"）发行计算机杂志，该杂志为月刊，购买方式为订阅。订阅合同的最短期限为一年。对于合同解除，B 的一般交易条款中包含一项条款："订阅者可以在 6 个月前解除合同。"电气工程的学生 Mirco（简称"M"）订阅了 B 的杂志。两年后，M 转到了艺术史专业。由于他不再阅读计算机杂志，所以想尽快取消订阅。M 是否受 6 个月解除期的约束？

M 不受 6 个月解除期的约束。该解除期条款违反了《德国民法典》第 309 条第 9 项字母 C，该条规定，如果解除期条款设定的解除期长于事先规定的或默示地延长的合同期限届满前 3 个月以上的，那么该解除期条款无效。M 可以在任何时候通知 B 解除合同，而无需遵守解除期条款中 6 个月的要求；限缩解释是不被允许的，即不得为维持解除期条款的有效性而将该条款解释为法律允许的最长期限（3 个月）。[40]

④根据《德国民法典》第 307 条第 1 款第 2 句，第 307 条第 1 款第 1 句中的不适当的不利益也可能产生于一般交易**条款的不明晰规定（Intransparenz einer Klausel）**。因此，一般交易条款使用者必须注意条款的表述方式，以使其在合同相对人看来是清楚的且可以理解的。根据虽有争议但正确的观点，不明晰的条款并非自动无效[41]：《德国民法典》第 307 条第 1 款第 2 句的措辞（"可以"——德文为"Kann"）以及第 307 条的体系都支持这一观点；第 307 条的体系是指，第 3 款第 2 句明确指出，一般交易条款依第 1 款第 1 句**连同**第 1 款第 2 句而无效。[42] 因

27

---

[40] 关于设定不被允许的过长的解除期的法律后果，见 *MünchKomm - BGB/Wurmnest*，§309 Nr. 9 BGB Rn. 20。

[41] *Ulmer/Brandner/Hensen*，§307 BGB Rn. 330；*Wolf/Lindach/Pfeiffer/Wolf*，§307 Rn. 250；不同观点见 *Lange*, ZGS 2004, 208 (212)；*Palandt/Grüneberg*，§307 BGB Rn. 24。

[42] *Staudinger/Coester*，§307 BGB Rn. 174；*Ulmer/Brandner/Hensen*，§307 BGB Rn. 330.

此，在确定某一条款的不明晰性之后，还需进一步确定这是否会造成不适当的不利益。一般情况下，答案是肯定的。

28　　（3）对于**经营者**（Unternehmern），在内容控制方面有特殊的规则。根据《德国民法典》第310条第1款，第308条和第309条不适用于对经营者使用的一般交易条款；只有第308条字母1a和字母1b的条款禁止规定仍然适用。但是《德国民法典》第310条第1款第2句明确规定，用于与经营者法律交易中的一般交易条款，虽然不适用本法第308条和第309条的规定，但仍可以根据本法第307条第1款和第2款而被认定无效。因此，当本法第308条和第309条所涵盖的一般交易条款在被用于与经营者的法律交易时，这些条款也要受到内容控制，但此时是根据本法第307条第1款和第2款的规定来进行内容控制（而非本法第308条和第309条）。

> **示例：**
>
> 在上个案例中，如果工程师Vincent（简称"V"）为其所在办公室订购了该杂志，那么根据《德国民法典》第310条第1款，对解除期条款的审查应依照第307条进行。也就是说，在考虑商业交易习惯和惯例的同时（第310条第1款第2句），还应考虑在与经营者进行的商业交易中，对订阅月刊的合同设定6个月的解除期是否属于《德国民法典》第307条第1款和第2款意义上的不适当。

《德国民法典》第307条及以下所规定的对一般交易条款的内容控制是针对消费者的，该内容控制是分级的，即从（最宽松的）一般性条款一直到（最严格的）无评价可能性的条款禁止。根据《德国民法典》第310条，对于以经营者为相对人而使用的一般交易条款的内容控制主要依据本法第307条来进行。

五、没有纳入合同以及合同无效的法律后果

29　　《德国民法典》第306条规定，当一般交易条款全部或部分地无

效或没有被纳入合同时，原则上，**合同的其余部分仍然有效**（im Übrigen wirksam）（《德国民法典》第306条第1款）。只有当合同的维持会给合同一方当事人造成不合理的困难时，整个合同方为无效（《德国民法典》第306条第3款）。这一规定偏离了《德国民法典》第139条；《德国民法典》第306条的目的在于保护一般交易条款使用者的合同相对人的利益，而合同相对人的利益一般倾向于维持合同。[43] 根据本法第306条第2款的规定，无效条款由**法律规范**（gesetzliche Regelung）取代。如果缺少成文法规范，比如对于法律没有类似合同内容的规定，那么就必须通过对合同的补充解释来填补漏洞。但是使用者为条款无效情形而预先制定的可分割性条款是无效的；预先规定的一般交易条款的替代条款也是无效的。[44]

维持性限缩（geltungserhaltende Reduktion）是被禁止的，即不得通过解释将无效条款限缩至法律允许的范围。否则，对使用者而言，使用不恰当的条款将是毫无风险的。[45] 但是，如果某条可分割的条款因符合《德国民法典》第305条及以下的规定而得以存续，则不存在维持性限缩（即蓝色铅笔测试＊）。[46]

示例：

音响经销商 Hirt（简称"H"）使用了一般交易条款，并通

---

〔43〕 *MünchKomm - BGB/Basedow*，§306 BGB Rn.1 f.；*Palandt/Grüneberg*，§306 BGB Rn.1；*Ulmer/ Brandner/Hensen/Schmidt*，§306 BGB Rn.1.

〔44〕 *Palandt/Grüneberg*，§306 BGB Rn.15；*Stoffels*，AGB-Recht，Rn.625；*Ulmer/ Brandner/Hensen/Schmidt*，§306 BGB Rn.39；*Wolf/Neuner*，BGB AT，§47 Rn.87.

〔45〕 *BeckOK-BGB/H. Schmidt*，§306 BGB Rn.20；*Erman/Roloff*，§306 BGB Rn.8；*Wolf/Neuner*，BGB AT，§47 Rn.87.

＊ 蓝色铅笔测试，是普通法系国家常用到的一个法律概念，是指当法院发现合同条款中既存在合法和可执行的条款，又存在不合法和不可执行的条款时，法官可以保留合法和可执行的部分，划掉不合法和不可执行的部分。当然，前提是修改后的版本必须与合同原意一致。——译者注

〔46〕 *BAG vom 16. 5. 2012-5 AZR 251/11, NZA 2012, 971（Rn. 37）及其引注。Palandt/Grüneberg*，§306 BGB Rn.7；*Stoffels*，AGB-Recht，Rn.600；*Wolf/Neuner*，BGB AT，§47 Rn.88 f.。

过一般交易条款排除了其对于履行辅助人因违反义务而造成的物的损害的责任。此外，一般交易条款还规定，客户必须以书面形式进行催告，并且如果 H 陷于迟延，那么 H 享有《德国民法典》第 281 条第 1 款规定的宽限期，该宽限期为三个月。

由于完全排除了对物的损害的责任，本例的第一个条款违反了《德国民法典》第 309 条第 7 项字母 b，因此是无效的。[47] 该条款不能通过解释而存续，即将该条款限缩解释为 H 仅对因其履行辅助人的重大过失或故意造成的损害而承担责任。这种做法构成不被允许的维持性限缩。[48]

本例的第二个条款违反了《德国民法典》第 308 条第 2 项，因为 H 规定了长达三个月的宽限期，而在通常的消费者合同中，合理的宽限期的上限为两周。[49] H 已大大超过了这一界限。与之相反，对客户催告的书面形式的要求是有效的；特别是不存在违反《德国民法典》第 309 条第 13 项字母 b 的情况。虽然宽限期与催告形式这两个规则均涉及同一主题（即 H 陷于迟延），但该条款是可以分割的。对客户催告的书面形式的要求是可以理解的。因此，虽然关于宽限期的规定无效，但关于客户催告的书面形式要求的规定仍然有效。

六、消费者合同的特别规则

31　　根据《德国民法典》第 310 条第 3 款规定，对于经营者与消费者之间的合同（即消费者合同）中的一般交易条款的控制，适用特别规则。[50]

---

[47]　关于 §309 Nr. 7 lit. b BGB 的细节，见 *MünchKomm-BGB/Wurmnest*，§309 Nr. 7 BGB Rn. 20 ff. 。

[48]　*MünchKomm-BGB/Wurmnest*，§309 Nr. 7 BGB Rn. 32。

[49]　*Palandt/Grüneberg*，§308 BGB Rn. 13。

[50]　该条可追溯到《欧共体关于消费者合同中的不公平条款的指令（93/13/EEC）》的实施。*NK-BGB/Kollmann*，§310 BGB，Rn. 25 ff. 。

(1) 根据《德国民法典》第 310 条第 3 款第 1 项的假定，通常情况下一般交易条款被看作是由经营者提出的。这意味着，**由第三方**（如公证人或居间人）**制定的合同条款**（von Dritten formulierte Vertragsbedingungen）也被视为是由经营者提供的，因而应根据本法第 305 条及以下进行检查。只有当合同条款是由消费者引入合同时，方不适用该假定（《德国民法典》第 310 条第 3 款第 1 项后半句）。在消费者的促使下使用商业上通用的合同表格（如租赁合同的合同范本或德国汽车协会订订的关于买卖二手车的合同表格），即为消费者引入合同条款的情形。[51] 但如果合同条款是经双方协商（《德国民法典》第 305 条第 1 款第 3 句）达成的，那么即使是消费者合同，也不适用第 305 条及以下的内容控制。[52]

对于**经公证的合同条款**（notarielle Vertragsbedingungen），《德国民法典》第 310 条第 3 款第 1 项的规定受到批评。部分学者认为，对于经公证的合同条款，应降低《德国民法典》第 305 条第 1 款第 3 句中关于"协商"的要求，这样就可以避免本法第 305 条及以下的内容控制。[53] 另一种观点则借助"内部的表述辅助"，认为经公证的合同条款不是为大量的合同而制定的，因此至少可以通过第 310 条第 3 款第 1 项，排除第 305 条及以下的内容控制。[54] 笔者认为，对于这些削弱第 310 条第 3 款第 1 项的尝试，应持怀疑态度。

(2) 根据《德国民法典》第 310 条第 3 款第 2 项的规定，本法第 305 条及以下的某些条文，也应适用于消费者合同中**只为一次使用**（einmaligen Gebrauch）的合同条款（即单次消费者合同，与标准消费者合同相对）。这既适用于经营者引入的条款，也适用于第三方引入

---

[51] *Erman/Roloff*，§ 310 BGB Rn. 16；*Palandt/Grüneberg*，§ 310 BGB Rn. 13；*Stoffels*, AGB-Recht, Rn. 138.

[52] *Locher*，JuS 1997, 389 (391)；*Stoffels*, AGB-Recht, Rn. 146.

[53] *Brambring*, in: Festschrift Heinrichs, 1998, S. 39 (47 ff.).

[54] *Ulmer*, in: Festschrift Heinrichs, 1998, S. 555 (560 ff.)；*Ulmer/Brandner/Hensen/Ulmer/Schäfer*，§ 310BGB Rn. 74；不同观点见 *Palandt/Grüneberg*，§ 310 BGB Rn. 12。

的条款,[55] 除非消费者对于这些预先制定的合同条款的内容能够施加影响(《德国民法典》第310条第3款第2项后半句)。对于这一问题,即"施加影响的可能性"是否应与本法第305条第1款第2句中的条款"协商"作同样的理解,仍存在争议。[56] 但无论如何,证明"施加影响系不可能"的举证责任由消费者承担。[57]

35　　(3)根据《德国民法典》第310条第3款第3项,在依据本法第307条第1款和第2款判断不适当的不利益时,也必须考虑伴随**合同订立的情势**(Umstände des Vertragsschlusses)。因此应额外考虑订立合同的具体个人情况。例如,从有利于消费者的角度可以考虑,消费者是否特别没有经验,其是否处于困境,或者其是否对此措手不及。[58] 当然,该条款(即《德国民法典》第310条第3款第3项)的适用也可能会损害有经验的或有专业知识的消费者的利益。[59]

> 《德国民法典》第310条第3款包含了将一般交易条款的控制扩展到消费者合同的规则。除了对一般交易条款的概念进行扩展之外,第310条第3款还规定,应在本法第307条的框架内考虑合同订立的情势。

---

[55] *Palandt/Grüneberg*, §310 BGB Rn. 16;*Staudinger/Schlosser*, §310 BGB Rn. 63. 关于第三方条款的不同观点,见 *Ulmer*, in:Festschrift Heinrichs, 1998, S. 555 (566 ff.);*Ulmer/Brandner/Hensen/Ulmer/Schäfer*, §310 BGB Rn. 81 f.。

[56] 赞同的观点见 *Palandt/Grüneberg*, §310 BGB Rn. 17;反对的观点见 *Ulmer*, in:Festschrift Heinrichs, 1998, S. 555 (569 f.);*Ulmer/Brandner/Hensen/Ulmer/Schäfer*, §310 BGB Rn. 85。

[57] *Locher*, JuS 1997, 389 (391);*Palandt/Grüneberg*, §310 BGB Rn. 17。

[58] *Coester-Waltjen*, Jura 1997, 272 (274);*Locher*, JuS 1997, 389 (391);*Palandt/Grüneberg*, §310 BGB Rn. 21。

[59] *Coester*, in:Festschrift Löwisch, 2007, S. 57 (65);*Palandt/Grüneberg*, §310 BGB Rn. 21;*Stoffels*, AGB-Recht, Rn. 481。

第二节　案例：一般交易条款的设计

位于慕尼黑的 Siena 灯具有限责任公司（简称 S）销售意大利名家设计的灯具。S 的客户主要为个人，最近也有家具店成为其客户。S 的商业活动已达到一定规模，在销售时有必要按标准条款进行。因此，S 打算今后在交货和收款方面使用一般交易条款。   36

为制定一般交易条款，S 联系了"Eller, Hüttwitz und Rotstein"律师事务所。在与 Hüttwitz 博士（简称"H"）的第一次咨询对话中，S 的业务执行人 Detlef Drews（简称"D"）表明，以下几点对他特别重要：首先，由于过去有客户买了东西但不付款，因此 D 想让 S 保留对灯具的权利，直至客户最终付清款项。其次，由于 S 多次遇到吹毛求疵的客户，因此 D 希望能排除或至少限制 S 对灯具的担保责任。最后，D 希望可以在公司所在地的法院解决法律纠纷。为了满足这些利益或要求，H 应怎样制定一般交易条款？

一、所有权保留条款

（一）法律规定

S 希望在收到全额价款之前保留对灯具的"权利"。S 的目标是，只有当收到全部价款时，方失去对所售灯具的所有权。   37

1. 根据《德国民法典》第 929 条及以下的物权法规则，从出卖人到买受人的**所有权转移**（Eigentumsübergang），除了需要关于所有权转移的合意外，只需再交付标的物（《德国民法典》第 929 条第 1 款），或约定占有改定（《德国民法典》第 930 条），或让与对物的返还请求权（《德国民法典》第 931 条）。在满足以上条件后，无论买受人是否履行以及何时履行其对待给付（即支付价款），所有权的转移都会发生。即使买受人最后没有支付价款，出卖人对已交付的货物也不再享有任何权利。   38

39 **2.** 为了防止所有权的立即转移,可以根据《德国民法典》第449条第1款,约定**所有权保留**(Eigentumsvorbehalt),即将付清全部价款作为《德国民法典》第158条第1款意义上的生效条件,将所有权的转移推迟到付清全部价款之时。此时,交付标的物,只是让买受人获得了一种期待权而非获得了标的物的所有权。[60] 为了能够根据S的需求来制定条款,H律师必须对所有权保留条款的各种设计有所了解。

(二) 设计可能

40 **1. 简单的所有权保留**(einfache Eigentumsvorbehalt)的效果是,所交付的标的物的所有权直至价款全部付清之时方转移至买受人,这与《德国民法典》第929条及以下的规定不同。简单的所有权保留仅与标的物本身有关。第三方也可以通过《德国民法典》第185条或根据第932条的善意取得而获得标的物的所有权。如果标的物与其他物附合或混合(《德国民法典》第947条及以下)或被进一步加工(《德国民法典》第950条),那么出卖人也会失去对标的物的所有权。[61]

41 在约定了所有权保留的情形中,如果**买受人的债权人**(Gläubiger des Vorbehaltskäufers)通过强制执行而获得了被保留所有权的物品,那么出卖人可以提起第三人异议之诉(《德国民事诉讼法》第771条)。在**买受人破产**(Insolvenz des Vorbehaltskäufers)的情况下,根据《德国破产法》第103条的规定,破产管理人有选择权:如果破产管理人选择履行(即支付价款),那么根据《德国破产法》第55条第1款

---

[60] *Baur/Stürner*, Sachenrecht, §59 Rn.3; *Medicus/Lorenz*, Schuldrecht II, §13 Rn.2 f., 5ff.; *Musielak/ Hau*, Grundkurs BGB, Rn.890, 897 ff.; *Reinicke/Tiedtke*, Kreditsicherung, Rn.882; *Schreiber*, Sachenrecht, Rn.327. 关于期待权,详见 *Larenz*, Schuldrecht II/1, S.114 ff.; *Medicus/Petersen*, Bürgerliches Recht, Rn.456 ff.; *Wellenhofer*, Sachenrecht, §14 Rn.11 ff.。

[61] *Baur/Stürner*, Sachenrecht, §59 Rn.14; *Fikentscher/Heinemann*, Schuldrecht, Rn.964; *Reinicke/ Tiedtke*, Kreditsicherung, Rn.874f.; *Prütting*, Sachenrecht, Rn.395; *Weber/Weber*, Kreditsicherungsrecht, S.162 f.; *Westermann/Staudinger*, BGB-Sachenrecht, §6 Rn.201 f. 关于期待权的消灭,见 *Baur/Stürner*, Sachenrecht, §59 Rn.14。

第2项的规定，价款债权属于优先债权；如果破产管理人拒绝履行，那么出卖人可以根据《德国破产法》第47条取回该物品。[62]

2. 所有权保留情形中的买受人常常会希望转卖或加工该标的物。在这些情形中，出卖人可以通过**延伸的所有权保留**（verlängerter Eigentumsvorbehalt）（即通过取得对代偿物的权利）来保障自己的利益。在第一种情形中（即转卖情形中的延伸的所有权保留），买卖双方约定，转卖所得的价款债权应作为已售物品的所有权的担保。买受人可以转卖标的物，但其应将转卖所得的债权作为担保预先转让给出卖人，而出卖人可以再授权由买受人收取债权。[63]

通常情况下，**转卖授权**（Veräußerungsermächtigung）仅限于正当交易过程中的交易。[64] 例如，如果买受人以低于价值的价格转售物品，以便用偿还债务，那么就不属于正当转卖。[65] 转卖情形下只有当价款债权确定或可确定时，价款债权的提前转让方为有效。债权在转让中必须是足够确定的，也就是说，此时债权转让的生效只需要转让价款债权的产生即可。[66]

在第二种情形（即加工情形中的延伸的所有权保留）中，出卖人通过获得对新标的物的权利来保证其担保不受影响。简单的所有权保留通过**加工条款或附合条款**（Verarbeitungs – oder Verbindungsklausel）而得到补充，由此，出卖人可以偏离《德国民法典》第947条及以下的规定，在加工、附合或混合标的物时，成为新标的物的唯一所有人

42

43

44

---

[62] *Medicus/Lorenz*, Schuldrecht II, § 13 Rn. 13；*Prütting*, Sachenrecht, Rn. 397；*Reinicke/Tiedtke*, Kreditsicherung, Rn. 861 f.

[63] *Medicus/Lorenz*, Schuldrecht II, Rn. 294；*Reinicke/Tiedtke*, Kreditsicherung, Rn. 928 ff.；*Schreiber*, Sachenrecht, Rn. 313；*Weber/Weber*, Kreditsicherungsrecht, S. 170f.；*Westermann/Staudinger*, BGB-Sachenrecht, § 6 Rn. 195.

[64] *Reinicke/Tiedtke*, Kreditsicherung, Rn. 928；*Rieger/Friedrich*, JuS 1987, 119 (122)；*Wellenhofer*, Sachenrecht, § 14 Rn. 44 f.

[65] *Reinicke/Tiedtke*, Kreditsicherung, Rn. 738.

[66] BGH vom 7. 12. 1977-VIII ZR 164/76, BGHZ 70, 86 (89)；*Reinicke/Tiedtke*, Kreditsicherung, Rn. 741.

或至少获得共同所有权。[67] 根据主流观点，对加工条款进行约定是允许的。虽然《德国民法典》第 950 条不能通过当事人的约定而变更，但双方当事人可以约定，谁是该条款意义上的制造人。[68]

45　　3. 在**往来账式所有权保留**（Kontokorrentvorbehalt）（亦称为：扩大的所有权保留）中，所有权保留不仅担保具体的价款债权，而且担保出卖人在与买受人的业务关系中产生的所有债权。[69] 往来账式所有权保留既可以被设计为简单的所有权保留，也可以被设计为延伸的所有权保留。

46　　4. 在**康采恩所有权保留**（Konzernvorbehalts）中，不仅作为人的债权应当得到担保，而且其所在集团的其他公司的各类债权亦应得到担保。但是，根据《德国民法典》第 449 条第 3 款的规定，康采恩所有权保留不能由当事人约定而生效。

（三）所有权保留之概览

47　　所有权保留的重要形式可以总结如下：

简单的所有权保留		标的物的所有权直至价款全部付清之时方转移至买受人
延伸的所有权保留	继续转卖	买受人可以转卖标的物，但其对第三人的价款债权将作为标的物所有权的担保转让给出卖人
	附合或加工	与《德国民法典》第 946 条及以下的规定不同，出卖人获得对新标的物的（共同）所有权

---

［67］ *Lwowski/Fischer/Langenbucher/Kieninger*, Kreditsicherung, §21 Rn. 19 ff.；*Medicus/Lorenz*, Schuldrecht II, §13 Rn. 14.

［68］ BGH vom 3. 3. 1956-IV ZR 334/55, BGHZ 20, 159（163）；*Prütting*, Sachenrecht, Rn. 464；*Schreiber*, Sachenrecht, Rn. 185；其他观点（即认为《德国民法典》第 950 条可以通过当事人的约定而变更），见 *Reinicke/Tiedtke*, Kaufrecht, Rn. 1357 及其引注。部分学者认为，对制造人的认定更多是以客观标准为依据。因此，除了加工条款以外，还需要经济风险的移转，见 BeckOK-BGB/*Kindl*, §950 BGB Rn. 10；*Staudinger/Wiegand*, §950 BGB, Rn. 24 ff.。

［69］ *Baur/Stürner*, Sachenrecht, §59 Rn. 6；*Looschelders*, Schuldrecht Besonderer Teil, Rn. 211；*Medicus/Lorenz*, Schuldrecht II, §13 Rn. 11；*Prütting*, Sachenrecht, Rn. 408. 认为不应允许设置往来账式保留的，见 *Larenz*, Schuldrecht II/1, S. 126 f.。

(续表)

往来账式所有权保留	担保出卖人与买受人的业务关系中产生的所有债权
康采恩所有权保留	应担保出卖人所属集团公司对买受人的所有债权——不允许（双方约定）

（四）信息收集

不同形式的所有权保留，符合出卖人不同的**担保利益**（Sicherungsinteressen）。只有当出卖人获得全部价款之前已将标的物转让给买受人时，才有必要设置所有权保留作为担保。在这种情况下，选择简单的所有权保留还是延伸的所有权保留，取决于买受人对该标的物的预期用途。如果买受人打算转卖或加工该物，那么建议出卖人选择**延伸的所有权保留**，而如果买受人没有转卖或加工的情形，那么**简单的所有权保留**已足够。只有当买卖双方存在长期的业务关系时，**往来账式所有权保留**才是有意义的。

48

在本案例中，H只知道，S希望可以在收到所有价款之前设置所有权保留。关于销售的具体情形以及S与家具店的业务关系性质，H目前还不清楚。为了起草合适的所有权保留条款，H需要以下补充信息：

49

问题一：灯具销售的付款方式是怎样的？（比如，付款与交货同时履行、账单一次性付清、分期付款等）

信息获取方式：询问S。

问题二：S是否与客户建立了长期的业务关系？

信息获取方式：询问S。

问题一的询问结果（假设）：原则上，S的客户在收到灯具时也会收到一份账单，其必须在30天内支付。S不接受分期付款。在例外情况下，客户直接从S处取得灯具，并同时付款。在与家具店的业务往来中，S一直采用的是账单收款的方式，付款期限为6周。

问题二的询问结果（假设）：到目前为止，S仅与几家家具店建立了稳定的业务关系，但 S 的业务执行人 D 希望今后能与更多家具店建立稳定的业务关系。

（五）选择设计方案

50　　根据这些信息，H 可以为 S 设计合适的所有权保留形式。在这一过程中，H 必须考虑 S 在与家具店交易和与其他客户交易中的不同保护需求。

51　　1. S 在销售灯具中一般采用的是账单收款方式，因此 S 负有先履行义务。如果设计方案是**简单的所有权保留**，那么当买受人不履行付款义务时，S 可以处置所售灯具，但这一担保方式有效的前提是，灯具还在买受人那里。在向**个人客户**（Privatkunden）出售灯具时，通常可以认为灯具仍由买受人占有。因此，在与个人客户的交易中简单的所有权保留即可为 S 提供充分的担保。在一般交易条款中约定简单的所有权保留，以作为出卖人的适当的担保措施，（在法律上）是允许的。[70]

52　　2. 在与**家具店**（Einrichtungshäusern）的交易中，由于家具店通常会转售灯具，因此简单的所有权保留不足以充分保障 S 的权利。根据《德国民法典》第 932 条，S 对灯具的所有权可能因转售而丧失。此时，**延伸的所有权保留**这一设计方案更合适。通过该方案，即使灯具被转售，S 的利益亦可得到保障。此外，由于 S 仅与几家家具店有长期的业务关系，而且 S 希望继续深化这种关系，那么，**往来账式所有权保留**这一设计方案也可能是合适的。

53　　如果在业务关系中产生了其他债权，而这些债权无法以所有权保留作为担保措施，或者所有权保留的担保内容因标的物根本不可能收回而减少，或者担保内容因标的物仅能覆盖部分价款（比如有使用损耗）而减少，那么往来账式所有权保留这一设计方案就是更可取的。[71] 但是，如果家具店以现金交易的方式转售了 S 的灯具，那么当家

---

[70] *Palandt/Grüneberg*, § 307 BGB Rn. 85；*Stoffels*, AGB-Recht, Rn. 1010. 与此不同，有问题的是在采购条件中排除所有权保留，见 *Stoffels*, AGB-Recht, Rn. 1012.

[71] *Rieger/Friedrich*, JuS 1987, 118 (119).

具店不付款时，S 无法（通过往来账式所有权保留）收回该灯具。此时，只有延伸的所有权保留可以保障 S 的权利。而且，在本案中，S 的债权中没有不可设置所有权保留作为担保的情形。因此，往来账式所有权保留（相较于延伸的所有权保留）并不能给 S 带来更多的好处。

在**经营性法律交易**（unternehmerischen Rechtsverkehr）中，通常在一般交易条款中约定延伸的所有权保留；《德国民法典》第 307 条第 1 款、第 2 款并不反对这种做法。[72] 但是，可能在有必要限制转售情形中的债权转让，或者在嗣后可能发生过度担保的情况下，增加一个退还条款，以防止所有权保留条款根据《德国民法典》第 307 条第 1 款、第 2 款及第 138 条规定的，因过度担保而无效。[73] 可以想象的是，在转让因转售而产生的债权时，只转让其与 S 对家具店的债权在范围上一致的部分。反对观点则认为，这样一来，S 的利益无法得到充分的保障，因为部分被转让的债权可能无法实现。因此，对 S 而言，最好能取得（家具店）对其灯具转售而产生的全部债权。 54

只有在整个债权转让因 S 的**过度担保**（Übersicherung）而可能无效的情况下，上述的这种安排才会有问题。自法院判例对嗣后过度担保问题的处理发生改变后，被担保人的过度担保不再因违反善良风俗而导致债权转让无效。德国联邦最高法院的大民事第八审判庭明确指出，延伸的所有权保留中的债权转让属于概括让与[74]中的嗣后过度担保的情形，即使没有明文规定，也可以设定一项**退还义务**（Freigabeverpflichtung）。[75] 这样一来，一方面，被转让的债权的价值可以嗣后根据 S 的请求权而调整；另一方面，对转让进行限制是没有必要 55

---

[72] BGH vom 20. 3. 1985-VIII ZR 342/83, BGHZ 94, 105 (112); *MünchKomm-BGB/H. P. Westermann*, § 449 BGB Rn. 87. 这与往来账式所有权保留以及其与延伸的所有权保留混合情形不同，见 *Reinicke/Tiedtke*, Kreditsicherung, Rn. 911。

[73] *BeckOK-BGB/Faust*, § 449 BGB Rn. 32.

[74] BGH vom 13. 6. 1990-VIII ZR 130/89, ZIP 1991, 1006.

[75] BGH vom 27. 11. 1997-GSZ 1 u. 2/97, NJW 1998, 671.

的。转售中的债权被全额转让,并不构成初始的过度担保。[76]

56 **3.** 在某些情况下,考虑到买受人**迟延付款**(Zahlungsverzugs)的法律后果,可能还会有其他的设计可能。当买受人迟延付款时,如果出卖人已向买受人指定了事后补充履行期限但买受人仍不履行的,那么出卖人可以根据《德国民法典》第 323 条第 1 款解除合同。但是,解除合同不是出卖人的目标。出卖人并不是想解除合同,而是希望实现其价款债权。收回已销售的标的物,是一种施压手段。如果买卖合同未被解除,出卖人即可收回标的物,以此督促买受人及时支付价款。[77]

57 因此,在客户迟延付款的情况下,设计**收回权**(Rücknahmerecht)更符合 S 的利益。但根据《德国民法典》第 449 条第 2 款,只有在出卖人解除合同时,才可以请求返还标的物。如果出卖人负有先履行义务,那么只要合同仍然有效,出卖人就必须把标的物留在买受人处。[78] 根据主流观点,由于《德国民法典》第 449 条第 2 款是任意法规则,因此原则上允许当事人约定与该规定偏离的合同条款;但是,对于消费者和经营者,根据《德国民法典》第 307 条第 2 款第 1 项的规定,只能以个别协议的形式进行这种偏离性约定。[79] 因此,在一般交易条款中约定买受人迟延付款情形下的收回权条款,不符合《德国民法典》第 307 条第 2 款第 1 项的规定。

---

[76] 关于自始的过度担保,见本书第五章边码 32、边码 33。
[77] *Reinicke/Tiedtke*, Kreditsicherung, Rn. 868 f.
[78] Begr. RegE, BT-DrS. 14/6040, S. 241.
[79] *BeckOK - BGB/Faust*, §449 BGB Rn. 19; *Erman/Grunewald*, §449 BGB Rn. 14; *Habersack/Schürnbrand*, JuS 2002, 833 (836 f.); *Palandt/Grüneberg*, §307 BGB Rn. 85; *Staudinger/Beckmann*, §449 BGB Rn. 63 ff.; *Graf v. Westphalen*, Allgemeine Verkaufsbedingungen, S. 236;对于经营性法律交易,有法院在这一问题上持开放态度,见 OLG Frankfurt a. M. vom 31. 3. 2005-1 U 230/04, NJW 2005, 1170 (1173);有观点认为,如果双方均为经营者,那么可以在一般交易条款中约定这种这种偏离性规则,见 *MünchKomm - BGB/H. P. Westermann*, §449 BGB Rn. 35; *Schulze/Kienle*, NJW 2002, 2842(2843 f.)。

4. 最后，S有可能因为第三人的介入而失去担保权利。[80] 由于所有权保留情形中的所售灯具由买受人占有，那么买受人的其他债权人可能会尝试将灯具变现，以实现其对买受人债权的实现。为了能够对此进行干预，S会希望了解**第三人对该所售灯具的干涉情况**（Zugriff Dritter）。因此，买受人有义务告知S第三人采取的与所售灯具有关的措施。

（六）合同条款建议

对于S而言，与家具店和与其他客户交易中所设计的所有权保留条款，在范围上应当是不同的。因此，采用**分级式的表述**（abgestufte Formulierung）是适合的，即首先规定适用于所有合同相对人的规则，然后再补充规定针对家具店的规则。当然，合同条款中不必使用"家具店"这一特定客户群体称谓，而是可以广泛地将经营者作为客户群体。诚然，S的客户还可能包括那些不转售灯具，只为自己的业务经营而购买灯具的经营者。但是，扩展的合同条款对这类经营者而言并不是无效的，只是不会被使用。由此，S的所有权保留条款可以设计如下：

（1）出卖人对已交付标的物保留所有权，直至价款完全付清。

（2）如果第三人的行为或其他事件危害到出卖人的权利，那么买受人应不迟延地通知出卖人。在标的物被扣押或没收时，买受人应告知第三方：出卖人对该物享有所有权。并且，买受人应不迟延地通知出卖人该事件及第三方采取的措施。

（3）如果买受人是经营者，还应适用以下规则：

买受人有权在正常的业务过程中转售被交付的标的物；但是，转售中产生的所有债权此时已被全额转让给出卖人。买受人有权在转让后收取这些债权，只有在买受人未适当履行付款义务的情

---

[80] 关于担保协议框架内的这一问题，见本书第五章边码28。

况下，这一收取债权的授权才会被撤销。如果买受人未按时支付的款项达到总款项的 10%，且经出卖人书面催告，在 5 个工作日内仍未支付的，那么应当认为买受人未适当履行付款义务。

二、瑕疵担保限制

（一）法律规定

60　　S 希望在一般交易条款中排除或限制自己的瑕疵担保责任。S 对物的**法定的瑕疵担保**（gesetzliche Gewährleistung）规定在《德国民法典》第 434 条及以下。[81] 根据《德国民法典》第 437 条、第 439 条，买受人可以要求出卖人**事后补充履行**（Nacherfüllung）。此时，根据《德国民法典》第 439 条第 1 款，买受人可以选择请求消除瑕疵（即修复）或请求交付无瑕疵的物。如果买受人选择（事后）交付无瑕疵的物，那么只有当出卖人根据《德国民法典》第 275 条不负有事后交付义务，出卖人才可主张**修复**（Nachbesserung）。[82]

61　　如果买受人向出卖人指定了适当的事后补充履行期限但出卖人仍不履行的，那么买受人可以根据《德国民法典》第 437 条第 2 项、第 323 条第 1 款请求**解除**（Rücktritt）合同；当然，根据《德国民法典》第 437 条第 2 项、第 323 条第 2 款、第 440 条、第 326 条第 5 款，也可以不指定期限。如果买受人不主张解除合同，那么其可以主张**减少**（mindern）价款（《德国民法典》第 437 条第 2 项、第 441 条）。除了解除合同和减少价款外，买受人还可以根据《德国民法典》第 437 条第 3 项、第 280 条第 1 款请求**损害赔偿**（Schadensersatz），即根据《德国民法典》第 437 条第 3 项、第 440 条、第 280 条、第 281 条、第 283

---

　　[81]　由于灯具是新生产的，所以该物上不会有第三人的权利。因此，在本案中不会适用与权利瑕疵有关的担保法律规则。

　　[82]　Dazu *Brox/Walker*, Besonderes Schuldrecht, §4 Rn. 43ff.；*NK-BGB/Büdenbender*, §439 BGB Rn. 17-23；*Palandt/Weidenkaff*, §439 BGB Rn. 14 ff.

条以及第 311a 条请求替代给付的损害赔偿。

如果事后补充履行是可能的,那么替代给付的损害赔偿请求权以指定事后期限无效果为前提。最后,根据《德国民法典》第 437 条第 3 项、第 284 条,买受人可以不请求替代给付的损害赔偿,而请求**偿还徒然支出的费用**(Ersatz vergeblicher Aufwendungen)。如果出卖人或第三人对物的品质或耐用性或与物的无瑕疵有关的其他要求作出担保(Garantie für die Beschaffenheit oder die Haltbarkeit oder andere als die Mängelfreiheit betreffende Anforderungen),那么根据《德国民法典》第 443 条,买受人除了法定请求权外还享有因此担保而产生的权利。

62

(二)信息收集

S 的业务执行人 D 希望尽可能排除或至少限制对客户的瑕疵担保请求权。D 是否对**瑕疵担保权利的修改**(Modifikation der Gewährleistungsrechte)也有兴趣,尚未可知。但可以考虑的是,在事后补充履行方面,为 S 设计一项优先修复权,也就是说,在灯具出现问题时,S 可以首先尝试维修,之后客户才能要求换货。H 必须弄清楚,D 是否对这种修复权感兴趣。此外,能否对 S 的瑕疵担保进行限制,还要看 S 是否就其灯具在法定瑕疵担保之外自愿为客户提供额外的保证。由此可见,H 还需要向 D 获取相关的信息。

63

问题三:在灯具出现问题的情况下,S 是否希望首先尝试维修灯具?S 是否就灯具的某些特性或耐用性向客户作出保证?

信息获取方式:询问 S。

问题三的询问结果(假设):由于 S 有自己的车间,因此 D 非常希望 S 享有修复权。当然,D 希望 S 在合同中尽可能少地承担责任,并且可以在个案中与客户进行有效沟通。但 S 不作任何(法定瑕疵担保之外的)保证声明。

(三)《德国民法典》第 444 条、第 474 条及以下的限制

设计方案必须遵守《德国民法典》设置的界限。但在某些情况下,面对消费者与面对经营者的瑕疵担保限制适用不同的规则。

64

65　　1. 业务执行人 D 希望 S 在合同中尽可能少地承担责任。因此，H 首先会考虑**完全的责任免除**（vollständigen Haftungsausschluss）。对于 S 的所有交易相对人，无论是消费者还是经营者，均适用《德国民法典》第 444 条。根据该条，如果出卖人恶意地不告知瑕疵或已承担对物的品质的保证责任，那么就不得排除或限制买受人的瑕疵担保请求权。但在第 444 条规定的情形之外的，是允许约定排除瑕疵担保责任的。

66　　2. 由于 S 销售的是动产，那么在**与消费者的法律交易**（Rechtsgeschäften mit Verbrauchern）中，应注意关于消费品销售的特殊规则，即《德国民法典》第 474 条及以下。在消费品销售中，只有当约定的合同条款是在瑕疵被告知消费者之后才达成的情况下，出卖人才可援引使消费者遭受不利益的限制瑕疵担保请求权的条款（《德国民法典》第 476 条第 1 款）。根据《德国民法典》第 476 条第 1 款，不允许在合同订立时即约定责任排除或责任限制。因此，S 不能与消费者在合同中约定，在事后补充履行方面，自己享有优先修复权。《德国民法典》第 476 条第 1 款并不涉及排除或限制买受人的损害赔偿请求权的合同约定；根据第 476 条第 3 款，在符合《德国民法典》第 307 条至第 309 条的规定的前提下，可以在合同中约定排除或限制买受人的损害赔偿请求权。

67　　3. 在与**经营者的法律交易**（Rechtsgeschäften mit Unternehmern）中，亦应注意《德国民法典》第 444 条的规定。此外，关于消费品销售的法律规则也会对经营者之间的法律交易产生影响。《德国民法典》第 474 条至 476 条虽然不适用于经营者，但是，如果供应链的末端合同是消费品销售合同，那么根据《德国民法典》第 445a 条、第 445b 条、第 478 条，不能随意地对新制造物的瑕疵担保作出限制或排除存在限制性法律规定。根据《德国民法典》第 478 条第 2 款，对于经营者在消费品销售中转售新制造的、有瑕疵的物，如果供货人不给予经营者等值的补偿，那么供货人不能对经营者援引限制瑕疵担保的约定。[83] 在这种情况下，与第476条第3款一样，第478条第2款第2句不排除当事人对于损害赔偿请求权的约定。S的合同相对人家具店，通常会将灯具转售给消费者。因此，S不能在合同中约定，在事后补充履行方面，自己享有优先修复权。

《德国民法典》第444条和第474条及以下关于瑕疵担保限制的规定，可以总结如下：

《德国民法典》第444条和第474条及以下的关于瑕疵担保限制的边界		
《德国民法典》第444条	如果出卖人恶意地不告知瑕疵或已承担对物的品质的保证责任，那么就不得排除或限制买受人的瑕疵担保请求权。	
《德国民法典》第474条及以下	与消费者的法律交易	不允许限制或排除买受人请求事后补充履行、减少价款或请求偿还费用的权利，也不允许在合同订立时限制或排除买受人的合同解除权；允许就损害赔偿请求权作出约定。
	与经营者的法律交易	《德国民法典》第474条至476条不适用于经营者；但是如果供应链的末端合同是消费品销售合同，那么根据《德国民法典》第478条第2款，对瑕疵担保的约定存在限制性法律规定。

（四）《德国民法典》第305条及以下的限制

1. 由于买受人在灯具有瑕疵的情况下享有的损害赔偿请求权，可以在一定范围内通过个别协议被排除或限制，因此，还需要考察《德国民法典》第305条及以下对这种个别协议设置了哪些限制。**对消费者的责任限制**（Haftungsbeschränkungen gegenüber Verbrauchern）须根据《德国民法典》第309条第7项字母a和字母b来衡量，此外，还须注意第276条第3款。根据第309条第7项字母a和第276条第3款，只要使用人或其履行辅助人须对义务违反负责，那么就不得排除其因侵害生

---

[83] *Erman/Grunewald*, § 478 BGB Rn. 5; *NK-BGB/Büdenbender*, § 478 BGB Rn. 56 ff.

命、身体或健康而发生的损害的责任。根据《德国民法典》第 309 条第 7 项字母 b 和第 276 条第 3 款，不允许排除或限制使用人或其履行辅助人因故意或重大过失违反义务而造成的其他损害责任。因此，根据《德国民法典》第 309 条第 7 项字母 a 和字母 b、第 276 条第 3 款，S 只有在不对其客户的生命、身体或健康造成损害以及自己或其履行辅助人没有故意或重大过失的情况下，才能排除或限制自己对于物的瑕疵的损害赔偿义务。

70　　即使是这种有限的责任豁免，也可能违反《德国民法典》第 307 条第 1 款、第 2 款第 1 项或第 2 项的规定。[84] 在此，关键问题是，责任限制是针对哪些权利和义务的。[85] 在一般交易条款被引入《德国民法典》后不久，就出现了各种争议。有人认为，根据《德国民法典》第 307 条第 2 款第 1 项，排除一般过失情形下的**替代给付的损害赔偿**（Schadensersatz statt der Leistung）请求权是无效的。[86]《德国民法典》第 437 条规定的损害赔偿请求权是对合同解除权的补充，不得被完全排除，否则买受人将遭受不适当的不利益。反对观点则认为，买受人已经享有足够的其他请求权和形成权，因此，违反一般过失义务并非一定导致损害赔偿请求权（的产生）。[87] 而且，对**其他损害赔偿**（sonstigm Schadensersatz）(《德国民法典》第 437 条第 3 项、第 280 条第 1 款) 的责任豁免也可能根据《德国民法

---

[84]　*BeckOK-BGB/Becker*，§ 309 Nr. 7 BGB Rn. 20；*MünchKomm-BGB/Wurmnest*，§ 309 Nr. 7 BGB Rn. 25.

[85]　关于对基本性义务的免除，见 *BeckOK-BGB/Becker*，§ 309 Nr. 7 Rn. 20 ff.；*MünchKomm-BGB/Wurmnest*，§ 309 Nr. 7 BGB Rn. 26；*Ring/Klingelhöfer/Klingelhöfer*，AGB-Recht，§ 5 Rn. 116。

[86]　*Graf v. Westphalen*，NJW 2002, 12 (22 f., 24). 对于残次品销售、二手物销售情形的不同观点，见 *Litzenburger*，NJW 2002, 1244 (1245)。

[87]　反对《德国民法典》第 281 条及以下条款具有示范特征的，也见 *Erman/Roloff*，14. Aufl. 2014，§ 309 BGB Rn. 74。

典》第 307 条第 2 款第 2 项而无效。[88]

司法判例（Rechtsprechung）是否不允许约定这种合同条款（即免除使用人在一般过失情形下的损害赔偿责任）仍然是不明确的。[89] 当存在物的瑕疵时，买受人享有替代给付的损害赔偿请求权（《德国民法典》第 437 条第 3 项、第 440 条、第 280 条、第 281 条、第 283 条和第 311a 条），这一规则在 2002 年 1 月 1 日之前适用的物的瑕疵担保责任法中是不存在的。虽然根据旧法，可以对义务不履行提出损害赔偿请求（《德国民法典》旧版第 463 条）。但是，这种请求权的产生仅限于缺少物的品质保证或出卖人恶意隐瞒物的瑕疵的情形。因此，在司法预判中，无法参考旧法的判决。但是，H 没有必要因为这一不确定的法律状况而向 S 建议，放弃在合同中约定基于违反一般过失义务时的责任豁免条款。相反，S 完全可以在其一般交易条款中加入这样的责任豁免条款，然后在合同相对人或不作为之诉的权利人对此提出异议时，作出让步。这样做，S 不会有任何损失。如果 S 准备好了承担诉讼风险，那么当他人对该条款提出异议时，S 也可以请求法院明确该责任豁免条款是否有效。

2.《德国民法典》第 309 条第 8 项字母 b 规定了对新制作物的瑕疵担保条款的限制；根据《德国民法典》第 310 条第 1 款第 1 句，该条款（即第 309 条第 8 项字母 b）不适用于**与经营者的法律交易**（Rechtsverkehr mit Unternehmern）。但是，完全排除经营者的瑕疵担

71

72

---

[88] *Graf v. Westphalen*, NJW 2002, 12 (23). 不同观点，见 *Litzenburger*, NJW 2002, 1244 (1245); *Ring/Klingelhöfer/Klingelhöfer*, AGB-Recht, §5 Rn. 115。
[89] 责任免除的重要基准是，不能因此而妨碍重要合同义务的履行。这里是否是这样的情形，是一个难以预判的个案评价问题。见 BGH vom 30.11.2004-X ZR133/03, NJW 2005, 422 (424); *Ulmer/ Brandner/Hensen/Fuchs*, §307 BGB Rn. 290。

保权利可能会带来第 307 条第 2 款第 1 项意义上的不适当的不利益。[90] 就一般交易条款法而言，在与经营者的法律交易中，赋予出卖人在事后修复和事后提供无瑕疵物之间以选择权，是可能的。[91] 但在设计相关条款时，要注意《德国民法典》第 478 条第 2 款对经营性法律交易中的瑕疵担保限制的限制性法律规定。[92]

73　　关于**对损害赔偿请求权的限制**（Beschränkung des Schadensersatzanspruchs），根据《德国民法典》第 310 条第 1 款第 1 句，《德国民法典》第 309 条第 7 项字母 a 与字母 b 不适用于与经营者的法律交易，但该条款对于面向经营者的责任限制的设计可能性有深远影响。首先，不能约定使用人自己的重大过失违约、履行辅助人的故意违约以及管理人员的重大过失违约的责任免除。其次，需对履行辅助人重大过失违约情形进行区分：如果违反的是基本性义务，不能约定免责条款；如果不是重要的合同义务，那么允许约定责任免除。[93] 根据《德国民法典》第 307 条第 1 款、第 2 款第 2 项，超过上述范围的免责条款无效。[94] 至于一般过失违约的责任免除，面向经营者时适用的法律原则与面向消费者时适用的原则是一致的。[95]

---

［90］　BGH vom 12.1.1994-VIII ZR 165/92, NJW 1994, 1060 (1066); 通过援引该判决而赞同这一观点的，见 *BeckOGK/Weiler*, § 309 Nr. 8 BGB Rn. 204（Stand：1.1.2019）; *MüchKomm/Wurmnest*, § 309 Nr. 8 BGB Rn. 33; *Stoffels*, AGB - Recht, Rn. 957; *Ulmer/Brandner/Hensen/Christensen*, § 309 Nr. 8 Rn. 46。

［91］　*Palandt/Grüneberg*, § 309 BGB Rn. 68. 关于该条款的法律思想，也见 *Ulmer/Brandner/Hensen/ Christensen*, § 309 Nr. 8 BGB Rn. 37。

［92］　见本章边码 67。

［93］　*Stoffels*, AGB - Recht, Rn. 979 ff.; 其他观点见 *Erman/Roloff*, § 309 BGB Rn. 76. 对此观点持批评态度的，见 *MünchKomm - BGB/Wurmnest*, § 309 Nr. 7 BGB Rn. 36。

［94］　*Ulmer/Brandner/Hensen/Fuchs*, § 307 BGB Rn. 273 ff. *BeckOGK/Weiler*, § 309 Nr. 7 BGB Rn. 127 仅依据《德国民法典》第 307 条第 1 款; *Graf v. Westphalen*, NJW 2002, 12 (21) 依据的是《德国民法典》第 307 条第 2 款第 1 项。

［95］　*MünchKomm - BGB/Wurmnest*, § 309 Nr. 7 BGB Rn. 38; *Ring/Klinglhöfer/Klinglhöfer*, AGB-Recht, § 5 Rn. 119; *Stoffels*, AGB-Recht, Rn. 979 ff.; 对此继续细分的，见 *Palandt/Grüneberg*, § 309 BGB Rn. 5。

《德国民法典》第305条及以下对一般交易条款中的瑕疵担保限制的边界,总结如下:

《德国民法典》第305条及以下对瑕疵担保请求权的排除与限制		
	与消费者的法律交易	与经营者的法律交易
损害赔偿请求权	不得免除因侵害生命、身体或健康而发生的损害的责任(《德国民法典》第309条第7项字母a、第276条第3款);不得免除故意和重大过失造成的其他损害的责任(《德国民法典》第309条第7项字母b、第276条第3款);根据《德国民法典》第307条第2款,在一般过失场合有可能不允许约定免除损害赔偿责任。	在《德国民法典》第307条第2款第2项的边界内允许排除或限制损害赔偿请求权。
事后修复、解除合同、减少价款	如果使用人是经营者,那么根据《德国民法典》第474条及以下,不允许排除或限制这类瑕疵担保责任请求权。	根据《德国民法典》第307条第2款第1项,不允许排除这类瑕疵担保责任请求权;限制这类瑕疵担保责任请求权是可能的,比如在事后补充履行方面赋予使用人以选择权。

(五)合同条款建议

在履行辅助人重大过失违约责任方面,对于经营者和消费者,可以设计不同的瑕疵担保条款。和与消费者的交易相比,当交易相对人是经营者时,可以设置范围更广的责任豁免。[96] 但是,一方面,设计不同的条款只能稍微减轻S的责任负担,另一方面,却会增加解释责任。比如,在个案中,哪些人属于履行辅助人、是否涉及重要的合

---

[96] 见本章边码73。

同义务等问题，都可能产生争议。因此，在责任限制方面，建议在与消费者和与经营者的交易中设计统一适用的瑕疵担保条款。

76　　关于**事后补充履行**（Nacherfüllung），只要灯具最终没有被卖给消费者，S 就可以在与经营者的交易中，约定优先修复权。但是，由于 S 的经营者客户通常都会将灯具转售给消费者，所以这里不需要设计这样的特别条款。因此，S 关于瑕疵担保的一般交易条款可以设计如下：

> 出卖人按以下方式承担对交付的标的物的瑕疵担保责任：
> （1）在保留第 2 条规定的情况下，出卖人按照法定的瑕疵担保规则对物的瑕疵承担责任。
> （2）出卖人仅对因履行辅助人的故意或重大过失对交付的标的物的瑕疵造成的损害负责。本责任限制条款不适用于出卖人已对标的物品质作出保证的场合。也不适用于履行辅助人对生命、身体或健康造成损害的场合。

三、法院管辖协议

77　　如果与客户发生法律纠纷，S 希望尽可能在其所在地——慕尼黑解决这些纠纷。因此，H 需要根据有关地域管辖权（**即审判籍**）（Gerichtsstand）的法律规定，查明在一般交易条款中设计不同于法律规定的管辖协议是否有必要且被允许。

（一）法定管辖规则

78　　《德国民事诉讼法》规定的审判籍可以根据不同的标准进行划分。对 S 的管辖协议设计而言，**一般审判籍和特别审判籍**（allgemeinen und besonderen Gerichtsständen）的区分尤为重要。根据《德国民事诉讼法》第 12 条，除非存在专属审判籍，否则原告可以在其一般审判籍法院起诉。一般审判籍规定在《德国民事诉讼法》第 13 条至 19 条。特别审判籍则允许原告在《德国民事诉讼法》第 12 条规定的具有管辖权的法院以外的法院提起诉讼。特别审判籍规定在《德国民事诉讼法》第 20 条及以下。《德国民事诉讼法》第 35 条规定，当存在多个审判籍时，原告可以选择其一。专属审判籍优先于所有其他非专属审判籍（《德国民事诉讼法》第 12 条）；当然，专属审判籍是例外情形，规定在《德国民事诉讼法》的个别条款中（如《德国民事诉讼法》第 24 条、第 29a 条、第 32a 条、第 771 条）。

1. S 提起的诉讼（Klagen der S）基本上只限于 S 希望强制执行合同相对人**支付价款**（Zahlung des Kaufpreises）的情形。由于对此不存在专属审判籍规定，因此首先要确定一般审判籍是哪里。根据《德国民事诉讼法》第 12 条至 19 条，一般审判籍取决于地点因素，比如，在针对自然人的诉讼中，被告的居住地是决定性因素（《德国民事诉讼法》第 13 条）。[97] 在针对法人的诉讼中，法人的所在地是决定性因素（《德国民事诉讼法》第 17 条）。因此，S 必须在其客户的居住地（《德国民事诉讼法》第 13 条）或主要所在地（《德国民事诉讼法》第 17 条）向法院提起关于价款请求权的诉讼。

如果在慕尼黑有特别审判籍的规定，那么 S 可以在慕尼黑提起关于价款请求权的诉讼。此时应考虑《德国民事诉讼法》第 29 条第 1 款(**履行地**的特别**审判籍**)（Gerichtsstand des Erfüllungsorts）。根据该条规定，管辖法院由**争议义务**（streitigen Verpflichtung）的法定履行地决定。[98] 履行地是指债务人履行其义务的地点。[99] 支付价款义务是一项金钱债务，履行地点通常是债务人的住所（《德国民法典》第 269 条第 1 款、第 270 条第 4 款）。因此，S 提起请求给付价款诉讼时的特别审判籍同样是客户的居住地。

---

[97] MünchKomm-ZPO/Patzina, §12 ZPO Rn. 28; Musielak/Heinrich, §12 ZPO Rn. 3.

[98] MünchKomm-ZPO/Patzina, §29 ZPO Rn. 19.

[99] MünchKomm-ZPO/Patzina, §29 ZPO Rn. 19; Musielak/Heinrich, §29 ZPO Rn. 15; Palandt/Grüneberg, §269 BGB Rn. 1.

81 　　当事人也可以通过**约定履行地**（Vereinbarung über den Erfüllungsort）来决定在慕尼黑的审判籍。但是，根据《德国民事诉讼法》第 29 条第 2 款，这种方式对于非商人主体仅有实体法上的效果。因此，S **在与非商人的交易**（Geschäften mit Nichtkaufleuten）中，无法通过这种双方约定履行地的方式来追求所欲的审判籍。与之不同，关于履行地的约定在与商人的交易中会产生程序法上的效力。但**在与商人的法律交易**（Geschäften mit Kaufleuten）中，当事人可以在合同中直接约定审判籍，因此不必对履行地单独进行约定。[100]

82 　　**2. 客户提起的诉讼**（Klagen der Kunden）主要是针对未交付标的物、未适当交付标的物以及瑕疵担保情形。S 的一般审判籍（《德国民事诉讼法》第 12 条、第 17 条）是其在慕尼黑的所在地。如果客户是就 S 的**交付义务**（Lieferpflicht）而提起的诉讼，那么根据《德国民事诉讼法》第 29 条第 1 款可能存在另一个审判籍。但又由于灯具的交付（在没有特殊情况下）是一种送付义务，因此，结合《德国民法典》第 269 条第 1 款，不能从《德国民事诉讼法》第 29 条中得出一个特别审判籍。

83 　　如果 S 的客户解除买卖合同，那么也可能会产生法律纠纷。在关于**返还债务关系**（Rückgewährschuldverhältnis）的诉讼中，履行地是指标的物按规定应当在的地方[101]，也就是客户的居住地或公司所在地。与之不同，在关于**减少价款**（Minderung）时的退款义务的诉讼中，履行地是指出卖人的居住地或公司所在地[102]，所以 S 的客户提起的诉讼由慕尼黑的初审法院管辖。由此可见，按照法律的规定，作为被告，S 有可能在慕尼黑以外的法院被起诉；而作为原告，在很多情形中，S 也只能在慕尼黑以外的法院提起诉讼。因此，S 的目标，即始终能够在慕尼黑就合同关系所生纠纷起诉或被诉，只能通过

---

[100] 见本章边码 84—86。
[101] *Palandt/Grüneberg*, § 269 BGB Rn. 16.
[102] *MünchKomm-BGB/Krüger*, § 269 BGB Rn. 37.

相应的**管辖协议**（Gerichtsstands-vereinbarung）方能实现。所以，下文要阐述的是，S 的一般交易条款中是否允许这样的条款。

（二）设计可能：合意管辖

对于地域管辖和事物管辖，在符合某些前提条件时，当事人可以通过协议来确定管辖法院，即所谓的**合意管辖**（Prorogation）。但是为了保护被告，根据《德国民事诉讼法》第 38 条，当事人只能在有限范围内就管辖法院，作与法律规定相偏离的约定。[103]

1. 根据《德国民事诉讼法》第 38 条第 1 款，当双方当事人是**商人**（Kaufleuten）、公法上的法人或公法上的特殊财产*时，可以允许合意管辖。因此，该条款涵盖了 S 与其客户之间可以约定管辖协议的情形。本案例也符合《德国民事诉讼法》第 40 条的前提要求，特别是 S 潜在的法律纠纷主要涉及财产法上的请求权。需要注意的还有《德国民法典》第 305 条及以下各条，尤其是第 305c 条第 1 款和第 307 条第 1 款。主流观点认为，如果法律交易是一个双方当事人均为商人的商事交易，而非仅有一方当事人为商人的私人交易，那么可以允许当事人约定管辖协议。此外，约定的审判籍必须与当事人的所在地或营业地有关联。[104]

2. 如果一方当事人**不是商人**，那么只有在特殊情况下方可约定协议管辖；本案例不存在特殊情况（《德国民事诉讼法》第 38 条第 2 款、第 3 款）。因此，S 要想在慕尼黑法院起诉和被诉的意原，只能在交易相对人是商人、公法上的法人或公法上的特殊财产时，方可实现。但是，即使在可以进行合意管辖的场合，S 也应该保留在法人所

84

85

86

---

[103] *MünchKomm-ZPO/Patzina*，§ 12 ZPO Rn. 2；*Musielak/Heinrich*，§ 38 ZPO Rn. 1.

* 比如德国铁路公司（Deutsche Bahn）、德国邮政（Deutsche Post）、德国电信（Deutsche Telekom）等国有企业即属于公法上的特殊财产。——译者注

[104] *MünchKomm-ZPO/Patzina*，§ 38 ZPO Rn. 22；*Ulmer/Brandner/Hensen/Ulmer/Schäfer*，§ 305c BGB Rn. 16, Teil 3 (4) Rn. 4；*Wolf/Lindacher/Pfeiffer/Hau*，Klauseln Rn. G 141-150.

在地（《德国民事诉讼法》第17条）或商人的住所地或营业地（《德国民事诉讼法》第12条、第21条）起诉的可能性。因为个别情况下，在上述地点提起诉讼可能对S更有利，比如因为有一位非常专业的律师在那里执业。

（三）合同条款建议

87　　在表述管辖协议时应当明确，其只适用于与商人、公法上的法人或公法上的特殊财产的交易。关于管辖协议的条款可以设计如下：

> 因合同关系而产生的任何纠纷，如果买受人是公法上的法人或公法上的特殊财产，那么应当在出卖人的主要营业地法院提起诉讼。这同样适用于买受人是商人的商事交易。就出卖人而言，出卖人也有权在商人的营业地、法人所在地或相关政府部门所在地*提起诉讼。

四、对合同条款建议的总结

> **所有权保留条款**
> 1. 出卖人对所交付的标的物保留所有权，直至买受人完全付清价款。
> 2. 如果第三人的措施或其他事件危害到出卖人的权利，那么买受人应不迟延地通知出卖人。在标的物被扣押或没收时，买受人应告知第三方：出卖人对该物享有所有权。并且，买受人应不迟延地向出卖人通知该事件及第三方采取的措施。
> 3. 如果买受人是经营者，那么以下规则也应适用：
> 买受人有权在正常的业务过程中转售被交付的标的物；但是，转售中所产生的所有债权此时已被全额转让给出卖人。买受人有权在转让后收取这些债权，只有在买受人未适当履行其付款义务的情况下，这一收取债权的授权才会被撤销。如果买受人没有按时支付的款项达到总款项的10%，且经出卖人书面催告，在5个工作日内仍未支付的，那么应当认为买受人尤其地未适当履行付款义务。

---

* 比如，《德国民事诉讼法》第18条规定："国库的审判籍依在该诉讼中有权代表国库的政府部门的所在地定之。"——译者注

> **瑕疵担保条款**
> 出卖人按以下方式承担对交付的标的物的瑕疵担保责任:
> 1. 在保留第 2 条规定的情况下,出卖人按照法定的瑕疵担保规则对物的瑕疵承担责任。
> 2. 出卖人仅在履行辅助人故意或重大过失场合,对交付的标的物的瑕疵造成的损害负责。本责任限制条款不适用于出卖人已对标的物特性作出保证的场合。也不适用于履行辅助人对生命、身体或健康造成损害的场合。
>
> **管辖协议条款**
> 因合同关系而产生的任何纠纷,如果买受人是公法上的法人或公法上的特殊财产,那么应当在出卖人的主要营业地的法院提起诉讼。这同样适用于买受人是商人,且该交易对其而言是商事交易的场合。出卖人也有权在商人的营业地、法人所在地或相关政府部门所在地提起诉讼。

本章参考文献(同时参见缩略引用的本书"文献目录"):

Berger, Aushandeln von Vertragsbedingungen im kaufmännischen Geschäftsverkehr, NJW 2001, 2152; *Drettmann*, Die AGB‑Kontrolle im Wohnraummietrecht, WuM 2012, 535; *Grünberger*, Der Anwendungsbereich der AGB‑Kontrolle, Jura 2009, 249; *Kappus*, Der „steinige Weg" des AGB‑Verwenders zur Individualvereinbarung, NJW 2016, 33; *Kessel*, AGB oder Individualvereinbarung – Relevanz und Reformbedarf, AnwBl 2012, 293; *Koch*, Der Anwendungsbereich der AGB‑Kontrolle bei Geschäften zwischen Verbrauchern, ZGS 2011, 62; *Miethaner*, AGB oder Individualvereinbarung–die gesetzliche Schlüsselstelle „im Einzelnen ausgehandelt", NJW 2010, 3121; *Niebling*, AGB‑Verwendung bei Geschäftsbeziehungen zwischen Unternehmern (b2b), MDR 2011, 1399; *Oetker*, AGB‑Kontrolle im Zivil‑ und Arbeitsrecht, AcP212 (2012), 202; *Pfeiffer*, Entwicklungen und aktuelle Fragestellungen des AGB‑Rechts, NJW 2017, 913; *Ring/Klingelhöfer*, AGB – Recht in der anwaltlichen Praxis, 4. Aufl. 2017;

H. Schmidt, Einbeziehung von AGB im Verbraucherverkehr, NJW 2011, 1633; *ders.*, Einbeziehung von AGB im unternehmerischen Geschäftsverkehr, NJW 2011, 3329; *Ulmer*, Notarielle Verbraucherverträge und § 24 AGBG – Verbraucherschutz contra Rechtssicherheit, in: Festschrift für Heinrichs, 1998, S. 555; *Graf v. Westphalen*, Unionsrechtliche Folgen des AGB-Missgriffs – Zum Bestehenbleiben „skelettierter" Verträge, NJW 2012, 1770; *ders.*, AGB-Recht im zweiten Halbjahr 2017, NJW 2018, 1520; *ders.*, AGB-Recht im ersten Halbjahr 2018, NJW 2018, 2238。

第四章

动产取得的合同设计

在合同设计中，有一些典型的设计情景。在公证实务中，不动产买卖合同的设计就是一种典型情景。[1] 在律师实务中，动产买卖合同的设计也属于一种标准情景；当然，根据买卖标的物种类和价值的不同，具体的合同设计也会有所不同。

第一节　一般性的考虑因素

动产取得的**合同设计，其思维步骤**（Denkschritte der Vertragsgestaltung）[2] 并不难理解。首先，应就买卖合同的基本要素进行信息收集；其次，在法律适用阶段以及设计标准适用阶段，需要注意买卖合同的特别之处；再次，在对当事人的指导与咨询阶段，与（第一章中的）一般论述相比，动产取得情景中只有个别特殊之处需要注意；最后，（动产取得的合同设计的）其他思维步骤，在大体上是遵循合同设计的一般论述的。

一、信息收集

信息收集涉及当事人的目标和利益、事实状况、所期望的未来发展目标以及可能阻碍目标实现的实际障碍。[3] 信息收集是一种对

---

〔1〕 *Brambring*, JuS 1985, 380（380 f.）; *Langenfeld*, JuS 1998, 224（224 ff.）; 见本书第六章边码1—54。
〔2〕 见本书第一章边码12—69。
〔3〕 见本书第一章边码15—19。

话，它与律师对当事人合同交易的法律指导方面存在重叠，也是律师协助当事人确定其实质目标的过程。[4] 合同律师需要哪些资料，主要取决于计划进行的合同交易的复杂程度：计划进行的交易越复杂，信息收集就越重要。就"简单"的买卖合同而言，显然需要对**合同要素**（essentialia negotii）进行规定。也就是说，律师需要获取有关合同当事人、合同标的物和买卖价格的信息。这些信息必须足够精确，以免产生误解和解释上的困难。

4　　（1）合同文本应当载明**合同当事人**（Vertragsparteien）的名称和地址。[5] 在某些情况下（特别是在常见姓名场合），最好也加上当事人的出生日期，以便准确识别该当事人。

示例：

26岁的Werner Burg想买一艘帆船。他目前仍与父母一起生活。他的父亲也叫Werner Burg。在这种情况下，仅在合同中注明买方为"Werner Burg, resident Meisenweg 15, 12345 Neustadt"是不够的，因为这样一来，就不清楚合同当事人到底是父亲还是儿子。

如果当事人通过代表人而行事，那么应在合同中注明。[6] 此外，还应检查代表权。如果是自然人的代表人，则以授权书为证；如果是法人或人合公司，那么应查询其商事登记簿。

5　　（2）对**买卖标的物**（Kaufgegenstand）的描述也应尽量准确。例如，应包含车型或类型名称（如自行车型号"Pegasus 1"）。如果是二手汽车，除了注明品牌和类型（如大众高尔夫）外，还应在合同

---

〔4〕　*Brambring*, JuS1985, 380 (382); *Kunkel*, Vertragsgestaltung, S. 51; *Rehbinder*, Vertragsgestaltung, S. 12.

〔5〕　*Aderhold/Koch/Lenkaitis*, Vertragsgestaltung, §8 Rn. 12 f.; *Rittershaus/Teichmann*, Vertragsgestaltung, Rn. 493; *Zankl*, Vertragssachen, Rn. 902 f.

〔6〕　*Rittershaus/Teichmann*, Vertragsgestaltung, Rn. 494; *Zankl*, Vertragssachen, Rn. 904 ff.

中载明底盘号、首次登记日期和当前登记号。为了将标的物与其他物品区分开来，可能还需要列出标的物的个别特征，比如，当标的物是计算机时，需要指明处理器的类型和主频、系统内存的大小和硬盘的大小。此外，其他组件（显卡、DVD驱动器、读卡器）的特征信息也会被记录（如 DVD 刻录机，刻录速度为 DVD-R 24x）。[7]

（3）关于**买卖价格**（Kaufpreises），在具有涉外因素的合同中，须就币种作出规定。[8] 当然，大多数法律制度不仅允许债务人以约定的货币（即债务货币）进行支付，也允许以他种货币进行支付（即支付货币）。[9] 根据《德国民法典》第 244 条第 1 款，以欧元以外的货币表示的金钱债务须在国内支付的，仍可以用欧元支付。例外情况只有合同明确约定用他种货币支付（**有效条款——Effektivklausel**，《德国民法典》第 244 条第 1 款后半句）。在合同当事人未约定有效条款的情况下，《德国民法典》第 244 条第 1 款赋予了债务人而非债权人以选择权，这有利于国内的支付交易。[10] 但根据主流观点，只有当德国债法规范适用于该合同时，《德国民法典》第 244 条第 1 款方可适用。[11]

6

（4）最后，还应考虑关于**履行方式**（Leistungsmodalitäten）的规则。如果双方当事人没有其他约定，那么根据《德国民法典》第 271 条第 1 款，债权人可以立即请求给付，债务人可以立即履行给付。根据《德国民法典》第 320 条第 1 款第 1 句，如果没有其他约定，那么给付与对待给付应同时履行。当标的物价格较高时，这些履行方式往往不再符合买受人的利益。比如，如果出卖人尚未取得要交付的标的物，或者由于其他原因，当事人在合同订立后不能立即履行给付，那

7

---

[7] *Heussen/Imbeck*, Handbuch, 3. Teil Rn. 66.
[8] *Zankl*, Vertragssachen, Rn. 953. 关于适用于合同关系的金钱法规范（即货币法），*MünchKomm-BGB/Martiny*, Anhang I zu Art. 9 Rom I-VO Rn. 4 ff. 。
[9] *Reithmann/Martiny/Martiny*, Internationales Vertragsrecht, 8. Aufl. 2015, Rn. 3. 235.
[10] *BeckOK-BGB/Grohte*, §244 BGB Rn. 34.
[11] *BeckOK-BGB/Grohte*, §244 BGB Rn. 51; *Staudinger/Omlor*, §244 BGB Rn. 9.

么当事人就必须在合同中确定履行给付的到期日。如果想要在到期日前履行给付,那么还需要进一步的合同约定。此外,同时履行义务也往往会通过合同约定而被摒除。

示例:

V 向 K 出售 100 瓶 "Tokaji Aszu 5-buttig"(1998 年的葡萄酒),每瓶 0.5 升,总价为 4242.92 欧元。V 将在 2019 年第 12 周(即 2019 年 3 月 18 日至 24 日)从其批发商处取得这些葡萄酒。酒取到后,V 不想把它存放在自己的仓库里,而是想立即发货给 K。对此,V 与 K 可以在合同中约定,V 的葡萄酒交付义务于 2019 年 3 月 25 日到期,但 V 也可以在该日期前交付。相应的合同条款可以设计如下:"V 应在 2019 年 3 月 25 日之前交付该葡萄酒。""之前"一词表明,V 在 2019 年 3 月 25 日以前无须交付葡萄酒,但他在这一日期前也可以交付。此外,如果 K 想要在 V 交货之后,以银行转账的方式支付价款,那么 V 负有先履行义务。关于 V 的先履行义务的合同条款可以设计如下:"价款应当于葡萄酒交付后支付。价款应转账到 V 的电子银行账户上,该账户为 IBAN:DE76300340710100458239,BIC:EBNKDE9FXXX。"

8　　(5) 如果律师在推演合同履行时,注意到了可能出现的**履行障碍(Leistungsstörungen)**,那么对于这些问题,律师还须进一步获取相关信息。[12] 从出卖人角度来看,可能发生履行迟延、履行不能、物的瑕疵或者违反从给付义务等问题。比如,出卖人会担心买受人迟延支付价款或根本不支付价款。对此,需要明确,因履行障碍而可能受不利益的一方当事人,是否有法律规定以外的担保需求,以及对方当事人是否愿意接受违约金、质量保证、所有权保留或先履行义务等担保机制。

---

〔12〕 *Aderhold/Koch/Lenkaitis*, Vertragsgestaltung, §8 Rn. 16; *Weber*, JuS 1989, 636 (640 f.). 关于给付和对待给付的担保, *Heussen/Imbeck*, Handbuch, 3. Teil Rn. 269 ff.。

示例：

E 有限责任公司想从 B 有限责任公司处购买一台 Turboprint 205 型四色胶印机。E 公司主要希望通过使用新的印刷机来节省大量时间：E 公司旧的印刷机每小时最大输出量为 5000 张；B 公司在其 Turboprint 205 型四色胶印机的销售手册中标明，其印刷速度可达到每小时 1.3 万张。在这种情况下，律师必须查明，最大印刷速度这一产品特性对 E 公司而言是否极为重要，以及 E 公司是否希望对方就此作出相应的质量保证。

Z 有限责任公司向 L 有限责任公司出售价值 250 万欧元的机器。在这种情况下，律师必须探明双方当事人对价款支付的想法，以预防履行障碍的发生。例如，如果买卖价款分六次支付，其中五次价款在机器交付后才支付，那么就 Z 公司而言，它很可能希望 L 公司能够为机器交付后仍未付清的价款提供担保。如果价款是在机器交付时全额付清，那么就不存在这种担保需求。

最后，合同律师可以借助**标准合同手册**（Formularbüchern）中的合同范本来检查，是否已经注意到了所有需要查明的要点。

> 买卖合同中的信息收集通常涉及合同要素的相关信息。为了约定履行方式或预防履行障碍，可能还需要获取更多的信息。

二、法律适用

关于法律适用的问题，本书第一章已有所论述。[13] 动产买卖合同设计中的法律适用主要涉及履行方式和可能的履行障碍问题。从理论上讲，只要双方当事人就合同要素达成合意，买卖合同即可成立；任意法规范对于履行方式和履行障碍问题已有规定。律师通过假设性的法律适用应当查明，任意法规范是否符合当事人的利益，或者是否

---

[13] 见本书第一章边码 25—30。

有必要设计与任意法规范相偏离的特殊规则。

> **示例：**
>
> V 股份公司卖给 N 有限责任公司数台复印机以供自用。如果一台或数台复印机存在瑕疵，那么双方都希望首先让 V 公司尝试修复瑕疵。通过假设性的法律适用可以发现，根据《德国民法典》的瑕疵担保规则，在物的瑕疵场合，买受人原则上可以按照《德国民法典》第 439 条第 1 款的规定，在要求修复瑕疵或要求交付无瑕疵物之间作出选择。所以，如果 V 公司和 N 公司都希望 V 公司首先仅负有瑕疵修复义务（而非交付无瑕疵物之义务），那么双方必须对此作出相应的合同约定。

三、设计标准的适用

11　　合同设计的标准包括安全路径之要求、避免争议之要求、约定合适的争议解决方法以及对规则的"预先思考"，这些都有助于当事人应对未来的不确定因素。[14] 在这一方面，动产取得的合同设计没有什么特殊之处。只需补充一些内容即可：

12　　（1）合同中关于履行方式和履行障碍的规定，在一定程度上有助于**避免争议**（Konfliktvermeidung），比如先履行义务条款和违约金条款。在合同中约定异议期，也有助于避免争议。

> **示例：**
>
> 如果双方当事人没有约定对待给付的到期日，那么根据《德国民法典》第 320 条第 1 款，应当在收到给付的同时履行对待给付义务。尽管有这样的任意法规则，双方当事人仍然可能就出卖人的先履行义务发生争议，比如因为买受人提及了相应的商业习惯或交易中的通常做法。对此，合同律师可以通过这样的合同条

---

[14]　见本书第一章边码 31—35。

款来预防争议发生:"货款应当在货物交付十天后支付。"或者:"货款应当在货物交付时支付。"此外,这一合同条款:"《德国商法典》第 377 条第 1 款规定的'不迟延地提出异议'的期限,在本合同中为三日。"可以避免关于买受人是否应不迟延地发出瑕疵通知的争议。

(2) 合同中约定的**争议解决方法**(Methoden der Konfliktlösung),如调停协议、仲裁鉴定协议或仲裁协议,这些方法虽然往往在较为复杂的长期合同中被使用[15],但是对于买卖合同亦是有用的,例如,当买卖标的物的属性难以确定时,有必要在合同中约定鉴定人。如果是对于这类属性存在争议,那么通过合同约定调停的方法解决争议,可能比诉讼更具成本效益。此外,在关于动产的买卖合同中,当事人还可以在物的瑕疵责任领域使用仲裁鉴定条款。

13

> **示例**:
> 买方可以选择不退出合同,而是减少价款。如果对价款减少请求权的范围存在争议,那么此时当事人受汉诺威工商会主席公开指定的专家所出具的仲裁鉴定的约束。仲裁鉴定的费用由专家鉴定后确定的败诉方承担。如果部分败诉,则按各自胜负比例分担费用。

(3) 对于继续性供给合同等长期合同,应当考虑**合同终止**(Vertragsbeendigung)的规则。如果合同没有固定期限,那么尤其应写明通知终止的原因和期限。即使合同有固定期限,也不排除根据《德国民法典》第 314 条约定特别的通知终止情形。这种情况下,在法律允许的范围内对特别的通知终止的原因进行具体约定,可能是有意义的。

14

---

[15] Ostendorf/Kluth/Mahnken/Nossek, Internationale Wirtschaftsverträge, 2013, §14 Rn. 1.

> 示例：
> 合同期限为两年。在此期间，合同只能因重大原因而终止，无须遵守通知终止期间。这里的重要原因特指……

15 **（4）调整型条款**（Anpassungsklauseln）也是在长期性的供货合同中才需要的。一方面，这可能涉及货物价格的调整，比如由于工资成本和材料成本的增加而影响价格。另一方面，合同标的物也可能根据技术的发展而发生调整。

> 示例：
> 如果与价格计算有关的成本因素发生变化，那么卖方可以提高价格，但最高不得超过增加的成本。

四、指导与咨询

16 在对当事人的指导与咨询方面，与其他合同相比，动产买卖合同几乎没有任何特殊之处。[16] 有时，合同律师必须研究，**其他合同类型**（anderer Vertragstyp）是否对当事人更有利，从而作为买卖合同的替代方案。例如，在某些情况下可能租赁合同替代买卖合同更合适。在这种情况下，向当事人提示其他的合同设计可能，亦属于律师向当事人提供指导与咨询服务的一部分。

第二节 案例：购买投资物

17 Europolymer 有限责任公司（简称"E"）是一家合成材料加工公司。它需要使用原子力显微镜来分析材料。E 收到了多个要约，在 2019 年 4 月初最终决定选择 Gutenberg Geo-Optik 有限责任公司（简称"G"）的 RM 2020 型号显微镜，价格为 11.5 万欧元（含增值

---

[16] 关于不动产买卖合同的指导与咨询，见本书第六章边码 22—26。

税)。双方约定 G 可以在 2019 年第 30 周（即 2019 年 7 月 22 日至 28 日）交付并安装该显微镜，费用由 G 承担。E 非常关注交货的准时性问题，因为它需要这个原子力显微镜来完成 Y 股份公司（简称"Y"）委托给它的材料分析工作，这项工作必须在 2019 年 9 月 27 日前完成。如果 E 使用它的老式光学显微镜来完成这项工作，那么 Y 只支付约定报酬（3 万欧元）的 50%，即 1.5 万欧元，原因在于光学显微镜的分辨率较低，无法提供高精度信息。如果 E 在部分分析中使用了原子力显微镜，那么对于该部分 Y 将以 3 万欧元按其所占比例支付费用；对于其他部分则以 1.5 万欧元按其对应的比例支付。G 已经同意由 E 委托律师起草买卖合同。G 与 E 都没有一般交易条款。E 委托"Eller、Hüttwitz und Rotstein"律师事务所起草合同。该律师事务所在设计合同时，既要考虑买方 E 的需求，也要在一定程度上考虑卖方 G 的利益，即至少要避免旷日持久的谈判，同时也要保证 G 会同意签订这样的合同。

一、信息收集

为了设计一个符合双方当事人利益的买卖合同，律师必须首先收集当事人提供的信息、整理可能的规范问题。如有必要，还需进一步收集信息。本案事实表明，E 欲从 G 处购买一台特定的原子力显微镜，买卖价格也已确定。因此，关于买卖合同的合同要素信息，即合同当事人、合同标的物以及买卖价格已经存在。但是，还需要进一步收集的信息：

（1）本案中，**合同当事人**（**Vertragsparteien**）双方都是有限责任公司，即法人（《德国有限责任公司法》第 13 条第 1 款）。法人通过其机关行事，其中，有限责任公司通过其业务执行人行事。根据《德国有限责任公司法》第 35 条第 1 款，业务执行人是有限责任公司的代表。在买卖合同中，业务执行人就是公司的机关代表人。需要查明的是，E 公司和 G 公司有一名还是多名业务执行人，以及谁是业务执行人。业务执行人的数量是很重要的,因为在公司章程未作另外规定的情况下,多名业务执行人必须作为共同代表人一起行事(《德国有限责任公司法》第35条第2款第1句)。

问题一:当事人有几名业务执行人?业务执行人的姓名是什么?如果有数名业务执行人,公司章程中是否有关于代表权的规定?

信息获取方式:询问双方当事人,查阅双方商事登记簿。

20 (2)本案事实中并没有关于当事人是否希望设置**担保**(Gewährleistung)的信息。就E而言,E可能希望对方作出质量保证;就G而言,G可能希望将对方的事后补充履行请求权首先限制为修复权。

问题二:G是否已经就原子力显微镜的某些(特殊)品质作出保证,或者其应当作出保证?E的瑕疵担保请求权是否可以首先被限制为修复权?

信息获取方式:询问双方当事人。

21 (3)E的员工可能不会操作该原子力显微镜。因此,必须明确,G是否承担相应的**指导义务**(Einweisungspflichten)。[17] 另外,由于原子力显微镜的维护需要专业的维修人员,因此还存在G是否提供以及提供何种程度的**客户服务**(Kundendienst)的问题。

问题三:G是否承担指导义务,是否提供以及提供何种程度的客户服务?

信息获取方式:询问双方当事人。

22 (4)最后,原子力显微镜的安装可能需要一定的**环境条件**(Umweltbedingungen)。比如,可能需要在特殊的场所安装原子力显微镜。为避免何人因何种因素应当承担风险的问题发生争议,律师应在合同中写明安装责任要求。

问题四:该原子力显微镜在怎样的环境条件中才能正常安装和使

---

[17] Dazu *Junker/Benecke*, Computerrecht, 2003, Rn. 242.

用？E 能否提供这些环境条件？

信息获取方式：询问双方当事人。

（5）合同的进一步设计取决于**询问的结果**（Ergebnissen der Nachfragen）。假设询问结果如下：

问题一的询问结果（假设）：E 有两名业务执行人，Karl Moritz 和 Franz Glanz；公司章程没有就代表权作特别规定。G 有一名业务执行人，Martina Bensch 博士。

问题二的询问结果（假设）：G 的产品说明书中载明了该原子力显微镜的特性。对 E 而言，其重要的特性是，该显微镜横向分辨率优于 1 纳米。G 愿意为这一横向分辨率特性以及产品说明书中所述的其他特征作出保证。但是 G 希望，当显微镜出现瑕疵时，自己可以先修复（而非交付无瑕疵的物）。E 同意设置这样的优先修复权，但考虑到自己对 Y 的义务，E 要求 G 迅速修复。

问题三的询问结果（假设）：G 在交付原子力显微镜时，会同时提供一些使用说明手册。在安装过程中，G 会进行为期一天的显微镜操作指导。如果 E 的员工需要进一步的培训，那么 G 会向 E 推荐 D 有限责任公司的培训活动。G 不提供保养合同形式的特别客户服务。如有必要，它可以承接具体的维修委托。E 则表示，可以让自己的员工进行日常的保养工作。

问题四的询问结果（假设）：为确保无故障运行，原子力显微镜必须被安装在减震台上。E 将在自己的车间里制造一张合适的减震台，并按照 G 的预给定的参数将原子力显微镜安装在上面。

二、问题概览与初步草稿

大部分需要由合同来规范的要点，在信息收集过程中，已经作了探讨。除此以外，买卖合同还应载明原子力显微镜的交付时间（2019 年的第 30 周）。为避免因履行地点和费用负担发生争议，还应在合同中写明，由 G 负担交货费用。由于交货日期对 E 来说特别重要，所以其应该通过合同约定来防止对方**迟延交货**（verspätete Lieferung）。此外，合同中还应载明**价款支付**（Kaufpreiszahlung）的期限和方式，以及**所有权转移**（Eigentumsübergangs）的时间点。如果双方当事人未作其他约定，那么应当认为，价款应在交货后通过银行转账的方式支付。

25　　因此，买卖合同的结构如下：

    第一条　合同当事人
    第二条　买卖标的物
    第三条　买卖价格
    第四条　交付时间
    第五条　迟延交付的后果
    第六条　所有权转移
    第七条　担保
    第八条　原子力显微镜的使用指导
    第九条　安装条件

三、法律适用

26　　对于"迟延交付的后果""担保"和"所有权转移"这几个主题的合同条款，成文法存在**任意法规则**（dispositives Gesetzesrecht）。一方面，律师需要探查，这些任意法规则是否符合当事人的利益，以及可以在何种程度上偏离这些规则。[18] 律师的任务是尽可能地预见双方当事人的未来争议，并进行相应的合同设计。[19] 另一方面，在设计过程中必须注意**强行法规则**（zwingendes Gesetzesrecht）。强行法

---

　　[18] *Rehbinder*, Vertragsgestaltung, S. 42；*Rittershaus/Teichmann*, Vertragsgestaltung, Rn. 171.

　　[19] *Rehbinder*, Vertragsgestaltung, S. 43 f.；*Rittershaus/Teichmann*, Vertragsgestaltung, Rn. 145；*Schmittat*, Vertragsgestaltung, Rn. 185, 195 ff.；*Zankl*, Vertragssachen, Rn. 295 ff.

限制了合同的设计。如果某种合同设计不符合强行法,那么律师就不能向当事人提出这种设计建议。[20] 因此,法律适用既体现了合同设计的需求,也揭示了合同设计的边界。在这里,需要特别考虑三点:

(一)迟延交付的后果

原子力显微镜延迟交付的法律后果可能规定在《德国商法典》第376条。该条的适用前提是,个案中的买卖行为是一个**相对的定期交易**(relatives Fixgeschäft)。在绝对的定期交易中,未按时履行会导致履行不能。而在相对的定期交易中,即使超过了预定的履行时间,履行仍然是可能的。[21] 但是,根据《德国民法典》第323条、《德国商法典》第376条,相较于通常的法律行为,当债务人(在相对的定期交易中)未按时履行时,债权人将拥有更多的权利。

(1)在**民法性的相对的定期交易**(bürgerlich-rechtlichen relativen Fixgeschäft)中,如果债务人未按时履行,那么债权人可以根据《德国民法典》第323条第1款、第2款第2项,立即解除合同。这一合同解除权的存在与债务人是否陷于迟延无关。如果债务人陷于迟延,那么债权人还可以根据《德国民法典》第280条第1款、第2款和第286条,请求赔偿因迟延造成的损害。如果在迟延履行的情况下,债权人指定了事后补充履行期限但无效果的,那么其可根据《德国民法典》第280条第1款、第3款和第281条,向债务人请求替代给付的损害赔偿。[22]

对于**商事买卖**(Handelskauf),《德国商法典》第376条规定了在相对的定期交易中,债务人未按时履行的其他法律后果。除了无论迟延与否均可解除合同之外,如果债务人陷于迟延,那么债权人可以

---

[20] *Rehbinder*, Vertragsgestaltung, S. 42;限制性观点见 *Rittershaus/Teichmann*, Vertragsgestaltung, Rn. 214。

[21] *Canaris*, Handelsrecht, § 29 Rn. 26;*Röhricht/v. Westphalen/Wagner*, § 376 HGB Rn. 7。

[22] 该观点为主流观点,*Palandt/Grüneberg*, § 281 BGB Rn. 15。反对观点认为,损害赔偿请求权与合同解除权应是并行不悖的,*Jaensch*, NJW 2003, 3613。

根据《德国商法典》第 376 条第 1 款第 1 句,请求不履行的损害赔偿。一方面,与《德国民法典》第 280 条第 1 款、第 3 款和第 281 条相比,债权人获得了更好的地位,因为其不需要指定事后补充履行期限,就可以请求损害赔偿。但另一方面,根据《德国商法典》第 376 条第 1 款第 2 句,如果债权人超过所定日期或期限后,没有立即通知债务人自己的意愿(即希望债务人履行义务而非赔偿损失),那么债权人就会丧失该履行义务请求权。如果债权人作出了这样的通知,那么债权人就会丧失《德国商法典》第 376 条第 1 款第 1 句的权利(即不能再请求不履行的损害赔偿)。[23] 最后,《德国民法典》第 280 条及以下、第 323 条、《德国商法典》第 376 条规定的未按时履行的法律后果可以总结如下:

	《德国民法典》中的定期交易	定期商事买卖
债权人是否在所定日期或期限经过后享有履行请求权	享有	只有在超过所定日期或期限后,债权人立即通知债务人自己意愿的情况下才享有(《德国商法典》第 376 条第 1 款第 2 句)
解除权	《德国民法典》第 323 条第 1 款、第 2 款第 2 项	《德国商法典》第 376 条第 1 款第 1 句
迟延损害	《德国民法典》第 280 条第 1 款、第 286 条	《德国民法典》第 280 条第 1 款、第 286 条
替代给付的损害赔偿	需要指定事后补充履行期限,见《德国民法典》第 280 条第 1 款、第 3 款和第 281 条	当债务人陷于迟延时(《德国商法典》第 376 条第 1 款第 1 句)

---

[23] *Baumbach/Hopt/Hopt*,§376 HGB Rn. 9; *Röhricht/v. Westphalen/Wagner*,§376 HGB Rn. 9.

（2）在对买受人而言按时交货很重要的场合，**相对的定期交易**（relatives Fixgeschäft）并不是当然存在的。根据《德国民法典》第323条第2款第2项，一方面，必须为这种履行确定一个日期或期限。另一方面，债权人必须在合同订立前告知债务人，按时履行对他（债权人）而言至关重要。这种重要性也可能产生于合同订立中的其他情况。但2014年6月12日之前适用的旧版法条规定，如果"债权人已在合同中约定其履行利益的存续受履行的准时性约束的"，即合同中对于定期这一特征有约定，那么就存在定期交易。立法者指出，（《德国民法典》第323条第2款第2项的）法条表述的修改仅仅是概念性的，并非规定了具体的构成要件。[24]但是，这仍然可能导致**定期交易**与**定期商事买卖**（Fixhandelskauf）的构成要件产生差异。因为对于定期商事买卖——至少在双方的商事交易场合，如本案的情形，仍然需要当事人对履行的日期或期限及其重要性作出约定。[25]对此，学界就**民法上的定期交易**明确指出，在合同订立时，如果对履行的日期或期限及其重要性按照《德国民法典》第323条第2款第2项所述的方式，对于债务人而言是可以识别的，那么对于定期这一特征就已经存在默示的协议中了。[26]所以，从结果上来看，定期交易与定期商事买卖的构成要件并无不同。[27]在本案中，并没有迹象表明存在定期交易。虽然履行的准时性对于E而言是很重要的，但这并不足以使本案的法律行为成为定期交易。因此，如果合同未作特别约定，那么不适用《德国商法典》第376条。

30

---

[24] Begr. RegE, BT-DrS. 17/12637, S. 35, 58 f. 根据 *BeckOGK/Looschelders*，§323 BGB Rn. 174（Stand：1. 3. 2019），新版的法条导致了不同的教义学概念，但通常没有什么影响。也见 *MünchKomm-BGB/Ernst*，§323 BGB Rn. 118。

[25] *Baumbach/Hopt/Hopt*，§376 HGB Rn. 1，7；*MünchKomm-HGB/Grunewald*，§376 HGB Rn. 6；*Oetker*，Handelsrecht，§8 Rn. 23.

[26] *Bassler/Büchler*，AcP 214（2014），88（898）；*BeckOGK/Looschelders*，§323 BGB Rn. 179（Stand：1. 3. 2019）；*MünchKomm-BGB/Ernst*，§323 Rn. 118.

[27] 根据 *MünchKomm-HGB/Grunewald*，§376 HGB Rn. 6，"差别是很微小的"。

31　　（3）如果法律行为不是定期交易，那么迟延交付的法律后果，一方面参见关于因违反义务而请求损害赔偿的法律规定（《德国民法典》第280条及以下）；另一方面，适用关于因不履行或未依约履行而解除合同的规定（《德国民法典》第323条）。根据《德国民法典》第280条第1款、第2款和第286条，如果G在2019年第30周未交货，且对此有过错，那么E可以就G的迟延交货向G请求**迟延损害赔偿**（Ersatz des Verzögerungsschadens）。E无需作出催告，因为本案中的履行期限（2019年第30周）已按日历确定下来了（《德国民法典》第286条第2款第1项）。因迟延履行造成的可赔偿的损失还包括损失的利益，本案中具体包括G必须承担因其迟延给付，E不能为Y使用原子力显微镜或只能部分地使用原子力显微镜进行材料分析工作而导致的损失。在G按时履行合同的情况下，E将从Y处获得3万欧元的材料分析费。如果G迟延履行，那么E只能获得分析费的一部分，具体数额取决于部分分析是否能使用原子力显微镜进行，还是只能完全使用光学显微镜。E所损失的利益最高可达1.5万欧元；因此，根据实际的利益损失，E可以根据《德国民法典》第280条第1款、第2款和第286条，向G提出最高1.5万欧元的赔偿请求。

32　　（4）根据《德国民法典》第280条第1款、第3款和第281条第1款，E只有在指定了事后补充履行期限但无效果时，方可请求**替代给付的损害赔偿**（Schadensersatz statt der Leistung）。如果E依据上述条款向G请求替代给付的损害赔偿，那么G应赔偿E的积极利益，即赔偿E若合同正确履行时其可以获得的利益。如果G能够正确履行合同，那么E将从Y处获得3万欧元的材料分析费。如果G迟延履行，那么E只能获得3万欧元的一部分。正如上文所述，此时只能确定E的所失利益最高可达1.5万欧元，具体数额还要根据个案情况判断。根据《德国民法典》第323条第1款的规定，E在指定了事后补充履行期限但无效果时，还可以选择解除合同。

33　　但是，在本案中，不建议E解除合同，也不建议E请求替代给付的损害赔偿。原因在于，即使过了约定的履行期限，E 也希望能收到该原子力显微镜。如果解除合同，那么 E 就不能再请求 G 交付显微镜。根据《德国民法典》第 281 条第 4 款，如果 E 请求替代给付的损害赔偿，那么也不能再请求 G 交付显微镜。此外，正如上文所述，在本案中，替代给付的损害赔偿数额未超出迟延履行所造成的损害。因此，对于 G 迟延履行的情形，对 E 而言更有利的建议是，只根据《德国民法典》第 280 条第 1 款、第 2 款和第 286 条请求 G 赔偿迟延履行所造成的损害，同时，要求 G 继续履行。

(二) 物的瑕疵责任

根据《德国民法典》第 433 条第 1 款第 2 句、第 434 条，G 就原子力显微镜在风险转移时的物的瑕疵，对 E 承担责任。由于 E 与 G 已经在产品说明书中确定了原子力显微镜的特性，那么是否存在第 434 条第 1 款第 1 句意义上的物的瑕疵，就取决于在风险转移时，该原子力显微镜是否具有这些特性。如果原子力显微镜存在该句意义上的瑕疵，那么 E 可以向 G 请求事后补充履行（《德国民法典》第 437 条第 1 项）。在某些情况下，E 还可以请求解除合同、减少价款以及赔偿损害或者偿还徒然支出的费用（《德国民法典》第 437 条第 2 项、第 3 项）。通常情况下，这些救济措施都需以 E 指定了事后补充履行期限但无效果为前提条件。对于《德国民法典》第 437 条第 1 项中的事后补充履行，买受人原则上可以在请求修复或请求交付无瑕疵的物之间进行选择。除了买受人存在《德国民法典》第 275 条和第 439 条第 4 款规定的情形外，出卖人必须接受买受人的选择。

34

在本案中，除了《德国民法典》第 434 条及以下，还要注意商法类法律规范。根据《德国有限责任公司法》第 13 条第 3 款、《德国商法典》第 6 条，双方当事人都是商人。本案中的法律行为属于双方当事人对其商事营利事业的经营，因此属于《德国商法典》第 343 条第 1 款意义上的商事交易。在这些条件下，根据《德国商法典》第 377 条，买受人负有**检查义务和异议义务**（Untersuchungs-und Rügeobliegenheit）。也就是

35

说，买受人在收到货物后，必须不迟延地对货物进行检查，并向出卖人指出可见的瑕疵；对于隐性瑕疵，当其发现后，买受人也应不迟延地向出卖人指出。如果买受人没有通知出卖人，那么货物将被视为没有瑕疵；买受人将丧失因物的瑕疵而享有的任何权利。

（三）所有权转移

36　　如果双方当事人对此达成合意，那么原子力显微镜的所有权在 G 将其交付给 E 时，转移至 E 处（《德国民法典》第 929 条第 1 句）。所有权的转移与 E 是否已经支付了价款无关。

四、与任意法规则的偏离

37　　在明确了哪些法条适用于本案后，现在要考虑，可以在多大程度上作出与任意法规则相偏离的、符合当事人利益的合同设计。这里可能需要进一步收集信息。

（一）迟延交付的后果

38　　迟延交付的法律后果与 E 的利益在多个方面都是不一致的。虽然 E 在 G **迟延交付**（Verzug）时，可以请求**损害赔偿**（Schadensersatz），但 E 最希望的是不发生迟延交付。迟延交付除了会给 E 带来一定的金钱损失外，还可能影响 E 在客户 Y 处的声誉，进而可能失去该客户未来的订单。此外，损害赔偿责任是**过错责任**（verschuldensabhängig），这意味着 E 并非在所有的迟延交付情形中都能获得经济上的充分补偿。最后，当 G 迟延交付时，E 必须具体地证明因迟延而造成的己方损失，这就需要付出额外的精力。

39　　**(1)** 因此，从 E 的角度来看，应当考虑将合同设计为**定期交易**是否是有意义的。对于定期交易，《德国商法典》第 376 条只允许合同一方当事人在对方不履行的情形下，可以较容易地解除合同以及主张损害赔偿请求权。[28] 但是，即使在超过约定的履行期限后，E 也希

---

[28] 见本章边码 29。

望能收到该原子力显微镜。因此，E 不希望解除合同。另外，较容易地主张损害赔偿请求权，也不是 E 的主要目标，因为如果 E 行使了这一请求权，那么就不能再要求 G 交付显微镜。

（2）违约金规则应该是更符合 E 的利益的。[29] 约定**违约金**（Vertragsstrafe），既可以促使当事人正确履行合同，也方便履行障碍情形下的责任清算。[30] 因此，违约金条款既属于目的实现（方面的措施），也属于障碍预防（方面的措施）。根据《德国民法典》第 339 条第 1 句，当债务人陷于迟延时，债务人即丧失对违约金的权利。也就是说，需要存在债务人过错的不履行行为，债权人方可主张违约金。虽然根据法院判例，可以约定**无过错的**（verschuldensunabhängig）违约金，强行法也不禁止这样的约定。[31] 但是，G 是否会同意自己承担无过错的违约金，是值得怀疑的。因为从 G 的角度来看，其没有理由为 E 承担不属于己方责任的迟延风险。所以，G 很可能不会同意这样一个无过错的违约金条款。

在**违约金数额**（Höhe der Vertragsstrafe）问题上，也必须考虑双方的利益。E 希望避免因迟延交付而造成的利益损失。因此，约定与延迟期间的平均损失额相对应的违约金数额，是合适的。为了保证违约金条款的惩罚性，可以约定一个更高的数额。根据《德国有限责任公司法》第 13 条第 3 款、《德国商法典》第 6 条，当 G 适用商法类法律规范时违约金数额是不能减少的。《德国民法典》第 343 条虽然允许对违约金进行调减，但《德国商法典》第 348 条排除了该条在商事交易领域的适用。然而，如果某个商人在一般交易条款中规定了违约金，而该违约金规则是商人在其商事营业范围内承诺的，那么当违约

40

41

---

[29] 见本书第一章边码 38、边码 39。

[30] *Erman/Schaub*, Vorbem. zu §§ 339-345 BGB Rn. 1; *Looschelders*, Schuldrecht Allgemeiner Teil, § 38 Rn. 1 ff.; *Palandt/Grüneberg*, § 339 BGB Rn. 1; *Schmittat*, Vertragsgestaltung, Rn. 167.

[31] BGH vom 28.9.1978-II ZR 10/77, BGHZ 72, 174 (178 ff.).

金数额不合理地过高时,尽管存在《德国商法典》第348条,该违约金条款仍可能根据《德国民法典》第307条第1款而无效。[32]

42　　其他损害赔偿请求权不受违约金规则的影响。根据《德国民法典》第340条第2款、第341条第2款,已收取的违约金虽然可以与损害赔偿请求相抵销,但并不排除后者。因此没有必要对这一法律后果再作合同约定。

43　　借助违约金条款,E可以实现关于原子力显微镜准时交付三个目标中的两个:首先,违约金条款可以督促G为避免支付违约金而按时交付显微镜。其次,违约金条款使E不必再为损失的举证而劳心劳力。E只有一个目标无法实现,即不能就无过错的履行迟延请求G经济上的补偿。因此,律师将在买卖合同中加入违约金条款,针对的是G在2019年第30周没有交付显微镜的情形。为此,律师需要更多信息:

问题五:如果(因G迟延交付,)E只能使用光学显微镜,那么E每天损失的利益是多少?

信息获取方式:询问E。

问题五的询问结果(假设):E表示,如果只能使用光学显微镜,那么自己每天的报酬性损失约为360欧元。为了保证违约金条款的惩罚性[33],违约金数额或许应当设置得更高一些。因此,E认为,应将违约金数额设为每天450欧元。

(二) 物的瑕疵责任

44　　关于瑕疵担保,对G而言有利的是,在合同中约定**修复权**(Nachbesserungsrecht)。由于E的利益并不会因此而受损害,所以G可以保留事后交付无瑕疵物的权利(而非先行修复)。需要探明的是,关于修复权的约定会产生怎样的法律效果。一方面,可以这样设

---

[32] MünchKomm-HGB/K. Schmidt,§348 HGB Rn. 12.
[33] 见本章边码41。

计 G 的修复权：如果修复失败，那么不排除 E 享有《德国民法典》第 437 条规定的其他权利。另一方面，也可以这样设计 G 的修复权：E 只享有修复请求权，其他因物的瑕疵而产生的权利均被排除。原则上讲，在将标的物出售给经营者以自用的情况下，对瑕疵担保的限制是允许的。根据《德国民法典》第 444 条，如果出卖人没有恶意隐瞒物的瑕疵或对物的特性作出保证，那么即使完全排除瑕疵担保，亦是允许的。[34]

(1)《德国民法典》第 138 条、第 242 条为瑕疵担保的排除或限制设定了边界。不过，一项排他性的修复权是否违反《德国民法典》第 138 条、第 242 条，可以在本案中不作讨论，因为双方当事人不会愿意约定这样的一个条款。对 E 而言，E 没有理由将自己的瑕疵担保请求权局限于修复权。此外，G 也只是希望"首先"拥有修复权，因此双方达成的合意其实是：设置优先修复权，但不排除 E 享有《德国民法典》第 437 条规定的其他权利。由于 E 需要使用原子力显微镜来完成 Y 委托给它的任务，所以 E 希望瑕疵可以迅速得到修复。对此，可以约定一个**期限**（Frist），G 必须在这个期限内完成修复。在设计这一期限的具体时长时，律师还需要获取更多信息。此外，在哪里修复，也是一个重要问题。因为如果修复原子力显微镜只能在 G 的场所进行，那么就必须先将显微镜拆卸下来，等修复后再重新组装到 E 的减震台上。

问题六：G 可以在什么地点修复该原子力显微镜？如果该原子力显微镜有缺陷，那么 G 需要多长时间来修复？

信息获取方式：询问双方当事人。

问题六的询问结果（假设）：修复地点取决于瑕疵的性质。在某些情况下，无需将原子力显微镜与减震台分离，就可以进行维修。对此，E 和 G 同意在 E 的场所进行修理。但是，有些瑕疵只能在 G 的场

---

[34] 关于一般交易条款中的排除瑕疵担保的法律情况，见本书第三章边码 69—74。

所进行维修。此时，E 需要先将显微镜拆卸下来，等修复后再重新组装到减震台上。根据《德国民法典》第 439 条第 3 款的规定，维修过程中产生的相关费用由 G 承担。[35] E 与 G 同意，在出现瑕疵的情况下，G 应当在收到瑕疵通知或收到拆卸的显微镜后三个工作日内完成瑕疵修复。

46　　（2）由于对 E 而言，原子力显微镜的横向分辨率优于 1 纳米，是非常重要的特性要求，因此还要考虑 G 根据《德国民法典》第 443 条第 1 款作出的特性保证。但值得怀疑的是，这样的保证是否会给 E 带来额外的好处。根据《德国民法典》第 443 条第 1 款，如果存在保证条款，那么买受人在法定请求权之外，还享有由**保证**（Garantie）而产生的权利。至于这些权利是什么，取决于保证声明的内容。[36] G 可以在保证声明中承诺修复、事后交付无瑕疵物或承担损害赔偿，也可以赋予 E 以合同解除权。对 E 而言，E 并不希望解除合同。而当横向分辨率没有达到约定的 1 纳米时，E 自是可以根据《德国民法典》第 437 条第 1 项请求修复。而一项（直接的）事后交付无瑕疵物的请求权也不会给 E 带来明显的好处，因为当修复失败时，E 也可以再请求交付无瑕疵物。考虑到 E 对 Y 的材料分析义务，对 E 有吸引力的可能是损害赔偿请求权。因为当横向分辨率没有达到约定的 1 纳米时，E 除了可以请求修复，还可以请求损害赔偿。但是，G 不会同意作出这样的保证。虽然 G 愿意为原子力显微镜的横向分辨率这一特性作出担保，但其希望在所有情况下都可以首先进行修复（而非赔偿损害）。因此，合同中不会包含 G 的担保声明。

47　　（3）有意义的设计是，在合同中确定一个《德国商法典》第 377 条规定的**异议期**（Rügefrist）。如此，可以避免对"一项必要的瑕疵

---

〔35〕 当事人可以考虑作出这样的约定：相关费用由 E 自行承担。在经营性法律行为中，（至少）法律允许通过个别协议的方式作出这种约定。但是在本案中，不存在"法律规定不适合"的情况，因此本案不考虑这种约定。

〔36〕 *Brox/Walker*, Besonderes Schuldrecht, §4 Rn. 115 ff.

通知是否及时地（不迟延地）发出了"产生争议。在本案中，将异议期设置为三个工作日应该是合适的。

（三）所有权转移

法条关于所有权转移的规定不符合 G 的利益。根据合同约定，G 负有先履行义务，其在交付原子力显微镜后，方可收到价款。因此，对 G 而言，存在尚未收到价款但已失去原子力显微镜所有权的风险。为防御这种风险，G 可以根据《德国民法典》第 449 条第 1 款，设置**所有权保留**（Eigentumsvorbehalt）。通过所有权保留条款，原子力显微镜的所有权直至价款全部付清之时方从 G 处转移至 E 处。

与任意法规则相偏离的合同设计可以总结如下：

	任意法规则	相偏离的合同设计
履行迟延	《德国民法典》第 280 条、第 281 条、第 323 条	违约金
瑕疵担保	《德国民法典》第 437 条及以下	首先拥有修复权；异议期
所有权转移	《德国民法典》第 929 条第 1 句	所有权保留

五、合同草案

买卖合同

第一条 合同当事人
本合同的双方当事人为：
Europolymer 有限责任公司，地址为 Adenauerallee. 234，13967 柏林，由其业务执行人 Karl Moritz 和 Franz Glanz 代表
——以下称为"买方"
和
Gutenberg Geo-Optik 有限责任公司，地址为 Ebertstr. 5，13969 柏

林，由其业务执行人 Martina Bensch 代表
——以下称为"卖方"

第二条　买卖标的物

买方从卖方处获得型号为 RM 2020 的原子力显微镜一台。

第三条　买卖价格

买卖价格为 11.5 万欧元（含增值税）。买方应在原子力显微镜交付及安装后 10 日内将价款汇入卖方在 F 银行的账户，该账户为 IBAN：DE54300650410000 124578，BIC：FBNKDE4NXXX。

第四条　交付时间

原子力显微镜将于 2019 年第 30 周交付，相关费用由卖方承担。

第五条　迟延交付的后果

如果卖方过错地未按期交付，那么每逾期一日，即应向买方支付 450 欧元的违约金。

第六条　所有权转移

原子力显微镜被交付给买方，并且第三条规定的卖方银行账户已收到全部价款后，原子力显微镜的所有权转移至买方。

第七条　担保

该原子力显微镜具有附件中销售手册所述的特性，尤其是具有横向分辨率优于 1 纳米这一特性。

如果原子力显微镜在交付至买方时存在瑕疵，那么买方首先可以请求卖方消除瑕疵（即修复）。卖方也可以选择不修复，更换一个无瑕疵的原子力显微镜。如果原子力显微镜必须被拆卸以供修复/更换，那么买方应将原子力显微镜从为保障其正常运行而制作的减震台（见第九条）上拆下，在修复/更换完成后，再重新安上。相关费用由卖方承担。如果卖方在收到瑕疵通知或收到拆卸的原子力显微镜后三个工作日内，无法完成瑕疵修复，或者进一步的修复尝试对买方来说是不能合理地期待的，那么买方可以根据《德国民法典》第 437 条行使进一步的权利。

《德国商法典》第 377 条中的异议期为三个工作日。

第八条 原子力显微镜的使用指导
卖方在交付原子力显微镜的同时,提供相关手册(详细内容见销售手册)。
原子力显微镜的安装完成后,卖方对买方进行为期一天的操作指导。卖方不承担任何进一步的培训或指导义务。

第九条 安装条件
卖方指出,只有将原子力显微镜安装在减震台上,才能保证原子力显微镜的无故障运行。买方将自己制作减震台,并根据卖方的预给定参数将原子力显微镜安装在上面。

附件
卖方关于 RM 2020 型号原子力显微镜的产品说明手册

本章参考文献(同时参见缩略引用的本书"文献目录"):
Bachmann, Gefahrübergang und Gewährleistung, AcP 211 (2011), 395; *Brors*, Die Bestimmung des Nacherfüllungsorts vor dem Hintergrund der Verbrauchsgüterkaufrichtlinie, NJW 2013, 3329; *Dastis/Splinter*, Ein-und Ausbaukosten in Wertschöpfungsketten–Risiken und Gestaltungsmöglichkeiten vor dem Hintergrund der Reform der kaufrechtlichen Mängelhaftung, BB 2018, 1417; *Dieckmann*, Die Sicherung des Verkäufers vor vorzeitigem Eigentumsverlust–Varianten der notariellen Vertragsgestaltung im Vergleich, BWNotZ 2008, 134; *Gössl*, Das Gesetz über die alternative Streitbeilegung in Verbrauchersachen–Chancen und Risiken, NJW 2016, 838; *Joussen*, Der Industrieanlagenvertrag, 2. Aufl. 1996; *Langenfeld*, Von der Klausel zur Vertragsgestaltung, in: Notar und Rechtsgestaltung–Jubiläums–Festschrift des Rheinischen Notariats, 1998, S. 3; *Mankowski*, Das Zusammenspiel der Nacherfüllung mit den kaufmännischen Untersuchungs – und Rügeobliegenheiten, NJW 2006, 865; *Moes*, Die Sicherung gegen Vorleistungsrisiken als Zentralproblem der Vertragsgestaltung. Ein Systematisierungsversuch, ZfPW

2017, S. 201; *Rohe*, Netzverträge-Rechtsprobleme komplexer Vertragsverbindungen, 1998; *Schippel*, Gedanken zur Typenlehre als Methode zur Gestaltung von Rechtsgeschäften, in: Notar und Rechtsgestaltung-Jubiläums-Festschrift des Rheinischen Notariats, 1998, S. 49; *Schwab*, Der verbraucherschützende Widerruf und seine Folgen für die Rückabwicklung des Vertrags, JZ 2015, 644; *Temming*, Zur Reform des § 323 BGB durch die Verbraucherrechterichtlinie, JA 2018, 1.

第五章

债的担保的合同设计

在购买较为昂贵的资产时，买方通常没有能力从自己的资金中筹集到全部的价款。在这种情况下，就产生了如何从他人处获得资金的问题，以及与此相关的，哪种担保手段可以保护出借人的问题。因此，除了对买卖合同进行设计外，合同律师可能还需要在价款融资的框架内设计一份担保协议。[1]

第一节　引言：贷款担保手段

向他人提供贷款时，出借人通常都会要求借款人提供担保。贷款担保可以在借款人支付不能或不愿支付时，保护出借人的利益。贷款担保有人的担保和物的担保两种方式。**人的担保**（Personalsicherheit）是指第三人为债务人的债务提供担保（特别是保证和债务加入）。[2] **物的担保**（Realsicherheit）是指，以债务人或第三人的特定财产作为担保，在债务人不履行其债务时，债权人可就该特定财产优先受偿的担保方式。[3] 这种特定财产可以是动产、不动产（地产）以及权利

1

2

---

[1] 也见 *Langenfeld*, Vertragsgestaltung, Kap. 4 Rn. 18 ff.；*Döser*, Vertragsgestaltung, Rn. 237 ff.（附有一个"美国法"中的合同示例, S. 147 ff.）。

[2] *Bülow*, Kreditsicherheiten, Rn. 11, 828ff.；*Lwowski/Fischer/Langenbucher/Lwowski*, Kreditsicherung, §1 Rn. 12；*Schmittat*, Vertragsgestaltung, Rn. 205；*Staab/Staab*, Kreditsicherungsrecht, S. 200；*Wellenhofer*, Sachenrecht, §13 Rn. 5.

[3] *Bülow*, Kreditsicherheiten, Rn. 13；*Lwowski/Fischer/Langenbucher/Lwowski*, Kreditsicherung, §1 Rn. 13；*Schreiber*, Sachenrecht, Rn. 248；*Weber/Weber*, Kreditsicherungsrecht, S. 7；*Wieling*, Sachenrecht, S. 406.

(主要是金钱债权)。[4]

一、人的担保

3　　人的担保主要包括保证、保函和债务加入。[5] 其中，法律明文规定的只有保证（《德国民法典》第 765 条及以下）；保函和债务加入是在实践中发展出的担保手段。关于保函，《德国民法典》第 443 条规定了两种重要情形，即对物的性质的保证和对物的耐用性的保证。

4　　**1. 保证（Bürgschaft）**

保证产生于保证人与主债权人之间订立的合同。根据《德国民法典》第 766 条第 1 句，保证的表示必须以书面形式作出。[6] 这一书面要求仅针对保证人作出的保证表示，债权人接受保证的表示无需遵守书面要求。根据《德国民法典》第 766 条第 2 句，如果保证人履行了主债务，那么形式的瑕疵将被补正。如果对保证人而言，保证表示是《德国商法典》第 343 条第 1 款意义上的商行为，那么以非书面形式作出的保证表示亦是有效的（《德国商法典》第 350 条）。在某些情形中——特别是当保证由债务人的家庭成员作出时，保证合同可能会因违反善良风俗而无效（《德国民法典》第 138 条）。[7] 此外，对于保证合同是否受消费者撤回权相关规则的约束，进而在营业场所之

---

[4] *Baur/Stürner*, Sachenrecht, §36 Rn. 4 ff.；*Lwowski/Fischer/Langenbucher/Lwowski*, Kreditsicherung, §2 Rn. 3 ff.

[5] *Bülow*, Kreditsicherheiten, Rn. 12；*Heussen/Imbeck*, Handbuch, 3. Teil Rn. 288 ff.；*Reinicke/Tiedtke*, Kreditsicherung, Rn. 1 ff., 885 ff., 610 ff.；*Weber/Weber*, Kreditsicherungsrecht, S. 48 ff., 111 ff. 对此更精细的分类，见 *Bülow*, Kreditsicherheiten, Rn. 831 ff., 1541 ff.。

[6] 具体内容见 *Lwowski/Fischer/Langenbucher/Fischer*, Kreditsicherung, §9 Rn. 21 ff.；*Reinicke/Tiedtke*, Bürgschaftsrecht, Rn. 70 ff.；*dies.*, Kreditsicherung, Rn. 141 ff.。

[7] 详细论述见 *Bülow*, Kreditsicherheiten, Rn. 867 ff.。关于保证由债务人（即雇主）的雇员作出时，该保证是否违反善良风俗的问题，见 BGH vom 11. 9. 2018－XI ZR 380/16, NJW 2018, 3637。

外的交易情形中是否存在消费者撤回权（《德国民法典》第312条及以下）的问题存在争议。[8] 根据《德国民法典》第767条第1款第1句，保证责任取决于主债务的存续与范围（即**保证具有从属性**）（Akzessorietät der Bürgschaft）。因此，保证人可以根据《德国民法典》第768条第1款第1句，主张主债务人所享有的抗辩权。[9] 即使主债务人放弃了抗辩权，保证人亦可主张（《德国民法典》第768条第2款）。保证人的其他抗辩权规定在《德国民法典》第770条、第771条，这些被称为与保证人有关的抗辩权或保证人自己的抗辩权[10]，包括先诉抗辩权（《德国民法典》第771条）以及可撤销性和可抵销性的抗辩权（《德国民法典》第770条）。在实践中，保证人通常为自己的债务作出保证，在这种情况下，先诉抗辩权被排除（《德国民法典》第773条第1项）。在商人为保证人的场合，推定商人为自己的债务作出保证（《德国商法典》第349条）。

2. 保函合同（Garantievertrag）

与保证不同，保函合同是非要式合同。[11] 在保函场合，承诺人对一定结果的发生作出担保。[12] 法律明文规定的情形是，在买卖合同中常见的是承诺人对物的性质以及耐用性作出担保（《德国民法

---

[8] 赞同观点见 *Bülow*, Kreditsicherheiten, Rn. 934b; *Schwab/Hromek*, JZ 2015, 271 (274)。反对观点见 *Loewenich*, NJW 2014, 1409 (1411); *Stackmann*, NJW 2014, 2403。

[9] 比如关于时效的抗辩、关于瑕疵的抗辩等，见 *Palandt/Sprau*, §768 BGB Rn. 6; *Reinicke/Tiedtke*, Bürgschaftsrecht, Rn. 256 ff.。根据对主债务人发生效力的判决提起关于时效的抗辩，见 BGH vom 14.6.2016-XI ZR 242/15, NJW 2016, 3158。

[10] *Reinicke/Tiedtke*, Bürgschaftsrecht, Rn. 294 ff.

[11] *Bülow*, Kreditsicherheiten, Rn. 1553ff.; *Lwowski/Fischer/Langenbucher/Fischer*, Kreditsicherung, §9 Rn. 215; *Reinicke/Tiedtke*, Kreditsicherung, Rn. 610; *Weber/Weber*, Kreditsicherungsrecht, S. 103; 不同观点见 *Larenz/Canaris*, Schuldrecht II/2, S. 77（类推适用《德国民法典》第766条）。

[12] *Brox/Walker*, Allgemeines Schuldrecht, §35 Rn. 5; *Bülow*, Kreditsicherheiten, Rn. 1543 ff.; *Lwowski/Fischer/Langenbucher/Fischer*, Kreditsicherung, §9 Rn. 213 f.; *Reinicke/Tiedtke*, Kreditsicherung, Rn. 610; *Weber/Weber*, Kreditsicherungsrecht, S. 114 f.

典》第 443 条)[13],这是一种非独立保函。[14] 对债权的担保则是一种独立的保函:承诺人对主债务人应向债权人清偿的金钱债物作出担保。[15] 保函合同是在债权人与第三人之间订立的,由此产生了独立于主债务的债务(**保函的无因性**)(Abstraktheit der Garantie)。[16] 原则上,保函人不能主张主债务人对债权人享有的抗辩权。[17] 在个别场合,区分保函与保证,存在很大困难。对此,主要应当根据个案中的具体情况进行判断。[18] 在有疑问的情况下,考虑到保函对承诺人的深远影响,应当认为不存在保函。[19]

3. **债务加入**(Schuldbeitritt)

债务加入产生于第三人与主债务人或者第三人与债权人订立的合同中。[20] 与保函一样,债务加入合同也可以是非要式合同。[21] 但是,德国联邦最高法院认为,贷款合同的债务加入合同,性质上也是贷款合同[22],因此,如果是对消费者贷款合同(《德国民法典》第

---

[13] 关于欧盟消费者权利指令 2011/83/EU 实施后,《德国民法典》第 443 条中的保函概念的变化,见 *Bierekoven/Crone*, MMR 2013, 687 (688)。

[14] 关于独立保函与非独立保函之间的差异,参见 *Weber/Weber*, Kreditsicherungsrecht, S. 115 ff.。

[15] *Larenz/Canaris*, Schuldrecht II/2, S. 66; *Lwowski/Fischer/Langenbucher/Fischer*, Kreditsicherung, §9 Rn. 214; *Reinicke/Tiedtke*, Kreditsicherung, Rn. 610; *Weber/Weber*, Kreditsicherungsrecht, S. 104.

[16] *Bülow*, Kreditsicherheiten, Rn. 1552; *Larenz/Canaris*, Schuldrecht II/2, S. 75 f.; *Lwowski/Fischer/Langenbucher/Fischer*, Kreditsicherung, §9 Rn. 213; *Reinicke/Tiedtke*, Kreditsicherung, Rn. 610; *Weber/Weber*, Kreditsicherungsrecht, S. 116.

[17] *Bülow*, Kreditsicherheiten, Rn. 1552, 1559; *Reinicke/Tiedtke*, Kreditsicherung, Rn. 610.

[18] *Reinicke/Tiedtke*, Kreditsicherung, Rn. 619 f.

[19] *Reinicke/Tiedtke*, Kreditsicherung, Rn. 620.

[20] *Lwowski/Fischer/Langenbucher/Fischer*, Kreditsicherung, §9 Rn. 193; *Reinicke/Tiedtke*, Kreditsicherung, Rn. 8.

[21] 认为应当类推适用《德国民法典》第 766 条的观点,见 *Bülow*, Kreditsicherheiten, Rn. 1595。其他观点见 *Lwowski/Fischer/Langenbucher/Fischer*, Kreditsicherung, Rn. 199。

[22] BGH vom 5.6.1996-VIII ZR 151/95, BGHZ 133, 71; BGH vom 30.7.1997-VIII ZR 244/96, NJW 1997, 3169; BGH vom 8.11.2005-XI ZR34/05, NJW 2006,(转下页)

491条）的债务加入,那么《德国民法典》第492条规定的书面形式要求亦应适用。[23] 主债务人与第三人根据《德国民法典》第421条,作为连带债务人向债权人承担责任。[24] 与保证人不同,债务加入人并不只是承诺为他人债务担保,而是自己加入了他人债务。[25] 因此,作为新的（主）债务人,债务加入人可以基于自己享有的权利为自己抗辩（比如,对债权的基本事实提出异议,以及依据自己与债权人的法律关系,从中提出阻却债权或消灭债权的抗辩）。[26] 一般认为,只有当承诺人对于债务人的债务履行有经济上的利益时,方可认为存在债务加入。[27] 另外,不能将债务加入与《德国民法典》第414条及以下规定的债务承担相混淆。在债务承担场合,原债务人退出了债权债务关系。

人保的形式及其性质

	保证	保函	债务加入
形式	保证的表示必须以书面形式作出（《德国民法典》第766条第1句）	没有书面形式要求	没有书面形式要求

（接上页）431（432）；BGH vom 9.12.2008-XI ZR 513/07 Rn.24, BGHZ 179, 126.

〔23〕 *Lwowski/Fischer/Langenbucher/Fischer*, Kreditsicherung, §9 Rn.206 f.；*NK-BGB/Reiff*, §491 BGB Rn.7.

〔24〕 *Bülow*, Kreditsicherheiten, Rn.1579, 1582；*Lwowski/Fischer/Langenbucher/Fischer*, Kreditsicherung, §9 Rn.191；*Reinicke/Tiedtke*, Kreditsicherung, Rn.50；*Weber/Weber*, Kreditsicherungsrecht, S.113.

〔25〕 *Lwowski/Fischer/Langenbucher/Fischer*, Kreditsicherung, §9 Rn.191；*Reinicke/Tiedtke*, Kreditsicherung, Rn.4.

〔26〕 关于主张原债务人的抗辩权的详细论述,见 *BeckOGK/Madaus*, §765 BGB Rn.466 ff.（Stand：1.10.2018）；*Bülow*, Kreditsicherheiten, Rn.1602 f.；*Lwowski/Langenbucher/Fischer*, Kreditsicherung, Rn.208。

〔27〕 *Reinicke/Tiedtke*, Kreditsicherung, Rn.2.

（续表）

	保证	保函	债务加入
是否具有从属性	是（《德国民法典》第767条第1款第1句）	否	部分从属性（《德国民法典》第425条）

二、物的担保

7　　人的担保对于债权人或担保权取得人而言具有风险，即债权人的担保权能否实现取决于第三人是否有偿付能力。因此，债权人要承担主债务人和第三人支付不能或者即将支付不能的风险。因此，如果债权人能够通过物的担保而获得对某个物的优先受偿权，那么这对其是更有利的。

（一）不动产

8　　对不动产设定的担保是**土地质权**（Grundpfandrechte）（包括抵押、土地债务和定期土地债务，《德国民法典》第1113条、第1191条、第1199条分别规定）。不动产（房地产）的物的担保的优势在于，不动产的价值一般比较稳定。此外，从土地登记簿中可以查阅到关于不动产的可靠信息，包括不动产的所有权信息和其上的负担信息（土地登记簿的公示效力）。[28]

9　　在实践中，土地债务有特别重要的意义。与具有从属性的**抵押权**（**Hypothek**）（《德国民法典》第1153条）不同，**土地债务**（**Grundschuld**）的存续和发展，原则上不取决于其所担保的债权（《德国民法典》第1192条第1款后半句）。但是，根据《德国民法典》第1192条第1a款，债务人可以依担保合同所产生的各项抗辩权，对抗土地债务的取得人。根据《德国民法典》第1192条第1a款第1句后半段，即使土地债务的取得人是善意取得，债务人的抗辩权也不受影

---

[28] *Baur/Stürner*, Sachenrecht, § 36 Rn. 7 ff.; *Schreiber*, Sachenrecht, Rn. 443.

响。这两种土地质权（即抵押权和土地债务）的共同点是，当债权无法实现时，债权人可以从不动产中获得清偿。[29] 债权人的权利取决于其土地质权的位次（《德国民法典》第879条）。在不动产强制拍卖的情形中，次级债权人将面临部分债权无法实现的风险。[30]

抵押权和土地债务可以被设计为证书质权和登记簿质权（《德国民法典》第1192条第1款、第1116条）。[31] **证书质权**（Briefpfandrechte）更容易转让：根据《德国民法典》第1192条第1款、第1153条第1款和第1154条第1款，证书质权的转让只需要书面形式的让与表示和证书的交付。根据《德国民法典》第1192条第1款、第1154条第3款，**登记簿质权**（Buchpfandrechte）的转让需要双方合意并登记于土地登记簿中。在实践中，证书质权和登记簿质权都是常见情形。由于发放贷款的银行和储蓄银行只是以信托方式获得了土地质权，即银行不得进一步出售，因此不涉及简单的质权**转让的可能**（Übertragungsmöglichkeiten）。对当事人而言，这样就避免了**制授证书的费用**（Kosten der Brieferteilung），是符合当事人利益的。[32]

10

> 不动产上的物权担保手段是土地质权。在实践中，土地质权的最主要形式是土地债务，后者可以被设计为登记簿土地债务或证书土地债务。

（二）动产

对动产设定的担保可以是质权（《德国民法典》第1204条及以下）、让与担保和所有权保留。质权是法律规定的标准情形，但在实

11

---

[29] *Lwowski/Fischer/Langenbucher/Schoppmeyer*, Kreditsicherung, §15 Rn.1, 325; *Schreiber*, Sachenrecht, Rn.443; *Wieling*, Sachenrecht, S.406.

[30] *Lwowski/Fischer/Langenbucher/Lwowski*, Kreditsicherung, §2 Rn.23; *Prütting*, Sachenrecht, Rn.160; *Schreiber*, Sachenrecht, Rn.443.

[31] Siehe hierzu *Schreiber*, Sachenrecht, Rn.463, 497; *Wieling*, Sachenrecht, S.408 f.

[32] *Wieling*, Sachenrecht, S.409.

践中意义不大。相反，法律未作规定的让与担保和只作了简单规定的所有权保留，是动产担保的重要手段。

12　　（1）质权（Pfandrecht）作为一种担保手段有两个缺点，在投资品质押中体现得尤为明显。一方面，根据《德国民法典》第1205条的规定，质物必须交付给债权人。如此一来，债务人就不能使用该物了。[33] 另一方面，物的质押情况会因物被交付给债权人而被他人获知。债务人的合作伙伴可能也会注意到这一情况，这是债务人不愿意看到的。[34] 质权在**银行交易**（Bankverkehr）中具有实际意义。为了保证贷款债权，银行对其为客户保管的贵重物品和证券设定质权（即**伦巴德贷款——Lombarddarlehen**）。因为这些物品已由银行占有，因此银行可以将其作为质物。[35]

13　　（2）**让与担保**（Sicherungsübereignung）可以避免上述的质权的缺点。[36] 在让与担保中，虽然物的所有权被转让给债权人，但此时物并没有被债权人实际地转移占有，而只是在法律关系上约定了物的所有权的转让（即占有改定，《德国民法典》第930条）。通过这种设计，**债务人**(担保人)可以继续直接占有并使用该物；**债权人**(担保权人)则获得了一个较之其他没有物上担保的债权人更优先受偿的地位。在担保物被强制执行时，让与担保的债权人可以根据《德国民事诉讼法》第771条提起第三人异议之诉。[37] 当债务人破产时，根据

---

[33] *Baur/Stürner*, Sachenrecht, § 56 Rn. 2; *Schreiber*, Sachenrecht, Rn. 249.

[34] *Baur/Stürner*, Sachenrecht, § 56 Rn. 3.

[35] *Prütting*, Sachenrecht, Rn. 783; *Reinicke/Tiedtke*, Kreditsicherung, Rn. 994; *Schreiber*, Sachenrecht, Rn. 249; *Wellenhofer*, Sachenrecht, § 16 Rn. 6.

[36] *Lwowski/Fischer/Langenbucher/Lwowski*, Kreditsicherung, § 11 Rn. 1; *Prütting*, Sachenrecht, Rn. 409; *Reinicke/Tiedtke*, Kreditsicherung, Rn. 622; *Staab/Staab*, Kreditsicherungsrecht, S. 313.

[37] BGH vom 11.1.2007 - IX ZR 181/05, NJW - RR 2007, 781 f.; *Bülow*, Kreditsicherheiten, Rn. 1272; *Palandt/Herrler*, § 930 BGB Rn. 35; *Reinicke/Tiedtke*, Kreditsicherung, Rn. 723 ff.; 其他观点见 *MünchKomm-ZPO/K. Schmidt/Brinkmann*, § 771 ZPO Rn. 29; *Wieling*, Sachenrecht, S. 261。

《德国破产法》第50条、第51条第1项，让与担保的债权人享有对担保物的优先受偿权。[38] 但是，让与担保的非公示性会引发一些问题：由于让与担保对于同一债务人的其他债权人而言是不可知的，那么其他债权人就可能对债务人的经济状况作出错误判断。[39] 此外，（当质权实现时），债权人在取得担保物方面也可能遇到困难。[40]

> 法律规定的动产质权在实践中已被让与担保所取代。根据《德国民法典》第930条，在让与担保场合，债务人无需将担保物实际交付给债权人。

让与担保中的担保物，不仅可以是单个物品，而且可以是不断变化的物的集合。在这种情况下，如果担保物与担保人的其他物在物理空间上是分离的，那么物权法上的**确定性原则**（Bestimmtheitsgrundsatz）就得到了遵守（**空间担保合同**——Raumsicherungsvertrag）。[41] 除了物理空间上的分离，确定性原则还体现在对担保物进行标记。[42] 此外，当事人在合同中必须明确，被担保债权在得到清偿时，担保物的所有权是否自动复归于担保人处，还是担保人仅享有债法上的复归

14

---

[38] *Baur/Stürner*, Sachenrecht, §57 Rn. 3; *Lwowski/Fischer/Langenbucher/Lwowski*, Kreditsicherung, §11 Rn. 4; *Reinicke/Tiedtke*, Kreditsicherung, Rn. 765; *Schreiber*, Sachenrecht, Rn. 303; *Weber/Weber*, Kreditsicherungsrecht, S. 150; Wieling, Sachenrecht, S. 261.

[39] *Prütting*, Sachenrecht, Rn. 415.

[40] Dazu *Baur/Stürner*, Sachenrecht, §57 Rn. 38 ff.; *Reinicke/Tiedtke*, Kreditsicherung, Rn. 761 ff.; *Weber/Weber*, Kreditsicherungsrecht, S. 151, 154.

[41] *Baur/Stürner*, Sachenrecht, §57 Rn. 13; *Bülow*, Kreditsicherheiten, Rn. 1297; *Lwowski/Fischer/Langenbucher/Lwowski*, Kreditsicherung, §11 Rn. 28; *Prütting*, Sachenrecht, Rn. 419; *Reinicke/Tiedtke*, Kreditsicherung, Rn. 637; *Staab/Staab*, Kreditsicherungsrecht, S. 316; *Weber/Weber*, Kreditsicherungsrecht, S. 147 f.

[42] *Lwowski/Fischer/Langenbucher/Lwowski*, Kreditsicherung, §11 Rn. 27; *Reinicke/Tiedtke*, Kreditsicherung, Rn. 654.

请求权。[43] 在实践中，债法上的复归请求权通常来自让与担保所依据的担保协议。从这一担保协议中，通常也可以得出担保权取得人有不阻碍（债务人）重获担保物所有权的义务。[44]

15 （3）如果在买卖合同中，出卖人负有先履行义务，那么其可以考虑为担保自己的价款债权的实现而设定**所有权保留**。在有疑义时，应当这样理解所有权保留：所有权的转让以支付全部买卖价款作为**停止条件**（aufschiebenden Bedingung）而转让的（《德国民法典》第449条第1款）。在价款完全付清之前，买受人对于标的物享有期待权。[45]

16 通过所有权保留，债权人也获得了一个较之其他没有物上担保的债权人更优先的地位。在担保物被强制执行时，如果**买受人**的另一个债权人扣押了所有权保留之物，那么**出卖人**可以提起第三人异议之诉（《德国民事诉讼法》第771条）。[46] 如果另一个债权人只是扣押了买受人的期待权，那么出卖人不能提起第三人异议之诉。[47] 此外，当债务人破产时，出卖人享有取回权（《德国破产法》第47条）；但是，破产管理人可能请求履行买卖合同（《德国破产法》第103条、第107条第2款）。当破产管理人请求履行买卖合同时，出卖人虽然不能再取回已售之物，但可以获得价款。

（三）权利（债权）

17 对权利设定的担保主要是债权质押（《德国民法典》第1273条及以下）和担保转让。由于**债权质押**（Verpfändung von Forderungen）会

---

[43] *Reinicke/Tiedtke*, Kreditsicherung, Rn. 475 f. ; *Schreiber*, Sachenrecht, Rn. 292; *Wellenhofer*, Sachenrecht, § 15 Rn. 7 ff.

[44] *MünchKomm-BGB/Oechsler*, Anhang zu §§929-936 BGB Rn. 40, 47; *Vieweg/Werner*, Sachenrecht, § 12 Rn. 19.

[45] *Baur/Stürner*, Sachenrecht, § 59 Rn. 32 ff. ; *Musielak/Hau*, Grundkurs BGB, Rn. 899; *Schreiber*, Sachenrecht, Rn. 327 ff.

[46] *Baur/Stürner*, Sachenrecht, § 59 Rn. 30; *Wieling*, Sachenrecht, S. 244.

[47] *Baur/Stürner*, Sachenrecht, § 59 Rn. 30; *Wieling*, Sachenrecht, S. 250.

被他人获知，进而影响质押人信誉和声誉，因此质押人并不愿意进行权利质押（《德国民法典》第1280条规定，如果债权的转移只需要转让合同，而不需要转移占有，那么对于这类债权的质押，仅在债权人将质押的设定通知债务人时，始为有效）。[48] 如果采用**担保转让**（Sicherungsabtretung）的权利担保方式，那么就可以防止担保人信誉和声誉的损失，特别是如果同时约定，担保人仍然有权收取自己的债权。[49]

> 随着动产担保的发展，债权质押已被担保转让所取代。

三、过度担保

如果贷款担保设定在不断变化的物的集合之上，那么可能会产生嗣后的过度担保问题。[50] 如果担保物（的价值）嗣后增加，那么很可能产生这样的风险：**担保物的价值**（Wert der übereigneten Sachen）大大超过了**被担保债权的价值**（Wert der gesicherten Forderung）。如果担保物的价值与担保利益或担保目的，**背俗地不成比例**（sittlich anstößiges Missverhältnis），那么就认为存在过度担保。[51] 按此，如果担保物的价值一时间大大超过了被担保债权的数额，并因此在担保与债权之间形成了一个不平衡的关系，那么就属于过度担保的情况。[52]

---

[48] 关于权利质权，尤其是债权质权，见 *Baur/Stürner*, Sachenrecht, §62 Rn. 1 ff. ; *Wieling*, Sachenrecht, S. 235 ff. 。

[49] *Baur/Stürner*, Sachenrecht, §58 Rn. 1; *Prütting*, Sachenrecht, Rn. 846 f. ; *Reinicke/Tiedtke*, Kreditsicherung, Rn. 772, 784.

[50] *Baur/Stürner*, Sachenrecht, §57 Rn. 18 ff. ; *Bülow*, Kreditsicherheiten, Rn. 1115 ff. ; *Gehrlein*, MDR 2008, 1069 (1074); *Prütting*, Sachenrecht, Rn. 420; *Reinicke/Tiedtke*, Kreditsicherung, Rn. 554 ff. ; *Weber/Weber*, Kreditsicherungsrecht, S. 136.

[51] *MünchKomm-BGB/Oechsler*, Anhang zu §§929-936 BGB Rn. 30 ff. ; *Schreiber*, Sachenrecht, Rn. 307.

[52] BGH vom 13.1.1994 - IX ZR 2/93, BGHZ 124, 371 (374); *Prütting*, Sachenrecht, Rn. 420.

19　　（1）为了避免因背俗而无效的过度担保（《德国民法典》第138条），**司法判例**（Rechtsprechung）曾经要求，在概括让与、延伸的所有权保留以及**让与（担保）整个仓库**（Übereignungen ganzer Warenlager）的场合，应当提前约定一个**加重的退还条款**（qualifizierte Freigabeklausel）。[53] 但是，如果**让与的是特定物**（Übereignung bestimmter Gegenstände）（而非物的集合，如并非整个仓库），那么判例既不要求约定加重的退还条款，也不要求约定简单的退还条款。原因在于，在让与担保特定物时，一般不会出现担保物的价值嗣后增加的情况。

20　　（2）德国联邦最高法院大民事审判庭在1997年的一份判决中确定了新的标准。[54] 根据该判决，在过度担保的情况下，即使合同中没有约定退还条款，担保人也可以对**担保权取得人享有退还请求权**（Freigabeanspruch gegen den Sicherungsnehmer）。该请求权的产生无需经法院裁量。根据《德国民法典》第157条，这一退还请求权产生于担保合同的信托性质以及当事人的利益状况。无论是商议合同还是格式合同，也无论担保物是单个物品还是物的集合，退还请求权都是独立存在的，在合同中加入退还条款，对于担保合同的效力而言，不再是必要的。[55]

21　　自1997年起，在概括转让或让与担保整个仓库的情形中，过度担保的判断标准如下：如果担保物的**可变现价值**（realisierbare Wert）超过被担保债权10%，那么应认定存在过度担保。[56] 可变现价值是指，在担保的情况下，如果变现担保物，可以获得的收益。由于这个价值是不确定的，所以实践中会采用其他估值方法来确定担保的允许范围：如果被转让的债权的**票面价值**（Nennwert）或担保物的

---

[53]　关于判例的发展，详见 Bülow, Kreditsicherheiten, Rn. 1116 ff. 。
[54]　BGH vom 27. 11. 1997-GSZ 1/97, NJW 1998, 671.
[55]　BGH vom 27. 11. 1997-GSZ 1/97, NJW 1998, 671 (672).
[56]　BGH vom 27. 11. 1997-GSZ 1/97, NJW 1998, 671 (674).

评估价值（Schätzwert），超过被担保债权50%，则视为达到了可变现价值的110%这一界限。[57] 在此，担保物的评估价值是指其当前的市场估值。

示例：

一笔50万欧元的贷款是以一个仓库设定让与担保的。两年后，由于借款人偿还了部分贷款，贷款数额已降至42.8万欧元。仓库内的货物目前评估价值为70万欧元。未来，仓库内货物的总价值也基本在70万欧元。在本案中，担保物的评估价值超出被担保债权63.55%，也就是比判例允许的50%还多出13.55%。因此，本案中借款人对价值5.8万欧元（42.8万欧元的13.55%）的货物享有退还请求权。

在担保协议中，无需为（可能的）嗣后过度担保而约定退还权条款。如果嗣后出现过度担保的情况，那么担保人享有退还请求权，该请求权的产生无需经法院裁量。

四、概览：担保手段

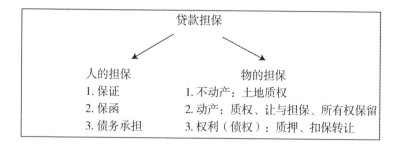

----

[57] BGH vom 27.11.1997-GSZ 1/97, NJW 1998, 671 (676 f.)；详细论述见 *Baur/Stürner*, Sachenrecht, §57 Rn. 25 ff.; *Lwowski/Fischer/Langenbucher/Brünink*, Kreditsicherung, §3 Rn. 84; *Reinicke/Tiedtke*, Kreditsicherung, Rn. 569; *Staab/Staab*, Kreditsicherungsrecht, S. 320。

第二节 案例：让与担保

23　　Tech-Transport 有限责任公司（简称"T"）是一家在德国境内运营的运输公司。T 计划用 35 万欧元购买一辆电动卡车。由于公司利润的下降，T 希望能够通过对这种新能源车的投资，获得新的客户，尤其是重视可持续发展和低碳排放的客户。T 不考虑租赁合同，因为它之前有过很不好的租赁经历。但是，T 自己的资金仅够支付该电动卡车的部分款项；要付清全部款项，它必须再筹集 24 万欧元。为了筹到这笔钱，T 联系了 B 银行。B 银行愿意为 T 提供贷款，但要求 T 提供物保。因此，T 请"Eller, Hüttwitz und Rotstein"律师事务所为 B 银行提供建议并起草相应的贷款合同。贷款合同的期限为 5 年，具体内容由 B 银行拟定。

一、信息收集

24　　在设计担保协议时，首先必须明确，哪些物可以成为贷款债权的担保物。在本案中，B 银行要求的担保形式是物的担保。从担保人的角度来看，物的担保也是有意义的，因为相比之下，物的担保的保障性较高，所以银行设定的贷款利率较低。

问题一：T 是否拥有可在其上设定负担的不动产？T 是否拥有贵重物品，尤其是车辆？T 是否可以转让对客户的债权？

信息获取方式：询问 T。

问题一的询问结果（假设）：T 有不动产，经营场所为 T 所有，但其上已负担土地债务。T 的部分车辆太旧，不能作为担保物。较新的卡车已经作为另一笔贷款的担保被转让了。T 对客户的债权也不能作为担保。

二、选择贷款担保手段

根据询问获得的信息,由于不动产上已有负担,因此不能再将不动产作为担保物。同样,也不能对车辆设定让与担保或者转让对客户的债权。不过,T 可以将电动卡车质押给 B 银行,或者在电动卡车上设定让与担保。在此,质押是不切实际的,因为这样一来,T 就不能使用该电动卡车了。因此,剩下的唯一选择就是设定让与担保。

三、问题概览与初步草稿

在担保合同中,首先必须指明合同当事人(Parteien)、**担保原因**(Sicherungsgrund)和**担保标的物**(Sicherungsgegenstand)。此外,还应指明**占有媒介关系**(Besitzmittlungsverhältnis)。在实践中,担保合同的主要形式是使用借贷合同(《德国民法典》第 598 条)或保管合同(《德国民法典》第 688 条)。[58] 这些形式的担保合同通常也能满足占有媒介关系的要求。[59] 此外,担保人还会特别关注担保物**再转回己处**(Rückübertragung)或复归于己处的方式。这些要点属于履行规划的范畴。

其他规范要点则产生于合同当事人承担的风险(属于障碍预防范畴)。

首先,担保权人面临的风险是,担保人不是**该担保物的所有权人**(Eigentümer der Sache),或者该担保物上有第三人权利(如出租人留置权)*,可能妨害担保权人行使对担保物的权利。对此,可以在

---

[58] 例如 Wurm/Wagner/Zartmann/M. Schmidt, Rechtsformularbuch, Muster 29.7 mit Fn. 5, Muster 29.8 mit Fn. 6. 。

[59] BGH vom 20.9.2004–II ZR318/02, NJW–RR 2005, 280 (281); MünchKomm-BGB/Joost, § 868 Rn. 14, 76.

* 出租人留置权(Vermieterpfandrecht)规定在《德国民法典》第 562 条及以下。简言之,如果承租人未正确履行租赁合同中的相应义务,那么出租人对承租人(携带到出租屋中的)物享有留置权。——译者注

合同中作出预防性规定。

其次，担保权人还会面临担保人不履行价款的风险。因此，在合同中应当规定，担保权人**变现担保物**（Verwertung des Sicherungsguts）的条件与方式。这种规定同时也有利于保护担保人。

28　　再次，如果担保人 T 的其他债权人对担保物采取措施并将其变现，那么 B 银行的担保就会因此受影响。为了使自己能够对此进行干预，B 银行希望了解**第三人采取措施的情况**（Kenntnis vom Zugriff Dritter）。因此，担保人通常有义务告知担保权人采取的与担保物有关的措施。

最后，担保权人有可能因为**担保物的毁损**（Verschlechterung der Sache）而丧失担保。为防范担保物毁坏或灭失的风险，担保人可以为担保物投保。这种保险义务在担保合同中是很常见的。

29　　因此，担保协议的结构如下：

第一条　合同当事人
第二条　担保原因
第三条　担保标的物
第四条　占有媒介关系
第五条　处分权
第六条　变现
第七条　第三人的措施
第八条　保险义务
第九条　担保物的转回

四、担保协议的具体细节

30　　由于法律并未对让与担保作出具体规定，所以在进行合同设计时，当事人难以从成文法中获得指导。当然，对担保协议的设计不能超出**强行法**的界限。此外，实践中对于担保协议也已经发展出了一些特定的规则内容，在合同设计时，这些规则内容就像**任意法**一样被使用。只有在个案中确有必要时，合同律师才会偏离通常的设计形式。[60]

就上述的担保协议结构而言，第一条至第三条的内容，合同律师已经从当事人处获知。而关于第四条的设计，只需选择合适的占有媒介关系即可。最后，第七条的内容也已经是明确的。因此，下文只需进一步考虑第五、六、八、九条的设计。此外，律师还应处理好初始的过度担保的问题。

31

（一）过度担保的风险

由于这辆电动卡车的价值为 35 万欧元，B 银行只需发放 24 万欧元的贷款，因此对卡车的让与担保可能构成过度担保。这里不涉及**嗣后过度担保**（nachträglichen Übersicherung）的问题。如果是对库存不断变化的仓库设定让与担保，那么可能发生嗣后过度担保。[61] 在本案中，可能存在的风险是**初始的过度担保**（anfänglichen Übersicherung）。根据《德国民法典》第 138 条，初始的过度担保可能导致担保合同无效。[62] 如果在订立合同时已经确定，在未来变现时，担保物的可变现价值与被担保债权之间将出现**明显的不成比例**（auffälliges Missverhältnis），那么就存在初始的过度担保。[63] 在判断可变现价值时，应以担保人破产时的担保物可变现价值为准。此时应注意，本案例中，在订立合同时，未来的市场状况尚不明确。[64] 如果担保权人允许了一个从整体评估来看，构成背俗的担保合同，那么

32

---

[60] 详见 *Langenfeld*, Vertragsgestaltung, Kap. 3 Rn. 26 ff.
[61] 见本章边码 18—21。
[62] BGH vom 27. 11. 1997-GSZ 1/97, NJW 1998, 671 (674); BGH vom 12. 3. 1998-IX ZR 74/95, NJW 1998, 2047; *Lwowski/Fischer/Langenbucher/Brünink*, Kreditsicherung, § 3 Rn. 63 ff.; *Prütting*, Sachenrecht, Rn. 420 b.
[63] BGH vom 12. 3. 1998-IX ZR 74/95, NJW 1998, 2047; BGH vom 15. 5. 2003-IX ZR 218/02, NJW-RR 2003, 1490 (1492); *Reinicke/Tiedtke*, Kreditsicherung, Rn. 732 f.
[64] 关于初始的过度担保的比例边界，详见 *Bülow*, Kreditsicherheiten, Rn. 1111 ff.。

须认为担保权人的**态度是可责的**(verwerfliche Gesinnung)。[65]

33　　在本案中,电动卡车的可变现价值与 B 银行的债权之间不存在**明显的不成比例**情况。B 银行的贷款相当于电动卡车新车价值的三分之二。但在变现时,对于这一已使用的电动卡车,B 银行只能获得比**新车价格低很多的价款**。卡车的车龄越长,对潜在买家的吸引力就越小,因为它在技术上无法与新车型相比,而且在实际驾驶中也会逐渐失去价值。对此,也不能抗辩称,银行每年都会收到分期还款,所以被担保债权在逐年减少。因为只有当不履行付款义务时,作为担保物的电动卡车才会被变现。在这种情况下,T 的债务并没有减少,负债却在增加,因为不履行付款义务还会产生利息、催款费用和进一步的诉讼费用。

(二) 担保人的处分权

34　　如果担保人不是担保物的**所有权人**(Eigentümer),那么担保权人只能根据《德国民法典》第 933 条、第 932 条,在担保物被交付给他时,善意取得该物。如果担保权人明知担保人不是该物的所有权人,那么即使他(善意地)认为担保人对该物有**处分权**(Verfügungsbefugnis),也不能因此而取得该物。例外情况规定在《德国商法典》第 366 条第 1 款,适用前提是,担保人是商人,并且让与担保发生在该商人的商事营利事业的经营中。* 在实践中,担保人可以通过合同约定,向担保权人保证自己对担保物有处分权。

(三) 担保物的变现

35　　由于法律没有对让与担保作出规定,因此,对于担保物的变

---

[65] BGH vom 12.3.1998–IX ZR 74/95, NJW 1998, 2047; BGH vom 19.3.2010–V ZR 52/09, WM 2010, 834.

* 《德国商法典》第 366 条第 1 款规定:"商人在其进行商事营利事业的经营中让与不属于其所有的动产,或对此动产设质的,适用《德国民法典》关于从无权利人处取得权利的人的规定,即使取得人的善意涉及让与人或出质人为所有人处分此物的权利,也不例外。"——译者注

现,不存在可以直接适用的任意法规则。在司法判例和文献中,对于这一问题尚存争议:即在缺少其他合同约定时,是否应适用关于质物变现的法律规定(《德国民法典》第1233条及以下)。[66] 所以,最好能在合同中对担保物的变现作出约定。根据质权的相关法律规定,质物的出卖必须通过公开拍卖的方式予以实施(《德国民法典》第1235条第1款)。与此相对,担保权人通常可以通过合同约定而获得自主出售担保物的权利。当然,此时他应当尽可能高价地出售担保物,以保护担保人的利益。[67] 此外,还必须明确担保物变现的条件。根据担保合同的具体设计,担保权人可以在担保人陷于迟延时即变现担保物,也可以在宽限期经过后,方变现担保物。

(四) 保养与保险

在变现时,电动卡车的变现收益取决于该车状况等因素。因此,担保人通常有义务谨慎地使用和**保养(warten)** 担保物。如果担保物被毁或被盗,那么担保权人的担保就完全不存在了。因此,担保人必须为担保物**投保(versichern)**,以防范这些风险。在本案中,电动卡车因自身原因或外部原因(特别是在驾驶过程中)被毁或被盗,都是可能的。因此,T应当承担为电动卡车购买覆盖范围尽可能广的保险的义务,以防御其被毁、被损和被盗的风险(即机动车综合险)。而且,担保人在担保协议中应将自己的保险债权转让给担保权人。[68] 所以,合同中应当包含T关于保险债权的转让表示,以及因卡车损坏、毁灭或丢失而对第三人享有的损害赔偿请求权的预期转让。

36

---

[66] *Baur/Stürner*, Sachenrecht,§57 Rn.42;*Prütting*, Sachenrecht, Rn.412(赞同观点);*Reinicke/Tiedtke*, Kreditsicherung, Rn.709;*Weber/Weber*, Kreditsicherungsrecht, S.144(反对观点)。

[67] *Weber/Weber*, Kreditsicherungsrecht, S.156 f.

[68] *Wurm/Wagner/Zartmann/M. Schmidt*, Rechtsformularbuch, Muster 29.7 §9, Muster 29.8 §7.

(五) 担保物的转回

37 在合同中对担保物的转回作出明确约定，也是有意义的。否则，就会对这一问题产生争论：即在无条件的让与担保场合，（担保物的所有权转回至担保人）是否需要明确的再转让回去的行为，抑或，在担保目的实现后，担保物默示自动地转回担保人。[69] 在银行的实践中，常见情形是，担保人不仅为贷款债权作出担保，而且为双方业务关系中的所有进一步的（也包括未来的）债权作出担保。[70] 因此，如果担保权人为担保人还提供了其他贷款，那么担保物就不能转回担保人。如果在合同中规定了担保物的复归，那么通常不能以自动退还的形式移转担保物，而应采取转回的方式（Rückübereignung）。当然，也可以这样设计担保物的转回：在债务履行后，担保物自动回归担保人所有。

五、合同草案

38

担保合同

第一条 合同当事人
本担保合同的双方当事人为：
Tech-Transport 有限责任公司，地址为 Adenauerallee 234, 13967 柏林，由其业务执行人 Karl Moritz 和 Franz Michalski 代表
——以下称为"担保人"
B 银行，地址为 Zitzewitzallee 1-7, 13965 柏林，由其董事 Heiner Meyer 和 Felix Kuhn 共同代表
——以下称为"担保权人"

第二条 担保标的物
根据贷款合同，担保人向担保权人借款 24 万欧元，另计 3.75% 的利息，利息自……起计算。

---

[69] *MünchKomm-BGB/Oechsler*, Anhang zu §§929-936 BGB Rn. 47.
[70] 如果对进一步的贷款同样设定了让与担保，那么可能会导致担保权人的嗣后的过度担保。

为担保贷款债权的实现，担保人将……品牌电动卡车（卡车编号为：PGM558443SHP13677）让与担保给担保权人。

第三条　占有媒介关系

电动卡车的交付，担保权人通过将电动卡车出借给担保人的方式完成。

担保人有义务对电动卡车进行妥善保养，定期保养时间不超过6个月。如有必要，担保人还应不迟延地维修电动卡车，相关费用由担保人自负。

第四条　处分权与负担

担保人保证，自己有权自由处分担保物，不受第三人所有权保留或其他权利的限制。

第五条　变现

如果担保人对本合同第二条所述债权的履行陷于迟延，并且在14天的宽限期内未作补充履行，那么担保权人可以请求其交还担保物。

担保人有权在合理的裁量范围内，自行变现担保物，而不受质物出卖相关的法律条文的约束。

担保物变现后，超出（被担保债权数额）部分的收益，应交还给担保人。

第六条　第三人的措施

如果第三人采取的措施或其他事件危害到担保权人的权利，那么担保人必须不迟延地通知担保权人。在担保物被第三人扣押或没收时，担保人必须将担保权人的权利告知该第三人。担保人必须为担保权人提供其干预第三人的行为所需的一切资料和文件。

第七条　保险

担保人有义务为电动卡车投保机动车综合险。在此，投保人将其因该保险而享有的所有请求权转让给担保权人。此外，担保人将其因电动卡车损坏或毁坏而对第三人享有的所有损害赔偿请求权转让给担保权人。担保权人接受以上请求权的转让。

第八条　担保物的转回

一旦担保人清偿了本合同第二条所述的债权，那么担保人即对担保权人享有转回担保物请求权。

本章参考文献(同时参见缩略引用的本书"文献目录"):

Alexander, Gemeinsame Strukturen von Bürgschaft, Pfandrecht und Hypothek, JuS 2012, 481; *Braun/Schultheiß*, Grundfälle zu Hypothek und Grundschuld, JuS 2013, 871, 973; *Deubner*, Grenzen der Grundschuldhaftung, JuS 2008, 586; *Ganter*, Der Austausch von Sicherheiten, WM 2017, 261; *Gehrlein*, Die Wirksamkeit einer Sicherungsübereignung, MDR 2008, 1069; *Heyers*, Grundstrukturen des Eigentumsvorbehalts, Jura 2016, 961; *Kieninger*, Die Zukunft des deutschen und europäischen Mobiliarkreditsicherungsrechts, AcP 208 (2008), 182; *Lorenz*, Grundwissen–Zivilrecht: Der Eigentumsvorbehalt, JuS 2011, 199; *ders.*, Grundwissen–Zivilrecht: Die Sicherungsübereignung, JuS 2011, 493; *de la Motte*, Nachträgliches Vermieterpfand‑recht „bricht" bestehende Sicherungsübereignung, NZI 2015, 504; *Müller*, Der Rückgewähranspruch bei Grundschulden – Grundlagen und ausgewählte Probleme notarieller Vertragsgestaltung, RNotZ 2012, 199; *Riggert*, Neue Anforderungen an Raumsicherungsübereignungen?, NZI 2009, 137; *Schinkels*, Verbraucherbürgschaft und Verbraucherverkauf als Außergeschäftsraum‑ oder Fernabsatzvertrag i. S. d. Verbraucherrechte‑Richtlinie?, WM 2017, 113; *H. Schmidt*, Auf dem Weg zur vollen Anerkennung immaterieller Vermögenswerte als Kreditsicherheit?, WM 2012, 721; *Schmolke*, Grundfälle zum Bürgschaftsrecht, JuS 2009, 585, 679, 784; *Weiß*, Grundpfandrechte, Jura 2017, 121; *Weller*, Die Sicherungsgrundschuld, JuS 2009, 969.

第六章

不动产取得的合同设计

设计不动产买卖合同是合同法律从业者的典型任务之一,对于公证员而言尤其如此。由于这类合同涉及的标的物价值通常较高,因此,设计一个符合当事人利益并且法律关系稳定的合同,是尤为重要的。

第一节　一般性的考虑因素

在不动产买卖合同领域,针对不同的案件事实情况,形成了特定的合同类型。[1] 一方面,根据**买卖标的**(Kaufobjekt)进行区分:对土地买卖合同的设计不同于对其上有建筑物的土地的买卖合同的设计。另一方面,根据**合同的执行情况**(Vertragsabwicklung)进行区分:比如,在购买其上有负担的地产时,较之购买其上无负担的地产,合同需要规定的内容更多。

一、信息收集

1. 获取与合同要素相关的信息

与动产买卖合同一样,在设计不动产买卖合同时,首先需要获取与**合同要素**(essentialia negotii)相关的信息,即合同当事人、合同标的物和买卖价格。如果一方当事人通过代表人而行事,那么还应将**代**

---

[1] *Langenfeld*, Vertragsgestaltung, Kap. 6 Rn. 1;*ders.*,JuS 1998, 224;不同的合同模板见 *Beksches Formularbuch/Gebele*,Kap. III. B. Immobilienrecht。

表权（Vertretungsberechtigung）授权的相关证明文件纳入买卖合同中。对于**法人**（juristischen Personen）和商事公司，公证员*需要从商事登记簿中获取信息，以证明相关的代表关系。如果当事人是**自然人**（natürliche Person），且其通过代理人而行事，那么应将经过公证的委托授权书复印件作为附件加入合同中。[2]

4 **2. 按照不动产在土地登记簿中的记载标明合同标的物**

根据《德国土地登记簿法》第 28 条，在不动产买卖合同中，应当按照该不动产在**土地登记簿中的记载**（Eintragung im Grundbuch），来标明合同标的物。并且必须说明不动产登记在哪一个土地登记簿中，以及登记在该登记簿的哪个地方。

示例：

> 比勒费尔德地方法院土地登记簿第 121 卷第 346 页记载的不动产。

5 住宅所有权和地上权有自己的登记簿（分别是住宅登记簿与住宅地上权登记簿，规定在《住宅所有权法》第 7 条第 1 款与第 30 条第 3 款）。在**标明不动产**（Bezeichnung des Grundstücks）**时，公证员不能简单地相信当事人的陈述。根据《德国公证书证法》第 21 条第 1 款第 1 句的规定，公证员通常应当亲自查阅土地登记簿中的内容。如果公证员在没有事先查阅登记簿的情况下对合同进行公证，那么公证员应按照《德国公证书证法》第 21 条第 1 款第 2 句，向合同当事人详

---

* 在德国法上，不动产买卖合同必须采用公证证书的形式（见本章边码 9 及以下），因此需要公证员的介入。这一点与我国不同，在中国法上，不动产买卖无需公证员介入。——译者注

[2] *Heussen/Imbeck*, Handbuch, 3. Teil Rn. 66.

** "Grundstück" 一词的直译是地产、土地。由于在德国法上，地产（Grundstück）包括土地以及其上附着物，特别是建筑物（《德国民法典》第 94 条第 1 款第 1 句），因此，与中国法语境更贴近的翻译是"不动产"。译者在翻译 "Grundstück" 一词时，会视具体语境，采用不动产、土地、地产这三种不同的译法。——译者注

细说明与此相关的风险,并在合同公证记录中注明。为保险起见,在标明标的物时还应加入更多细节:即应根据地区、地段、地块、经济类型及地表面积来标明合同标的物。[3]

示例:

比勒费尔德地方法院土地登记簿第 1 卷第 715 页,地段 1,地块编号 9617,地表面积为 4.2 英亩的不动产。

(1) 如果当事人买卖的是尚未勘测的地块,那么必须在合同中尽可能准确地描述**该土地的边界**（Grenzen des Grundstücks）。最好是将该地块标注在一份现场图上,然后将该图作为附件加入买卖合同之中。[4]

(2) 对不动产的描述还包括土地登记簿上登记的**负担和限制**（Belastungen und Beschränkungen）信息。[5] **负担**可以是土地质权或其他形式的负担。土地质权包括抵押权（《德国民法典》第 1113 条）、土地债务（《德国民法典》第 1191 条）和定期金土地债务（《德国民法典》第 1199 条）。其他形式的负担可以是地役权（《德国民法典》第 1018 条及以下）、人役权（《德国民法典》第 1090 条及以下）和物上负担（《德国民法典》第 1105 条及以下）,等等。此时一定要明确,不动产上的土地质权是否已经登记,必要时是否由买方接管这些负担,以及买方是否希望将土地质权作为对贷款的担保。除了负担信息,土地登记簿上还可能记载**限制**信息,比如因假处分而导致的转让禁止（《德国民事诉讼法》第 935 条、第 938 条第 2 款）。

---

[3] 示例见 *Langenfeld*,JuS 1998,224 (226)。
[4] *Faßbender/Grauel*,Notariatskunde,§ 4 Rn. 55；*Langenfeld*,JuS 1998,224 (225)；*Reithmann/Albrecht/Albrecht*,Vertragsgestaltung,Rn. 441f.；*Wurm/Wagner/Zartmann/Leitzen/H. Götte*,Rechtsformularbuch,Kap. 43 Rn. 176 ff. Einzelheiten bei Krüger/Hertel,Grundstückskauf,Rn. 9 ff.,1490 ff.
[5] *Langenfeld*,JuS 1998,224 (225)；参见 *Becksches Formularbuch/Gebele*,Muster III. B. 1. Klausel I.

> 示例：
> 该不动产上设有以下负担：
> 第二分簿：无
> 第三分簿：为 B 银行所设的 19 万欧元的登记簿土地债务。

8　　（3）在不动产买卖中，还要关注不动产的**性质和用途**（Beschaffenheit und Nutzung）。根据土地是已开发的还是未开发的，是用于建设还是作为未开发的可用空间，合同设计也不尽相同。如果是用于建设的**未开发土地**（unbebauten Grundstück），那么就必须明确在该土地上建设的风险由谁来承担。[6] 如果是已开发的土地，而且没有计划对其进行改动，那么就不涉及该问题。另外，对于已开发的土地，往往排除物的瑕疵担保。如果卖方还要负责在其上建设建筑物（即**建筑开发合同——Bauträgervertrag**），那么除了买卖合同性质的约定，在合同中还应加入承揽合同的部分内容。此外，由于买方可能根据《德国民法典》第 566 条进入现有的租赁关系或用益租赁关系中，因此还要注意，该不动产是否被出租或被用益出租。*

> *在不动产买卖合同中，必须按照土地登记簿的记载标明不动产，包括不动产的负担信息和限制信息。为了恰当地设计买卖合同，收集关于不动产的性质和预期用途的信息也是必要的。*

二、不动产买卖合同的形式要求

9　　根据《德国民法典》第 311b 条第 1 款，使一方有义务转让或取得不动产所有权的合同，必须做成**公证证书**（notarielle Beurkundung）。该规定的目的在于，防止不动产买卖双方草率地订立合同，给予他们仔细思

---

[6] *Reithmann/Albrecht/Albrecht*, Vertragsgestaltung, Rn. 537 ff. Beispie bei *Wurm/Wagner/Zartmann/Leitzen/H. Götte*, Rechtsformularbuch, Muster 43.7 § 3.

＊用益租赁合同（Pachtvertrag）是租赁合同的一种特殊形态，规定在《德国民法典》第 581 条及以下。

考合同的机会，并向他们提供公证员的中立咨询（警示与保护功能）服务。此外，公证还能够保证协议内容的真实性、合法性（证据功能）。[7]

《德国民法典》第 311b 条第 1 款仅针对原因**负担合同**（Verpflichtungsvertrag）（通常是买卖合同）。在德国民法体系中，与负担合同相分离的**处分合同**（Verfügungsvertrag）*，则不受《德国民法典》第 311b 条第 1 款的约束。当事人对于不动产所有权转让的合意（Auflassung），应根据《德国民法典》第 925 条第 1 款，双方当事人同时在场的情况下，在有管辖权的机构面前作出转让的意思表示。但根据《德国土地登记簿法》第 20 条、第 29 条规定，当事人的物权合意必须以公证认证的形式（"公证认证"的定义见《德国民法典》第 129 条），向土地登记局出示。因此，在实践中，负担行为与处分行为会被写入同一份文件中（并被公证认证）。[8]

> 根据《德国民法典》第 311b 条第 1 款，不动产买卖合同需要公证，该规定不适用于处分行为。但由于土地登记簿的技术原因，通常也要对处分行为进行公证。

法律虽然未作规定，但是就所有权转让合意之后的合同变更，在合同中约定采用**书面形式**（Schriftformklausel），这在实践中是有意义的。主流观点认为，只有所有权转让合意之前的合同变更，才需要

10

11

---

[7] *BeckOK - BGB/Gehrlein*，§ 311 b BGB Rn. 1；*MünchKomm - BGB/Ruhwinkel*，§ 311 b BGB Rn. 2. 关于对因公证证书无效而造成的徒然支出费用的赔偿，见 BGH vom 20. 6. 2000-IX ZR 434/98, ZIP 2000, 2069。关于所有权转让合意之后发生的合同变更以及公证员此时的正本闭锁义务，见 *Steinbrecher*, NJW 2018, 1214。

* 德国民法区分债法上的负担行为（Verpflichtungsgeschäfts）与物权法上的处分行为（Verfügungsvertrag）。负担行为是指，使一个人相对于他人承担为或不为一定行为义务的法律行为，如《德国民法典》第 433 条规定的买卖合同。处分行为是指直接作用于某项现存权利的法律行为，如《德国民法典》第 929 条第 1 句规定的关于不动产所有权转移的合意（Auflassung）。——译者注

[8] *Reithmann/Albrecht/Albrecht*, Vertragsgestaltung, Rn. 501.

根据《德国民法典》第311b条第1款进行公证[9];所有权转让合意之后的合同变更则不需要任何公证认证。当然,为了避免举证困难,双方当事人应该在合同中约定,对合同的变更采用书面形式。[10]

示例:

"对本合同的修改和补充必须以书面形式进行,法律规定需要公证认证的除外。本条关于书面形式的规定,只有在遵守约定形式的情况下,方可被废除或修改。"

三、不动产取得中的利益冲突

12 根据《德国民法典》第873条第1款的规定,不动产所有权的转移需要当事人的合意(《德国民法典》第925条第1款),以及在土地登记簿上登记所有权的变更。由于当事人无法左右所有权变更录入登记簿的时间,因此,在不动产买卖合同中,买方的价款支付义务与卖方的标的物所有权转移的义务,不能同时履行。[11] 这就可能导致合同履行困难,因为在没有法律保障时,双方当事人都不愿意先履行。

(一)双方当事人之间的利益冲突

13 在买方被作为所有权人登入土地登记簿之前,卖方仍可根据自己

---

[9] *BeckOK-BGB/Gehrlein*,§311 b BGB Rn. 27;*Palandt/Grüneberg*,§311 b BGB Rn. 44. 关于该法条修改之前的版本(即《德国民法典》旧版第313条),见 BGH vom 28.9.1984-V ZR 43/83,NJW 1985,266(266)。不同观点,即认为在所有权转让合意以及登记之后,方可不再遵守形式要求,见 *MünchKomm-BGB/Ruhwinkel*,§311 b BGB Rn. 67。

[10] 如果不动产买卖合同是格式合同(见本章边码43),则应注意,根据《德国民法典》第307条第1款,双重的书面格式条款可能是无效的,见 BAG vom 20.5.2008-9 AZR382/07,NJW 2009,316(318f.)。德国联邦最高法院则将有效性问题搁置一旁,因为根据《德国民法典》第305b条,个别约定在任何情况下都具有优先性,因此,双重书面形式条款不生效力,见 BGH vom 25.1.2017-XII ZR 69/16,NJW 2017,1017(1018)。

[11] *Kanzleiter*,DNotZ 1996,242(244);*Rehbinder*,Vertragsgestaltung,S.119.

对该不动产的物权权利，对其作出处分。如果这样的**中间处分**（Zwischenverfügung）被登入土地登记簿，且其登记日期早于买方作为所有权人的登记日期，那么买方就不能再取得不动产所有权，或只能取得其上有负担（即有中间处分）的所有权。如果买方已经向卖方支付了价款，那么这对买方来说尤其不幸，因为在这种情况下，买方只能根据《德国民法典》第433条第1款、第280条第1款和第283条第1款，向卖方请求损害赔偿。

（1）为**保护买方**（Schutz des Erwerbers）不受卖方中间处分的影响，实践中的做法是，只有在卖方为买方作出**预告登记**（Auflassungsvormerkung）之后，买方才支付价款。[12]《德国民法典》第883条第2款规定，在预告登记后就土地或权利所为的处分，在其妨害或侵害（预告登记人的）请求权的限度内，不发生物权效力。《德国民法典》第888条第1款进一步规定："对于已有预告登记的一项权利的取得或者对于在该项权利上设定的其他权利的取得，如果这种取得对于因预告登记而受利益的人无效（根据本法第883条第2款），那么该受益人为了保全因预告登记而享有的请求权，可以要求取得人同意作必要的登记或者注销。"[13] 由此可见，买方可以通过预告登记来抵御卖方的中间处分。此外，（从卖方利益出发，）为了预防买方不支付价款，当事人可以在合同中约定，如果进行预告登记，那么买方应当在一定情况下作出注销同意。否则，在合同失败的情况下，卖方为了注销预告登记，还需要再取得买方的同意，这可能会引发诉讼。

14

---

[12] *Rehbinder*, Vertragsgestaltung, S. 120; *Wurm/Wagner/Zartmann/Leitzen/H. Götte*, Rechtsformularbuch, Kap. 43 Rn. 65. 根据《德国房地产中介及开发管理条例》第3条第1款第1句第2项，在从房地产开发商处取得不动产的场合，这种做法已由法律明文规定，是强行法规则，见 *Wurm/Wagner/Zartmann//Leitzen/H. Götte*, Rechtsformularbuch, Kap. 43 Rn. 65。

[13] 关于订立租赁合同是否等同于《德国民法典》第883条意义上的处分，见 *Staudinger/Gursky*, § 883 BGB, Rn. 210 f.。

示例：

A 于 2019 年 2 月 18 日将自己的住宅卖给 B。在买卖合同中，A 同意为 B 做预告登记，并于 2019 年 3 月 15 日完成预告登记。2019 年 3 月 6 日，A 将同一套住宅卖给 C，因为 C 的报价远高于 B。C 于 2019 年 7 月 17 日被作为所有权人登入土地登记簿。

根据《德国民法典》第 883 条第 2 款，A 将住宅所有权转移给 C，这违反了预告登记，所以该所有权转移对 B 无效。B 可以强制 A 向自己进行该住宅的所有权转移。但根据《德国土地登记簿法》第 39 条的规定，由于 C 现在是登记簿上记载的所有权人，所以 B 为了被登入土地登记簿、成为新的所有权人，必须先获得 C 的同意。当然，根据《德国民法典》第 888 条第 1 款，C 有义务作出这样的同意表示。

15 （2）除了考虑对买方的保护，也需要考虑对**卖方的保护**（Schutz des Veräußerers）。《德国土地登记簿法》第 29 条第 1 款第 1 句规定，只有以公证认证的形式向土地登记局进行登记同意的表示或者登记所需的其他表示时，方可进行土地登记簿的登入。因此，在实践中，当事人会将所有权转让合意和负担合同一起进行公证。如果公证员随后向土地登记局提交了公证认证的所有权转让合意，那么所有权的转移就完成了；至于买方是否已经支付价款，对此没有影响。因此，如果卖方在收到价款前，就提交了公证认证的所有权转让合意，那么他就有可能在没有收到价款的情况下丧失所有权。

16 卖方必须防范上述所有权丧失的风险。对此，有多种应对方案。[14] 第一种方案是，双方可以约定，在价款支付后，方作出不动

---

[14] 关于可能的设计方案，见 *Krüger/Hertel*, Grundstückskauf, Rn. 786 ff.；*Rehbinder*, Vertragsgestaltung, S. 119；*Reithmann/Albrecht/Albrecht*, Vertragsgestaltung, Rn. 501ff., 506ff.；*Langenfeld*, Vertragsgestaltung, Kap. 6 Rn. 16ff.；*Wurm/Wagner/Zartmann/Leitzen/H. Götte*, Rechtsformularbuch, Kap. 43 Rn. 63 f.。

产所有权转让的合意。[15] 但该方案有一个缺点，即当事人不仅需要在不动产买卖合同订立时联系公证员（进行公证认证等），而且在之后作出所有权转让合意（spätere Auflassung）时，还需要再次与公证员预约。这意味着额外的时间消耗与费用支出。第二种方案是，可以为卖方设定**价款抵押权**（Kaufpreishypothek）。但这种方案会造成额外的费用，因此，该方案最多可以应用于买卖价款（较长期的）延期支付的场合。[16] 第三种方案是，作出保留产权过户登记同意的所有权转让合意。[17] 第四种方案是，在买卖合同中作出所有权转让合意，但公证员暂时不将所有权转让合意提交至土地登记局，直至买卖价款完全付清。[18]

> 示例：
>
> 合同各方根据合同第××条的规定，就所有权的转移达成一致；卖方同意买方申请土地登记簿上的产权过户。当事人指示公证员（该指示是不可撤销的），在卖方收到买卖价款之时，方可申请产权过户。在此之前，各方不会对所有权转让合意作出任何有效力的合同约定。在此之前，本合同的所有其他正本或副本在出具时均不包含所有权转让合意的内容。

> 预告登记可以保护买方不受卖方的中间处分的影响。为了保护卖方的利益，可以约定，直至买卖价款付清后，公证员方将双方当事人的所有权转让合意提交至土地登记局，这时才发生所有权转移。

---

[15] *Kanzleiter*, DNotZ 1996, 242（246 f.）.
[16] *Wurm/Wagner/Zartmann/Leitzen/H. Götte*, Rechtsformularbuch, Kap. 43 Rn. 63.
[17] *Ertl*, MittBayNot 1992, 102（105f.）；*Wurm/Wagner/Zartmann/Leitzen/H. Götte*, Rechtsformularbuch, Kap. 43 Rn. 63.
[18] *Krüger/Hertel*, Grundstückskauf, Rn. 815 ff. ；批判性观点见 *Kanzleiter*, DNotZ 1996, 242（250 ff.）。

（二）放贷银行的担保

17 除了合同双方当事人的利益外，还应当考虑参与到不动产买卖交易中的银行的利益。银行既可以作为**买方的**放贷人，又可以作为**卖方的**放贷人，参与到交易中。**买方**往往需要贷款，以筹集资金来支付价款。此时，银行通常会要求买方提供土地债务形式的担保。而从卖方角度来看，**卖方**之前为取得该不动产，可能已经向银行申请了贷款，并为该贷款提供了土地债务担保。

18 （1）如果只需要考虑**一方当事人的银行**（Bank auf einer Seite）的利益，那么合同设计是相对简单的。如果不动产上无负担，只是买方需要获得贷款来支付价款，那么除了当事人的担保利益外，就只需要再考虑放贷银行的利益。如果银行要求买方设定土地债务来担保贷款，那么在确保**土地债务的设定**（Grundschuldbestellung）之前，银行通常是不会发放贷款的。由于产权过户在买卖价款支付之后才能进行，因此，土地债务只能由卖方作为物权权利人向银行为买方设定。[19] 一般情况下，卖方也会同意进行这种设定，否则买方无法支付买卖价款。

19 只有当贷款真正被用于支付买卖价款时，卖方才会在其不动产上设定担保。因此，公证员应建议：买方指示放贷银行将贷款直接支付给卖方（而非支付给买方自己）。最好是在买卖合同设定土地债务的合同条款中，就写明这样的指示。过去经常采用的一种做法是，双方约定买方将银行贷款的支付请求权转让给卖方。但其实不应该作出这种约定，原因如下：首先，贷款合同或者银行的一般交易条款往往包含禁止转让的要求，因此，根据《德国民法典》第399条，买方不得将贷款支付请求权转让给卖方。其次，2008年德国联邦最高法院的一份判决指出，如果贷款合同无效，并且买卖双方之间存在贷款支付

---

[19] *Knops*, NJW 2015, 3121 (3123); *Langenfeld*, Vertragsgestaltung, Kap. 6 Rn. 11; *Wurm/Wagner/Zart-mann/Leitzen/H. Götte*, Rechtsformularbuch, Kap. 43 Rn. 68 f.

请求权的转让约定,那么银行可以依据不当得利法向卖方请求返还贷款。[20] 虽然这一判决受到批评[21],但从安全性角度考虑,在设计合同时,最好还是不要约定贷款支付请求权的转让条款。因为如果银行依据不当得利法向卖方请求返还贷款,那么卖方在失去不动产所有权的同时,最终也得不到买卖价款。[22] 此外,由于卖方在其不动产上设定的担保不会超过必要的限度,因此,为了完善土地债务设定的规则,可以补充设计买方与放贷银行之间的担保约定,即规定在产权过户至买方之前,土地质权只用于担保买卖价款。[23]

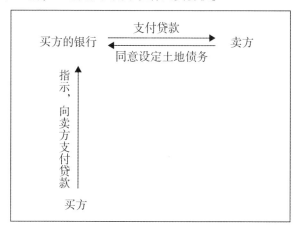

示例:

卖方承诺,为买方的放贷人设定担保,担保形式为土地质

---

[20] BGH vom 27.6.2008 V ZR 83/07, DNotZ 2008, 923.
[21] *Braun/Daum*, MittBayNot 2010, 275 (279ff.); Keim, DNotZ 2009, 245.
[22] 建议不要约定贷款支付请求权的转让的,也见 *Braun/Daum*, MittBayNot 2010, 275 (282) und *Keim*, DNotZ 2009, 245 (249ff.)。
[23] 担保合同的设计方式往往是,不仅为作为担保合同基础的特定贷款提供担保,而且也为出借人对借款人的其他债权提供担保(见本书第五章边码37)。如果在卖方向买方转移所有权之前,就已经有了这样一个广泛的担保合同,那么卖方不仅可以用自己的不动产担保买卖价款,而且还可以担保买方的其他债务。当然,卖方没有理由同意一个如此宽泛的合同。

权,以贷款用于支付买卖价款为限。在价款付清之前,买方的放贷人的土地质权只用于担保为支付买卖价款而提供资金的贷款。买方指示贷款银行将与买卖价款数额相当的贷款金直接支付给卖方。

20   如果卖方在此之前为了担保自己的贷款,已经在不动产上设定了土地债务,但买方不需要为支付买卖价款而融资,那么合同设计同样是相对简单的。在这种情况下,放贷人希望可以从买卖价款中收取剩余贷款债务,而买方则希望注销土地债务。一般情况下,如果可以保证卖方会用不动产买卖所得收益偿付贷款,那么银行也会同意**注销(Löschung)土地债务**。[24] 这种保证可以这样约定:买方会将部分买卖价款直接支付给银行以偿还卖方贷款。

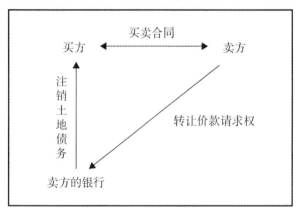

21   (2)如果在不动产买卖交易中,参与交易的**既有买方的银行也有卖方的银行(Banken auf beiden Seiten)**,那么合同设计就较为复杂了。在这种情况下,需要委托一个托管,由托管人来协调各种付款与

---

[24] *Knops*, NJW 2015, 3121 (3125);*Langenfeld*, Vertragsgestaltung, Kap. 6 Rn. 9. 也见 *Wurm/Wagner/Zartmann/Leitzen/H. Götte*, Rechtsformularbuch, Kap. 43 Rn. 67。

担保。[25] 首先，托管人可以这样保障卖方的利益：直至买卖价款付清之时，托管人方申请产权过户。其次，托管人可以这样保障买方和买方放贷人的利益：只有当预告登记被登入土地登记簿、存在对土地质权的注销同意（即买方不接管该土地质权）以及卖方同意为买方的放贷人设定必要的土地质权时，托管人方开始安排买卖价款的支付。最后，托管人应确保，直至与剩余贷款数额相对应的（部分）买卖价款汇入卖方放贷人的账户之时，卖方放贷人的土地质权方被注销。

四、指导与咨询

合同法律从业者的任务在于，就可能的合同设计向客户提供指导和咨询。在进行**指导**（Belehrung）时，应向客户说明意思表示的法律意义、法律后果以及可能的不确定因素。[26] **咨询**（Beratung）的目的则在于最终做出一个均衡的、符合目的的、尽可能完美的设计。[27]

（一）公证员的义务（根据《德国公证书证法》第 17 条）

关于公证员在公证中的义务，比如其在公证不动产买卖合同中的义务，规定在《德国公证书证法》第 17 条。根据《德国公证书证法》第 17 条第 1 款第 1 句，公证员的任务包括：

——查明当事人的意愿
——厘清案件事实
——就交易的法律后果对当事人进行指导

---

[25] *Langenfeld*, JuS1998, 224（225）; *Wurm/Wagner/Zartmann/Leitzen/H. Götte*, Rechtsformularbuch, Kap. 43 Rn. 71.

[26] *Rehbinder*, Vertragsgestaltung, S. 57; *Reithmann/Albrecht/Reithmann*, Vertragsgestaltung, Rn. 170.

[27] *Rehbinder*, Vertragsgestaltung, S. 57; *Reithmann/Albrecht/Reithmann*, Vertragsgestaltung, Rn. 170 ff.；关于不动产交易中，公证员的咨询义务的范围，见 BGH vom 15.4.1999-IX ZR 93/98, NJW 1999, 2188; BGH vom 12.2.2004-III ZR 77/03, RNotZ 2004, 270。

——将当事人的意思表示清晰、明确地记录下来

24 关于对**交易的法律后果**（rechtliche Tragweite des Geschäfts）的指导，包括说明当前设计的法律行为是否有效。[28] 对此，公证员必须说明审批要求（《德国公证书证法》第 18 条）以及土地购置税的问题（《德国公证书证法》第 19 条），并提示合同订立之外的必要的法律行为（比如将权利变动登入土地登记簿）。[29]《德国公证书证法》第 20 条载有一项特别规定：如果在不动产交易中，存在优先购买权，那么公证员也要向当事人指出这一情况。此外，根据《德国公证书证法》第 17 条第 2a 款第 2 句，如果属于《德国民法典》第 310 条第 3 款规定的消费者合同，那么公证员应确保消费者有充分的机会处理公证事项，并确保法律行为的意思表示是由当事人本人或其信赖之人作出的。无论当事人的意愿如何，公证员的指示义务都是存在的。只有在个别情况下，指示义务方是不必要的，比如，在个案中，并不存在某种特定的危险，或者有关各方都很清楚法律行为的法律后果。[30]

示例：

A 和 B 委托公证员 N 为不动产买卖合同进行公证。A 是在银行工作的房地产法律方面的专家，B 则是在房地产事务方面经验丰富的执业律师。在这种情况下，公证员不必对当事人进行指导。

---

[28] *Lerch*, § 17 BeurkG Rn. 1 f.; *Rehbinder*, Vertragsgestaltung, S. 54, 56; *Reithmann/Albrecht/Reithmann*, Vertragsgestaltung, Rn. 136.

[29] *Lerch*, § 17 BeurkG Rn. 13 ff.; *Reithmann/Albrecht/Reithmann*, Vertragsgestaltung, Rn. 136, 148.

[30] *Armbrüster/Preuß/Renner/Armbrüster*, § 17 BeurkG Rn. 25 ff., *Reithmann/Albrecht/Reithmann*, Vertragsgestaltung, Rn. 157 ff.; 对第一种情形的不同观点，见 *Winkler*, § 17 BeurkG, Rn. 1，对于其他部分也是赞同的，见 § 17 BeurkG Rn. 1, 219. *Grziwotz/Heinemann*, § 17 BeurkG Rn. 2 ff.。仅赞同指导强度的降低，而不赞同没有任何指导。

(二) 公证员的一般照顾义务

根据《德国联邦公证员法》第 24 条第 1 款,在特定情况下,公证员对当事人负有特别的咨询和照顾义务,那么其负有进一步的义务。[31] 但是,即使公证员不承担(这种)特定的咨询和照顾义务,公证员也要承担从其一般性照顾义务(也称为"扩大的指导义务")中引申出的、《德国公证书证法》第 17 条规定之外的义务。这种一般性照顾义务来自于《德国联邦公证员法》第 14 条。[32] 根据一般性照顾义务,如果一方当事人可能受到损害,但他对此并不知情,那么公证员必须向他指出可能发生的损害,并警示法律交易的不利后果。[33] 比如,在不动产交易中,公证员应当警示买方,在所有权转让合意被登入土地登记簿之前,不要向卖方支付价款。[34] 公证员还应当提示中间处分的风险,并向买方提出担保方面的建议。比如,公证员可以建议买方,将价款支付推迟至产权过户之时,或者进行预告登记后。[35] 最后,根据《德国土地登记簿法》第 15 条第 3 款第 1 句,在向土地登记局提交登记所需的当事人的意思表示时,公证员有义务检查这些材料是否符合登记要求。[36]

25

公证员的警示和提示义务可能与其中立义务(Verpflichtung zur Unparteilichkeit)发生冲突。在合同设计时,通常有多种方案可供选择,每种方案对各方当事人的有利程度不同,风险程度也不同。在这

26

---

[31] *Grein*, RNotZ 2004, 115 (122 ff.); *Rehbinder*, Vertragsgestaltung, S. 59; *Reithmann/Albrecht/Reithmann*, Vertragsgestaltung, Rn. 169 ff.

[32] *Armbrüster/Preuß/Renner/Armbrüster*, BeurkG, § 17 Rn. 7; *Reithmann/Albrecht/Reithmann*, Vertragsgestaltung, Rn. 176.

[33] *Armbrüster/Preuß/Renner/Armbrüster*, § 17 Rn. 8; *Kilian/Sandkühler/vom Stein/Stuppi/Tykwer*, Praxishandbuch Notarrecht, § 11 Rn. 35; *Kunkel*, Vertragsgestaltung, S. 16; *Lerch*, § 17 BeurkG Rn. 40 ff.; *Rehbinder*, Vertragsgestaltung, S. 59 f.; *Reithmann/Albrecht/Reithmann*, Vertragsgestaltung, Rn. 174; *Winkler*, § 17 BeurkG Rn. 242 ff.

[34] *Arndt*, NJW 1972, 1980 (1980 f.); *Reithmann/Albrecht/Reithmann*, Vertragsgestaltung, Rn. 179.

[35] 关于通过预告登记来保护买方利益,见本章边码 14。

[36] 关于检查义务的范围,详见 *Zimmer*, NJW 2017, 1909。

种情况下，如果公证员建议采用某种方案，但另一种方案对当事人更有利，那么该当事人可能会认为，公证员的建议不妥。对此，有文献提出，公证员有义务提供全面的指导，但没有义务建议有遭受损害风险的当事人不要订立合同。公证员的任务不是代表某一方当事人的权利和利益，而是努力在各方当事人的利益冲突中寻求适当的利益平衡。[37] 但是，公证员的可允许指导行为与违反中立义务的行为，两者之间的界限只能在个案中根据具体情况来确定。[38]

> 根据《德国公证书证法》第17条第1款，公证员在公证时有指导义务。根据《德国联邦公证员法》第24条第1款，如果公证员与当事人达成相应的协议，那么公证员还负有咨询义务与照顾义务。一般性的照顾义务来自于《德国联邦公证员法》第14条。

五、参与禁止（《德国公证书证法》第3条）

27　　《德国公证书证法》第3条规定了公证员不应进行公证的具体情形。在这些情形中，公证员可能因**自身利益**（eigene Interessen）而无法中立、公正行事。[39] 比如，根据《德国公证书证法》第3条第1款第1句第7项，如果公证员在其公证活动之外，曾经参与过或现在正在参与某一事项，那么就不能再对这一事项进行公证。同样地，如果公证员与某人一同执业，或者与某人有共同的办公场所，而该人在其公证活动之外，曾经参与过或现在正在参与某一事项，那么公证员也不能对这一事项进行公证（《德国公证书证法》第3条第1款第1句第7项与第4项）。但公证员是受各方当事人的一致委托而参与该

---

[37] *Schippel/Bracker/Kanzleiter*, 9. Aufl. 2011, § 14 BNotO Rn. 25.

[38] *Haug/Zimmermann*, Die Amtshaftung des Notars, 4. Aufl. 2018, Rn. 577.

[39] *Kilian/Sandkühler/vom Stein/Elsing*, Praxishandbuch Notarrecht, § 12 Rn. 2; *Winkler*, § 3 BeurkG Rn. 4 f.

事项的情况除外(《德国公证书证法》第3条第1款第1句第7项后半句)。

根据《德国公证书证法》第3条第1款第2句,在公证之前,公证员必须向当事人询问《德国公证书证法》第3条第1款第1句第7项中的**事前介入情况**(Vorbefassung),并将当事人的回答记录在公证文书中。也就是说,要避免这样的情形:即一位律师先为双方当事人提供了法律咨询服务,之后又由同一事务所的公证员对合同进行公证(根据《德国公证书证法》第3条第1款第1句第7项与第4项,这种做法是不允许的)。[40] 虽然这种做法并不必然导致公证的无效,因为其并不属于《德国公证书证法》第6条、第7条规定的绝对的禁止公证情形;但是,公证员可能会因此而受到纪律处分。[41] 因此,在当事人事先咨询过律师的情况下,通常会将合同交给该事务所以外的机构进行公证。

第二节 案例:别墅不动产的取得

为居住,Gesine Ehrlicher女士(简称"E")想购买位于诺伊施塔特的一栋别墅。经过长时间的寻找,她认为Carlo Valentino(简称"V")的别墅是合适的。E和V就该别墅的价格达成合意,并考虑对该别墅进行必要的装修,他们委托公证员Norbert Northeim(简称

---

[40]《德国公证书证法》第3条第1款第1句第7项主要针对律师公证员。在有独立的公证执业的地区,即公证员不得同时是律师的地区,《德国公证书证法》第3条第1款第7项就几乎没有任何实际意义了,因为根据《德国联邦公证法》第9条第1款第1句,独立执业的公证员不得与律师共同执业。汉堡、梅克伦堡-前波美拉尼亚、勃兰登堡、萨克森-安哈尔特、莱茵兰-普法尔茨、萨尔州、萨克森、图林根、巴伐利亚,以及巴登-符腾堡和北莱茵-威斯特法伦的部分地区,都有独立执业的公证员。

[41] Armbrüster/Preuß/Renner/Armbrüster,§3 BeurkG Rn. 2 f. 公证员是否会因此而丧失公证费用支付请求权,要分情况判断,见 Grziwotz/Heinemann,§3 BeurkG Rn. 73 及其引注。

"N")起草买卖合同。

一、信息收集

30　　到目前为止，N 只知道 V 想把一处带有别墅的地产卖给 E。因此 N 已经知道合同的双方当事人以及买卖标的物的性质。但是，N 仍然需要知道关于买卖价格、土地上的负担、E 的融资计划以及不动产交付日期等相关信息。

（一）标的物与价格

31　　合同文本中必须包含不动产的买卖价格。此外，为设计合同，N 还需要了解土地登记簿中的该不动产的登记信息。

　　问题一：该地产在土地登记簿中的登记信息是怎样的？买卖价格应该定为多少？

　　信息获取方式：询问双方当事人。

　　问题一的询问结果（假设）：V 表示，该地产被登记在诺伊施塔特地方法院土地登记簿第 1 卷第 515 页，地段 1，地块编号 613 号，并提交了一份 6 年前的土地登记簿摘录。另外，E 和 V 一致同意买卖价格为 108 万欧元。

（二）不动产的法律关系

32　　根据《德国土地登记簿法》第 39 条，只有当**卖方**是土地登记簿中的**所有权人**时，其才可将该不动产所有权过户给买方。因此，N 必须查明，卖方是否为土地登记簿中的所有权人。此外，N 还应查明，该**不动产**之上是否有负担以及有怎样的**负担**。最后，该**不动产**是否**被出租**（vermietet）或被用益出租，也是 N 须了解的信息，因为根据《德国民法典》第 566 条，买方可能进入现有的租赁关系或用益租赁关系中。

　　问题二：V 是否在土地登记簿中被登记为所有权人？是否存在处分权上的限制？该不动产上是否有负担？该不动产是否被出租或用益出租？

信息获取方式：询问 V；查阅不动产登记簿。

问题二的询问结果（假设）：V 表示，在土地登记簿上自己被登记为所有权人，其处分权不受限制。为购买该不动产，V 曾经向 A 银行贷款 40 万欧元，并为 A 银行在该不动产上设定了土地债务。贷款现已全部还清，因此可以随时注销土地债务。该不动产既没有被出租，也没有被用益出租。

诺伊施塔特地方法院土地登记簿（页码 515）经公证的摘录显示，V 在土地登记簿上被登记为该不动产的所有权人。同时，在第三分簿编号 1 中，还记载了一笔数额为 40 万欧元的证书土地债务，受益人是 A 银行。在此之外，不存在其他负担或处分权上的限制。经 A 银行确认，V 的贷款已还清，A 银行同意注销土地债务。

（三）负担的需求

此外，N 须探明，E 是否需要为不动产的取得而融资，以及是否须为一笔或多笔贷款提供担保。对此，N 也须向 E 指出，在贷款时，可以在该不动产上设立土地债务作为担保。 33

问题三：E 如何筹集资金，以支付买卖价款？

信息获取方式：询问 E。

问题三的询问结果（假设）：E 表示，自己需要融资以支付部分价款。她将在 B 银行贷款 50 万欧元。B 银行要求 E 提供（与贷款）同样数额的土地债务作为担保。

（四）交付日期

最后，N 还须查明，V 何时将该不动产交付给 E。 34

问题四：何时将不动产交付给 E？

信息获取方式：询问双方当事人。

问题四的询问结果（假设）：该不动产将于 2019 年 8 月 1 日全部腾空交付给 E。

第六章 不动产取得的合同设计 187

二、合同的制定

35　不动产买卖合同的结构可以设计如下[42]：

> 文书抬头，双方当事人
> 第一条　买卖标的物/负担/售卖
> 第二条　买卖价格/买卖价款支付日期
> 第三条　占有转移/瑕疵担保
> 第四条　设定土地债务
> 第五条　预告登记
> 第六条　所有权转让合意
> 第七条　政府审批与优先购买权
> 第八条　对公证员的委托/执行授权
> 第九条　费用与税款
> 第十条　书面形式/部分无效
> 第十一条　公证员的提示

下文将对这一初步的合同结构中需要设计的要点，进行讨论。

（一）买卖价款支付日期

36　（1）在合同中必须说明，何时支付买卖价款。由于该不动产将于 2019 年 8 月 1 日交付，因此，价款也应在这一天付清。如果 E 届时不能支付价款，那么**交付日期**（Übergabetermin）应被推迟。

问题五：买卖价款的付款日期是否可以被定在 2019 年 8 月 1 日？

信息获取方式：询问 E。

问题五的询问结果（假设）：E 同意将付款日期定在 2019 年 8

---

[42] 类似的结构在不同的标准合同手册中都可以找到，比如 *Becksches Formularbuch/Gebele*, Muster III. B. 1. ff.；*Wurm/Wagner/Zartmann/Leitzen/H. Götte*, Rechtsformularbuch, Muster 43. 1, 43. 2。也见 *Langenfeld*, JuS 1998, 224（225）。

1日，预计届时已收到 B 银行的贷款。

（2）本案中的买卖价款数额较高，如果买方未按时支付价款，那么卖方可能会遭受相当大的经济损失。以 108 万欧元的债务为例，每年 1% 的利息就高达 1.08 万欧元，分摊到每月，利息是 900 欧元。根据《德国民法典》第 288 条，如果 E 陷于迟延，那么 V 可以向 E 请求支付**迟延利息**（Verzugszinsen）。根据《德国民法典》第 288 条第 1 款第 2 句，迟延利息的年利率为基准利率加 5%。[43] 但《德国民法典》第 288 条第 2 款不适用于本案，因为，为居住而购买别墅不动产的 E，是《德国民法典》第 13 条意义上的消费者（而《德国民法典》第 288 条第 2 款仅适用于没有消费者参与的法律行为）。在本案中，迟延的发生不需要事先有催告，因为履行给付的时间已经按日历确定了（《德国民法典》第 286 条第 2 款第 1 项）。因此，除了未按期支付外，认定 E 陷于迟延的唯一前提要求是，E 对自己的不履行有过错（《德国民法典》第 286 条第 4 款）。

（3）通常，买卖合同中会包含这样的买方声明条款：买方自愿服从**立即强制执行**（sofortigen Zwangsvollstreckung）买卖价款。[44] 根据《德国民事诉讼法》第 794 条第 1 款第 5 项，卖方由此获得了对买方的强制执行权，而不再需要（为申请强制执行而）提起诉讼。经公证的不动产买卖合同通过买方的这种声明，而使得卖方取得执行名义（或言强制执行权），可以按此条款进行强制执行。

（二）风险转移，瑕疵担保的排除

（1）根据双方当事人的陈述，被腾空的不动产将于 2019 年 8 月 1 日进行交付。公证员会告知双方，根据《德国民法典》第 446 条，自交付时起，不动产上的**负担**以及不动产**意外恶化或意外灭失的风险**

---

[43] 截至本书出版时，基准利率为 -0.88%。

[44] *Reithmann/Albrecht/Albrecht*, Vertragsgestaltung, Rn. 461. 示例见 *Becksches Formularbuch/Dieckmann*, Muster IV. A. 26. Klausel II und Anm. 8. 关于时间点的问题，见 BGH vom 26. 11. 1999-V ZR 251/98, NJW 2000, 951.

(Gefahr der zufälligen Verschlechterung oder des zufälligen Untergangs) 由买方承担。其中,不动产上的负担包括土地开发费、土地债务利息以及土地税等;不动产的恶化可能来自建筑负担;不动产的灭失则可能由于山体滑坡或(洪水)冲刷等而导致。

40　　(2) 此外,必须明确,如何构建卖方可能的**权利瑕疵**责任**或物的瑕疵**(Rechts-oder Sachmängel)责任。对此,N 将研究法定的瑕疵担保规则,查看这些规则是否适合本案中的合同。根据《德国民法典》第 433 条第 1 款第 2 句,让买方取得其上没有第三人权利的买卖标的物,是卖方的主要义务之一。**第三人的权利**(Rechte Dritter)既可以是物权权利(如土地质权、地役权),也可以是义务性权利(如现有的租赁合同),只要第三人可以剥夺买方对标的物的占有,就可以被视为权利瑕疵中的第三人权利。**对权利瑕疵担保的排除**(Gewährleistungsausschluss)是不常见的。[45] 但如果卖方不能消除标的物上的负担,那么他可以通过向买方告知这一负担,从而排除自己的权利瑕疵担保责任,因为根据《德国民法典》第 442 条第 1 款第 1 句,卖方对于买方在订立合同时知道的权利瑕疵不承担责任。但是,卖方不能通过这条路径排除对土地质权的责任。根据《德国民法典》第 442 条第 2 款,如果现有的土地质权不能被注销,那么双方当事人必须订立一份承担协议。在本案中,V 为 A 银行设定的土地债务不应由 E 接管或承担;V 必须想办法注销该土地债务。

41　　(3) 根据《德国民法典》第 433 条第 1 款第 2 句,卖方必须使买方取得没有**物的瑕疵**的物。根据《德国民法典》第 434 条第 1 款,在物的瑕疵场合,首先考虑是否存在对物的性质的约定。[46] 如果不存

---

[45] *Rehbinder*, Vertragsgestaltung, S. 121.
[46] 根据德国联邦最高法院的一份判决(BGH vom 6.11.2015-V ZR 78/14, NJW 2016, 1815),如果卖方向买方描述了(其上有建筑物的)不动产的一些性质,但这些性质在经公证的合同中没有体现,那么就不存在对物的性质的约定。见 *Cziupka/ Hübner*, DNotZ 2016, 323。

在相关约定,那么就主要考虑该物是否适合于合同所预定的使用或惯常的使用(《德国民法典》第 434 条第 1 款第 1 项、第 2 项)。比如,若该不动产的地皮质量有问题,V 可能需要对此承担责任。[47]

在已开发的买卖不动产的实践中,经常会存在偏离法律规则的**排除瑕疵担保**的合同约定。[48] 这种瑕疵担保排除条款基本上是(法律)允许的,根据《德国民法典》第 444 条,只有当卖方恶意不告知买方瑕疵或已承担对物的品质担保时,卖方才不能排除自己的瑕疵担保责任。此外,在买卖新建建筑物时,必须考虑《德国民法典》第 138 条(善良风俗条款)和第 242 条(诚实信用条款)。所以,德国联邦最高法院的判决指出,如果公证员没有向买方详细说明瑕疵担保排除条款的法律后果,那么根据《德国民法典》第 242 条,新建房屋的买卖合同公证书中格式化的瑕疵担保排除条款是无效的。[49]

42

在**采用格式化合同**(formularmäßig verwendeten Verträge)的场合,原则上必须遵守《德国民法典》第 307 条及以下禁止性的规定。但根据主流观点,如果公证员建议的买卖合同不是为迎合某一方当事人的利益而提出的,那么合同条款就不属于《德国民法典》第 305 条第 1 款第 1 句意义上的由一方当事人提出的条款(因此也无须遵守《德国民法典》第 307 条及以下)。[50] 但经营者与消费者之间的合同

43

---

[47] 关于可能的物的瑕疵,见 *Wurm/Wagner/Zartmann/Leitzen/H. Götte*, Rechtsformularbuch, Kap. 43 Rn. 54 f. 。关于处理受污染场地或疑似受污染场地,见 *Mohr*, BWNotZ 2009, 113; *Oyda*, RNotZ 2008, 245。

[48] *Beᴋsches Formularbuch/Gebele*, Muster III. B. 1. Anm. 25; *Langenfeld*, Vertragsgestaltung, Kap. 6 Rn. 14 f. ; *ders.*, JuS 1998, 224(226); *Reithmann/Albrecht/Albrecht*, Vertragsgestaltung, Rn. 531; *Wurm/ Wagner/Zartmann/Leitzen/H. Götte*, Rechtsformularbuch, Muster 43. 1 § 3 mit Fn. 15.

[49] BGH vom 17. 9. 1987 – VII ZR 153/86, BGHZ 101, 350(353 ff.); BGH vom 8. 3. 2007 – VII ZR130/05, DNotZ 2007, 822;对判例持批判性观点,见 *Brambring*, DNotZ Sonderheft 2012, 53(57)。也见 *Reithmann/Albrecht/Albrecht*, Vertragsgestaltung, Rn. 536。

[50] *MünchKomm-BGB/Basedow*, § 305 BGB Rn. 22;关于区分由公证员提出的合同是个人合同还是格式合同,见 *Leitzen*, NotBZ 2009, 212 ff. 。

例外，在合同中，一般交易条款被看作是由经营者提出的（《德国民法典》第 310 条第 3 款第 1 项）。但由于本案中的 V 不是经营者，因此，不考虑该例外情形条款。

44   （4）在合同订立后至风险转移时的这段时间，不动产**恶化**（Verschlechterungen）的责任通常由卖方承担。此外，对于属于卖卖范围内的、可受其影响的瑕疵，不应该排除卖方对这类瑕疵的担保责任。因此，N 会让 V 在合同中保证，对于该不动产，V 没有拖欠私人收费和公共税费，所有建筑物都已获审批，并且目前应缴的土地开发费和居民费都已支付。[51]

（三）担保利益

45   （1）在本案中，B 银行将获得这一土地债务担保，该情况会被登入土地登记簿中。因此，除了 V 和 E 的担保利益外，还必须考虑 B 银行的担保利益。A 银行的利益则无需考虑，因为 A 银行的贷款已被还清。在本案中，可以这样设计合同，以保证**双方当事人**的利益：一方面，V 同意为 E 作预告登记，另一方面，在买卖价款付清之前，公证员不会将与买卖合同一起公证的所有权转让合意提交至土地登记局。[52] 此外，在价款支付之前，V 需要提供 A 银行的（对土地债务的）注销同意，因为如果不能保证不动产上不存在负担，那么 E 可能不会支付价款。

46   （2）但是，当事人的担保利益必须与 **B 银行**的担保利益相协调。在发放贷款前，B 银行会要求借款人设定土地债务作为贷款的担保，并将之登入土地登记簿。[53] 而另一方面，V 会要求 B 银行直接将贷款支付给自己（而非支付给 E）。[54]

47   本案中的担保利益，概览如下：

---

〔51〕 *MünchVertragshandbuch-BGB/Otto*, I. 2., § 9 mit Anm. 29 c）.
〔52〕 详见本章边码 13—16。
〔53〕 关于担保目的的临时限制，见本章边码 19。
〔54〕 关于对买方的放贷人的担保，见本章边码 18。

担保利益		
人	可获得的利益	担保方式
买方	无中间处分	预告登记
	注销卖方银行的土地债务	卖方银行注销土地债务的声明
买方的银行	获得为贷款而设定的土地债务	卖方同意设定土地债务
卖方	只有在有担保的情况下，方同意设定土地债务	指示银行将贷款直接支付给卖方
	在买卖价款付清之前，不发生所有权转移	在买卖价款付清之前，公证员不会将所有权转让合意提交至土地登记局

（3）因此，N 将向合同双方当事人建议如下的合同设计：V 在买卖合同中即对于为 B 银行设定土地债务作出同意。E 指示 B 银行，将贷款直接支付给 V；只有当 V 收到买卖价款时，方可向土地登记局申请将 E 登记为所有权人。只有当 B 银行的土地质权得到保证、该土地除为 B 银行设定的质权外无其他负担、预告登记已被登入土地登记簿、在土地登记簿上没有先于预告登记的他项权利，并且收到诺伊施塔特市政府出具的否定性证明[55]时，B 银行方开始支付价款。

48

（四）政府审批与优先购买权

在某些情况下，不动产买卖合同需要**政府审批**（behördlichen Genehmigung），比如《德国不动产交易法》第 2 条第 1 款规定的对农业用地的买卖。但在本案中，不存在任何需要审批的情形。另外，建筑相关法律法规可能规定不动产**转让限制**（Veräußerungsbeschränkungen）。例如，诺伊施塔特市政府可能根据

49

---

[55] 见本章边码 49。

《德国建筑法典》第 24 条及以下，享有**优先购买权**（**Vorkaufsrecht**）。[56] 因此，公证员必须向当事人说明可能存在优先购买权，并确保在申请产权过户时，已拿到所需的市政府出具的否定性证明（即证明市政府不存在或放弃行使对该不动产的优先购买权）[57]；这一否定性证明通常需要公证员自己向市政府申请获取。[58] 为了在必要时能够证明自己已经将优先购买权的有关事项告知当事人，公证员应当在买卖合同中对此作出附注。

50　　此外，公证员还要向税务局申请土地购置税的无疑虑证明（Unbedenklichkeitsbescheinigung），这是买方申请登入土地登记簿的前提条件。主管税务局通过无疑虑证明作出其对买方的登记没有税务上的异议的表示（《德国土地购置税法》第 22 条第 1 款第 1 句）。另外，如果土地购置税已经缴纳、确定缴纳或延期缴纳，或者有免税的情况，那么税务局也必须出具相关证明（《德国土地购置税法》第 22 条第 2 款第 1 句）。

（五）执行授权

51　　在合同上约定公证员可以在事后更正或补充其公证的当事人文件，是有必要的，因为这样一来，公证员无需再次与合同当事人会面就可以纠正错误。此外，由于公证员还要经常向土地登记局提交其他文件，因此，在实践中，不动产买卖合同中会规定合同当事人对公证员的助理的**授权**（**Vollmachtserteilung**）。[59] 为了保护合同当事人的利益，授权的内容应限于合同的执行，并限定期限即至土地登记簿中的产权过户完成。

---

[56] 关于更多的法定优先购买权，见 *Faßbender/Grauel*，Notariatskunde，§ 4 Rn. 124 ff.。

[57] 关于否定性证明，见 *Greim*，RNotZ 2004，115（128ff.）；*Rehbinder*，Vertragsgestaltung，S. 119；*Reithmann/Albrecht/Albrecht*，Vertragsgestaltung，Rn. 653。

[58] *Langenfeld*，JuS 1998，224（225）.

[59] *Langenfeld*，Vertragsgestaltung，Kap. 6 Rn. 18；*ders*.，JuS 1998，224（226）. 也见 *Becksches Formularbuch/Gebele*，Muster III. B. 1. Klausel III. § 1.

(六) 费用与税款

一方面,根据《德国民法典》第448条第2款,买卖合同制成公证文书的费用、所有权转让合意制成公证文书的费用、登入土地登记簿的费用等为登记所必要的表示费用,均由买方承担;另一方面对于未被买方接管的物上负担的注销费用,应由卖方支付,因为这些负担妨碍了卖方履行给付无权利瑕疵的物的义务(《德国民法典》第433条第1款第2句、第435条)。这些规则是任意法规则,因此,可以在合同中约定与之偏离的费用承担规则。所以,(在实践中)买方往往还负担**土地购置税**(Grunderwerbsteuer),虽然根据《德国土地购置税法》第13条第1项,合同双方当事人对此承担连带责任。根据《德国土地购置税法》第1条第1款第1项,土地购置税在(国内不动产)买卖合同订立时产生,税额则根据对待给付的价值进行衡量(《德国土地购置税法》第8条、第9条),也就是说,税额通常取决于买卖价款的数额。[60] 但是根据《德国基本法》第105条第2a款第2句,联邦各州可以偏离《德国土地购置税法》11条第1款的规定,自行决定土地购置税的税率。大多数州都选择自行作出偏离规定,因此,目前各州的土地购置税税率在3.5%(与《德国土地购置税法》第11条第1款一致)至6.5%之间。根据《德国民法典》第446条第1款第2句,在不动产交付之后,买方才承担《德国建筑法典》意义上的土地开发费以及州法规定的市政费用,合同有其他约定的除外。在本案中,没有理由对此作出不同约定。

(七) 其他条款

N应该在买卖合同中规定:对于所有权转让合意之后的合同变

---

[60] *BeckOGK/Mock*,§448 BGB Rn.41(Stand:1.11.2018)认为,土地购置税的缴纳,应当类推适用《德国民法典》第448条第2款的费用负担义务;BGH vom 11.6.2010-V ZR 85/09,NJW 2010,2873(2875) u. *Palandt/Weidenkaff*,BGB §448 Rn.7 则认为,土地购置税的缴纳直接适用《德国民法典》第448条第2款。

更,需要采用**书面形式**(Schriftformklausel)。[61] 最后,N 还应该在合同中加入**可分割性条款**(salvatorische Klausel),这样一来,在某一条款无效的情况下,合同的其余条款仍然有效(《德国民法典》第139 条)。

三、合同草案

54

> 2019 年第××号公证书
> 于诺伊施塔特谈判　　　　　　　　　　　2019 年 6 月 18 日
> 请以下人员于今日来公证员 Norbert Northeim 博士位于诺伊施塔特的办公场所办理买卖合同的相关公证事项:
> 1. Carlo Valentino 先生,1947 年 8 月 23 日出生,地址 Marienstr. 8, 12345 Neustadt,身份证号为＿＿＿＿＿＿＿,
> ——以下称为"卖方"
> 2. Gesine Ehrlicher 女士,1962 年 6 月 12 日出生,地址 Parkstr. 16, 12347 Neustadt,身份证号为＿＿＿＿＿＿＿,
> ——以下称为"买方"
> 公证员向出席人询问了《德国公证书证法》第 3 条第 1 款第 1 句第 7 项中的事前介入情况,意即,询问是否了解本公证员或者与本公证员一同执业或有共同办公场所的某人,是否在本公证员或某人的职务活动之外,曾经参与过或现在正在参与本次公证所涉事项。
> 出席人表示,不存在这样的事前介入情况。
> 出席人在公证书中作出以下表示:
>
> **不动产买卖合同**
>
> **第一条　买卖标的物/负担/售卖**
> 1. 在诺伊施塔特地方法院的土地登记簿第 1 卷第 515 页卖方被登记为以下不动产的所有权人:
> 地段 1,地块编号 613,建筑物及空地面积为 1640 平方米,地址 Marienstr. 8
> ——以下称为"不动产"

---

[61] 相关论证见本章边码 11。

2. 根据土地登记簿，该不动产上的负担如下：
第三分簿编号 1：为 A 银行设定的 40 万欧元的证书土地债务
土地登记簿的第二分簿和第三分簿中没有其他的记录。
该负担由卖方注销，费用由卖方承担。A 银行同意注销，由卖方申请执行。
债权人（同意注销的）声明将由本公证员以受托人的身份获取并随后提交。本公证员已经查阅截至今日的土地登记簿，了解了土地登记簿上的内容。

3. 卖方向买方出售以上写明的标的物，包括其法定组成部分以及拥有的附属物。

第二条 买卖价格/买卖价款支付日期

1. 买卖价格为 108 万欧元（大写：壹佰零捌万欧元整）。
2. 买卖价款应于 2019 年 8 月 1 日支付，但最早应于买方收到本公证员的书面通知（并告知以下条件已满足）的 5 个工作日内支付：
（1）在本合同第五条中同意的预告登记，买方被登入土地登记簿，且其先于第二分簿、第三分簿中的其他权利被登入；但经买方同意的同等顺位或优先顺位的权利和负担除外。
（2）获得诺伊施塔特市政府的关于《德国建筑法典》规定的审批或否定性证明。
（3）获得 A 银行在第三分簿中登记的土地债务的注销同意，并向本公证员出示。本公证员接受委托，会不迟延地将该注销同意提交土地登记局，并申请（土地债务）权利之注销。
3. 买卖价款应支付至卖方的银行账户，即 IBAN：DE31123456780002345678，BIC：BBNKDE9KXXX。
4. 如果买方的支付陷于迟延，那么其应以相应基准利率加 5% 的年利率支付利息。卖方的其他权利不受影响。
5. 买方自愿服从卖方立即强制执行本文书，以其所有资产偿付买卖价款和任何到期利息以及迟延利息。卖方有权在任何时候获得一份可执行的本合同副本，而无需为此提供（价款或利息）到期证明。此时不发生举证责任倒置。

第三条 占有转移/瑕疵担保

1. 买卖标的物的转移占有应当于 2019 年 8 月 1 日完成，且此时标的物应当是已腾空的状态；标的物的使用权、对物上负担的承担义务以及意外灭失或意外损耗的风险，一并转移。

2. 卖方不担保不动产的性质、现存建筑物的建设状态以及面积测量的准确性。

不动产按其现状被交付；买方已检查过该不动产。卖方仅在自己知悉的范围内对隐性瑕疵承担责任。卖方保证，据其所知，不存在任何隐性瑕疵，且从今日起至风险转移时，标的物的状况不会恶化。

3. 卖方有责任确保买卖标的物上不存在任何性质的权利瑕疵；但买方明确表示承担的权利、买方为融资目的而设定的权利，以及经买方同意而设定的权利除外。

4. 卖方保证，没有拖欠任何私人收费和公共税费，所有建筑物都已获得审批，并且已支付目前应缴的土地开发费和居民费。《德国建筑法典》规定的土地开发费以及地方税法规定的缴费和费用偿还义务，在所有权转移前已记账的，由卖方承担。所有权转移之后记账的此类费用与负担，由买方承担。卖方保证，据其所知，不存在任何可能产生居民费或土地开发费的措施。

第四条 设定土地债务

1. 卖方有义务根据 B 银行的条件为该银行设定土地债务，以担保该银行向买方提供的包括利息在内的 50 万欧元的贷款；买方将用这笔贷款来支付买卖价款。买方在此不可撤销地指示 B 银行，在满足到期应付条件后，直接向卖方支付贷款金。在买卖价款未付清之前，土地质权仅用于担保买卖价款的支付。（土地质权的）任何其他担保目的只有在买卖价款付清后方可生效。本公证员接受委托，将本文书的公证副本以及关于同意设定土地质权的公证副本寄交 B 银行，以取得《德国民法典》第 873 条第 2 款规定的合意约束；本公证员还应在随函中说明上述的条件和要求。

2. 卖方今日履行了其负担义务，即设定了以下土地债务：

为 B 银行设定数额为 50 万欧元（大写：伍拾万欧元整）的土地债务。

第五条 预告登记

卖方今日不可撤销地同意为买方进行所有权预告登记。预告登记应排序在买方的融资质权之后。买方现对卖方因其未按时支付价款而解除合同的情况下的预告登记的注销作出同意和申请。此外，买方亦对如下情况下的预告登记的注销作出同意和申请：在产权过户时，土地登记簿上不存在当事人未参与其中的中间处分或中间处分的登记申请。

第六条 所有权转让合意

1. 合同双方当事人就本合同第一条的所有权转让达成合意；卖方同意买方申请土地登记簿上的产权过户。当事人指示公证员（该指示是不可撤销的），在卖方收到买卖价款之时，方可申请产权过户。在此之前，各方不会对所有权转让合意作出任何有效力的合同约定，本合同的所有其他正本或副本在出具时均不包含所有权转让合意的内容。

2. 产权过户只能由本公证员或其代理人或其继任人向土地登记局提出申请。合同双方当事人放弃自己的申请土地登记簿中产权过户的权利。

第七条 审批/优先购买权

本合同无需审批。公证员提示，可能会存在法定的优先购买权。只有当土地登记局收到了市政府根据《德国建筑法典》《德国建筑法典施行措法》出具的证明，表明市政府自己不行使或不存在法定的或规章规定的优先购买权时，买方才可被登入土地登记簿。合同双方当事人委托本公证员获取市政府的该种证明。

第八条 对公证员的委托/执行授权

1. 当事人委托本公证员执行合同以及获取所有必要审批。当事人授权本公证员接收相关审批文件，且接收行为对所有当事人均有效。当各类审批文件到达本公证员时，该文件对所有当事人生效。

2. 当事人不受《德国民法典》第181条规定的限制，并且即使发生死亡，仍各自不可撤销地授予本公证员的以下助理：

（1）Wachter, Elfriede, 1972年4月13日出生，公证员助理
（2）Müller, Gertrude, 1970年8月23日出生，公证员助理

享有这样的权利：发出和接收所有与本合同、附属文件如土地质权设定的同意，以及执行有关的表示，特别是发出在土地登记簿登记的同意、提出登记申请，以及作出所有权转让合意的表示。该授权仅在本公证员处理本合同事项的范畴内有效。当买方在土地登记簿上完成产权过户登记时，该授权失效。

第九条 费用/税款

注销不再继续存在的权利的费用，由卖方承担。本合同的其他费用、执行费用以及土地购置税，由买方承担。

第十条 书面形式/部分无效

1. 对本合同的修改和补充必须以书面形式进行，法律规定需要公证认证的除外。本条关于书面形式的规定，只有在遵守约定形式的情况下，方可被废除或修改。

2. 如果本合同的一个或多个条款无效或变为无效，那么合同的其余条款仍有效。无效的条款应当被最符合双方经济利益的规则所取代。

第十一条 公证员的提示

当事人应当声明，他们已经得到了公证员的详细指导，特别是关于：

1. 只有当买方被登入土地登记簿时，才发生所有权转移；而只有当获得了税务局关于土地购置税的无疑虑证明以及诺伊施塔特市政府关于不存在或不行使优先购买权的证明时，买方才可申请登入土地登记簿；

2. 所有约定必须经过公证；如果违反这一规定（《德国民法典》第311 b条），那么合同可能全部无效；

3. 卖方必须将已知的物的瑕疵告知买方。公证员向买方指出，对于已约定免除担保责任的任何瑕疵，买方只能容忍或自费消除，而不能就此要求卖方承担责任。公证员进一步指出，约定责任排除是与法律规定相偏离的。

4. 支付买卖价款、为价款融资而贷款以及创造贷款担保的前提条件，均是买方的义务。

5. 除了上文所包含的指导外，公证员还需说明上述每项约定的内容和法律后果。上述谈判内容已向出席人宣读，得到了他们的认可，并由他们和公证员签字如下：

本章参考文献(同时参见缩略引用的本书"文献目录")：

Cziupka/Hübner, Beschaffenheitsinformationen und Beschaffenheitsvereinbarungen beim Grundstückskaufvertrag, DNotZ 2016, 323; *Kanzleiter*, Ausreichende Bezeichnung der noch nicht vermessenen Teilfläche in einem Grundstückskaufvertrag, NJW 2000, 1919; *Kessler*, Gestaltung von Belastungsvollmachten in Grundstückskaufverträgen, DNotZ 2017, 651; *Knops*, Die notariellen Prüfungs-und Belehrungspflichten bei der Finanzierungsabwicklung von Grundstücksübertragungen, NJW 2015, 3121; *Leitzen*, Zur Abgrenzung zwischen Individual-und Formularvertrag bei notarieller Beurkundung, NotBZ 2009, 212; *Lindner*, Haftungsregelungen im Grundstücksvertrag, RNotZ 2018, 69; *Mach*, Der Eintritt des Grundstückserwerbers in bestehende Miet-und Pachtverhältnisse, RNotZ 2017, 621; *Mohr*, Altlastenklauseln in Grundstücksverträgen: nicht immer wasserdicht!, BWNotZ 2009, 113; *Plagemann*, Die Behandlung von Mietsicherheiten in Grundstückskaufverträgen, NotBZ 2013, 2; *M. Schmid*, Aufklärungspflichten beim Verkauf von Wohnungseigentum und Grundstücken, ZfIR 2011, 41; *Volmer*, Vertragsgestaltung beim Grundstückskaufvertrag, JuS 2006, 221; *Zimmer*, Neue Prüfungspflichten des Notars-oder alles beim Alten, NJW 2017, 1909.

第七章

赠与情形的合同设计

设计赠与合同是公证员的典型任务之一,根据《德国民法典》第518条第1款,赠与约定必须被制成公证证书。在为预期继承而进行的赠与中,公证发挥着重要作用;与单纯的继承法上的将财产分配给继承人的解决方案相比,预期继承的赠与在税法等方面存在优势。

1

第一节 一般性的考虑因素

赠与属于无偿法律行为。《德国民法典》区分了**现实赠与**(Handschenkung)(《德国民法典》第516条)和约定赠与,后者是指**面向以后履行的赠与合同**(auf spätere Erfüllung gerichteten Schenkungsvertrag)(《德国民法典》第518条)。在现实赠与场合,标的的无偿赠与,要么与交出标的的行为一同发生(《德国民法典》第516条第1款),要么在交出标的之后发生(《德国民法典》第516条第2款)。在约定赠与场合,对受赠人进行赠与之前,会先订立赠与合同。赠与的标的可以是任何财产[1],比如,对债务的免除。[2]

2

一、现实赠与和约定赠与的形式要求

在现实赠与中,赠与人不承担任何义务,其意思表示不能成为请

3

---

[1] *Erman/Hähnchen*,§516 BGB Rn. 3.
[2] 为便于阅读,在下文中,将使用"标的物"和"交出"这样的词汇,虽然前者并不能包含所有的赠与标的,后者也无法涵盖所有的给与行为。比如,一项权利是无法被"交出"的。

求权的来源。尽管如此，在现实赠与场合，仍存在一个债权上的合意。双方当事人就赠与的无偿性达成合意，从而为给付履行确定法律基础。[3] **现实赠与的生效没有任何形式要求**，《德国民法典》第518条第1款的规定仅适用于约定赠与。

4   在现实赠与场合，赠与人（最晚）在将标的物无偿给与受赠人的时候，即失去了该标的物的所有权；约定赠与则不然。在约定赠与场合，赠与人首先作出承担义务的表示，然后才发生移交标的的行为。《德国民法典》第518条第1款对赠与人的承担义务的表示，作出了形式要求，该规定旨在保护赠与人免受因草率做出的表示而带来的不利影响。[4]《德国民法典》第518条第1款规定，为使**赠与约定**（Schenkungsversprechen）生效，必须将该约定制成**公证证书**。这一形式要求仅针对赠与人提出，受赠人对赠与的接受则没有形式要求，当然，其他法律规范另有规定的除外。[5]

二、赠与人的责任

5   根据《德国民法典》第521条，赠与人只需对故意和重大过失承担责任。与《德国民法典》第276条第1款第1句相比，第521条规定的**责任优待**（Haftungsprivilegierung），在仅有一方负给付义务的背景下，是合理的。[6]《德国民法典》第521条主要在约定赠与中发挥作用。

6   《德国民法典》第521条适用于因自始或嗣后**不能履行而产生的****损害赔偿请求权**（Schadensersatzansprüche aufgrund Unmöglichkeit），以及《德国民法典》第280条第1款、第2款和第286条规定的**迟延损**

---

[3] *MünchKomm-BGB/Koch*，§516 BGB Rn. 14 f.
[4] *BeckOK-BGB/Gehrlein*，§518 BGB Rn. 1；*MünchKomm-BGB/Koch*，§518 BGB Rn. 1.
[5] *BeckOGK/Harke*，§518 BGB Rn. 12（Stand：1.12.2018）；*Staudinger/Chiusi*，§518 BGB Rn. 7.
[6] *MünchKomm-BGB/Koch*，§521 BGB Rn. 1.

害赔偿请求权（Verzugsschadensersatzanspruch）。[7] 但是，当赠与人陷于迟延时，应适用《德国民法典》第 287 条规定的过错标准*。[8]《德国民法典》第 521 条是否也适用于**违反合同保护义务或先合同保护义务**（Verletzung vertraglicher oder vorvertraglicher Schutzpflichten）的情形，目前是有争议的。部分学者认为，应始终适用《德国民法典》第 276 条第 1 款[9]；另有部分学者认为，应不受限制地适用《德国民法典》第 521 条。[10] 德国联邦最高法院以及其他学者认为，应区分情形进行适用，即《德国民法典》第 521 条仅适用于与给付标的有关的保护义务。在违反一般保护义务，即所保护的法益虽与赠与人的赠与有关，但与给付标的无关情况下，应当适用《德国民法典》第 276 条。[11] 赠与情形中的瑕疵担保责任，规定在《德国民法典》第 523 条和第 524 条。

三、请求返还与撤销

（1）在某些情况下，赠与人可以请求返还所赠与的财产。《德国民法典》第 528 条规定了因**赠与人贫困**（Verarmung des Schenkers）而请求返还的情形。该条规定了交易基础障碍的一种特殊情形。[12] 根据《德国民法典》第 528 条第 1 款第 1 句，只要赠与人在履行赠与后不能维持其适当生计，且不能履行法定的扶养义务的，那么该赠与人就可以依不当得利的相关规定，请求返还所赠与的财产。《德国民法典》第 528 条补充了第 519 条第 1 款规定的急需抗辩权，即在履行赠与之

---

[7] *Staudinger/Chiusi*, § 521 BGB Rn. 5 ff.
* 在迟延期间，债务人必须对任何过失负责任——译者注
[8] *Staudinger/Chiusi*, § 521 BGB Rn. 7.
[9] *Staudinger/Chiusi*, § 521 BGB Rn. 10.
[10] *Larenz*, Schuldrecht BT, § 47 IIa.
[11] BGH vom 20.11.1984 - IVa ZR104/53, NJW 1985, 794; BeckOK - BGB/ *Gehrlein*, § 521 BGB Rn. 5; *Erman/Hähnchen*, § 521 Rn. 3.
[12] *MünchKomm-BGB/Koch*, § 528 BGB Rn. 1.

前,可以根据第519条第1款,拒绝履行赠与约定;在履行赠与之后,则可以根据第528条请求返还所赠与的财产。在实践中,《德国民法典》第528条主要在如下情形中有意义,即赠与人在赠与标的后不能自己维持生计,请求社会救助的。根据《德国社会法典》第十二编第93条第1款第1句,在这种情形中,《德国民法典》第528条中的返还请求权可以(从赠与人)转移至**社会救助机构**(Sozialhilfeträger)。[13]

示例:

母亲M把她的大公寓赠给女儿T,自己租了一个小公寓。三年后,M不得不搬进养老院,此时她的退休金和余留的财产不足以支付养老院的费用和其他需求。因此,M申请了社会救助。在本案中,要考虑《德国社会法典》第十二编第93条第1款第1句规定的返还请求权的转移。

8 根据《德国民法典》第529条,在某些情况下,该返还请求权被排除。根据该条规定,如果赠与人贫困是在赠与发生的十年后,或者返还所赠财产会影响受赠人的正常生计,那么就不能请求返还所赠与的财产。此外,根据《德国民法典》第534条,《德国民法典》第528条不适用于道德上的和礼仪上的赠与。

9 (2)根据《德国民法典》第530条,如果受赠人对赠与人及其近亲属实施严重不当或**重大忘恩**(groben Undanks)行为的,那么赠与人有权撤销赠与。撤销权的排除事由规定在《德国民法典》第532条、第534条。与《德国民法典》第528条类似,第530条也规定了交易基础障碍的一种特殊情形。[14] 判断是否存在严重不当行为,分两步。首先,必须**客观**(objektiv)地确定,赠与人是否可以期待得

---

[13] 详见 Staudinger/Chiusi,§528 BGB Rn. 51 ff.。

[14] MünchKomm-BGB/Koch,§530 BGB Rn. 1;Staudinger/Chiusi,§530 BGB Rn. 1。

到感激。其次，要**主观**（subjektiv）地判断，受赠人的行为在赠与人看来，是否是严重的不当行为。[15] 通常情况下，严重的不当行为就已表明，存在重大的忘恩，除非赠与物的价值是极低的。[16] 严重的不当行为尤其包括对生命的威胁、严重的身体虐待或无根据的刑事指控。[17] 撤销的法律后果规定在《德国民法典》第 531 条第 2 款，即赠与人可以依返还不当得利的相关规定，请求返还所赠与的财产。

> 根据《德国民法典》第 528 条及以下，只有在严格的条件下才可以请求返还所赠与的财产。《德国民法典》第 528 条规定了因赠与人贫困而请求返还（所赠与的财产）的情形，第 530 条则规定了受赠者重大忘恩情形下的撤销（赠与）。

四、附有负担的赠与

根据《德国民法典》第 525 条第 1 款，如果赠与是附有负担的，那么不仅赠与人有给付义务，**受赠人亦有给付义务**。在这种情况下，《德国民法典》第 518 条第 1 款规定的形式要求也延伸到了所附负担。[18] 受赠人因该负担，而承担**物质性的或非物质性的给付义务**（Leistung materieller oder immaterieller Art）。[19] 受赠人的给付通常应以赠与为基础，从所赠与的财产中执行。[20]

10

---

[15] BGH vom 25. 3. 2014-X ZR 94/12，NJW 2014，3020（3021）.
[16] *MünchKomm-BGB/Koch*，§ 530 BGB Rn. 7；*Staudinger/Chiusi*，§ 530 BGB Rn. 10.
[17] *Erman/Hähnchen*，§ 530 BGB Rn. 5；*Palandt/Weidenkaff*，§ 530 BGB Rn. 6.
[18] *MünchKomm-BGB/Koch*，§ 525 BGB Rn. 1.
[19] *BeckOGK/Harke*，§ 525 BGB Rn. 8（Stand：1. 12. 2018）.
[20] *MünchKomm-BGB/Koch*，§ 525 BGB Rn. 2；*Palandt/Weidenkaff*，§ 525 BGB Rn. 1.

> 示例：
>
> 祖父 G 由于年龄原因不能再驾驶汽车。G 把自己的汽车给了 21 岁的孙子 E，条件是 E 每个月开车送他去棋牌室一次。

11 在附有负担的赠与中，双方当事人的义务并不是对等的（nicht in einem Gegenseitigkeitsverhältnis）。特别是，赠与人的义务（之履行）不取决于受赠人的义务（之履行）。[21] 因此，根据《德国民法典》第 525 条第 1 款，赠与人原则上有先履行义务，其既不享有留置权，也不享有不履行合同的抗辩权。但是，《德国民法典》第 525 条第 1 款是任意法规则，因此，双方当事人可以约定同时履行。[22]

12 《德国民法典》第 525 条第 1 款赋予了赠与人一项请求权，即**请求受赠人执行**（Anspruch auf Vollziehung）所约定的负担。受赠人则有权根据《德国民法典》第 526 条第 1 款拒绝履行负担，前提是，因权利瑕疵或物的瑕疵，导致赠与标的的价值不足以抵偿执行负担所需的费用。如果受赠人不履行该负担，那么赠与人可以根据《德国民法典》第 527 条第 1 款，依解除权的构成要件，根据返还不当得利的规定，请求返还所赠与的财产，返还赠与财产的范围仅限于履行负担所需的费用。

> 示例：
>
> 祖父 G 赠与孙子 E 1 万欧元，所附负担是，E 应当在 G 八十岁寿辰时，送给 G 一个自制的蛋糕，自制蛋糕的费用开支从所赠与的 1 万欧元中出。E 忘记了自制蛋糕这件事。由于寿辰已过，这一负担履行已是不可能。但是，根据《德国民法典》第 527 条第 1 款和第 326 条第 5 款，G 只能请求 E 返还履行负担所需费用，即 E 自制蛋糕产生的费用。

---

[21] Brox/Walker, Besonderes Schuldrecht, § 9 Rn. 24.
[22] MünchKomm-BGB/Koch, § 525 BGB Rn. 13; BeckOK-BGB/Gehrlein, § 525 BGB Rn. 5; Palandt/Weidenkaff, § 525 BGB Rn. 12.

应当区分附负担的赠与和**目的赠与**（Zweckschenkung）。在目的赠与中，赠与人通过赠与而追求一个受赠人可以认识到的目的。与附负担的赠与相比，目的赠与中的"目的约定"不是一项可诉请履行的义务；此时，双方当事人只是在所追求的目的上有一个合意。[23] 一项赠与究竟是附负担的赠与还是目的赠与，取决于通过解释所确定的双方当事人的意愿。[24]

13

> 在附有负担的赠与场合，受赠人也负有给付义务（《德国民法典》第525条）。如果受赠人不履行负担，那么赠与人可以根据《德国民法典》第527条，请求返回赠与标的物。在目的赠与中，赠与人所追求的目的是不可诉请履行的。

五、混合赠与

如果法律交易是部分无偿的，那么就认为存在混合赠与。[25] 此时，双方当事人订立了一份交换合同，在该合同中，当事人就不可分割的标的物（如买卖物）约定对待给付，而该对待给付低于该标的物的价值。[26] 在此，双方当事人必须对此达成合意：**超出的价值应被视为无偿赠与**（überschießender Wert als unentgeltliche Zuwendung）。[27] 如果双方当事人只是约定了一个对买方有利的价格，那么并不存在混合赠与。[28]

14

---

[23] BGH vom 23.9.1983 V ZR 67/82, NJW 1984, 233; *Brox/Walker*, Besonderes Schuldrecht, §9 Rn. 23; *Staudinger/Chiusi*, §525 BGB Rn. 45.

[24] *MünchKomm-BGB/Koch*, §525 BGB Rn. 8.

[25] BGH vom 19.7.2002 – V ZR 240/01, NJW 2002, 3165; *Palandt/Weidenkaff*, §516 BGB Rn. 13.

[26] *MünchKomm-BGB/Koch*, §516 BGB Rn. 34. 也见 *Huber/Bach*, Examens-Repetitorium Besonderes Schuldrecht 1, 6. Aufl. 2018, Rn. 699 f.

[27] BGH vom 6.3.1996-IV ZR 374/94, NJW-RR 1996, 754 (755); *Palandt/Weidenkaff*, §516 BGB Rn. 13.

[28] BGH vom 18.10.2011-X ZR 45/10, NJW 2012, 605 (606).

示例：

A 想把自己的手表送给 B，手表的价值是 5000 欧元。由于 B 不想就这样接受该手表，所以 A 和 B 约定，B 将支付 50 欧元作为回报。

15 对于这种由两种类型合同组成的法律交易，会产生这样的问题：是否应当适用赠与法规则或者有偿合同规则。根据当下学界有代表性的**目的评估理论**（Zweckwürdigungstheorie），不能简单地将混合法律交易归类于相混合的某一类合同。相反地，应当分别适用最符合合同目的以及当事人意愿的规则。[29] 德国联邦最高法院虽然没有明确认可这一理论，但与目的评估理论类似，其亦认为，应根据该法律交易的经济目的来确定混合法律交易应适用的规则，同时兼顾当事人利益。[30]

16 没有争议的是，混合赠与中包含的**无偿给与**的承诺，也要**遵守**《德国民法典》第 518 条第 1 款规定的**形式要求**。在混合赠与中，也须警示赠与人，勿要草率行事。[31] 有观点认为，如果未遵守《德国民法典》第 518 条第 1 款规定的形式要求，那么**合同的有偿部分**（Unwirksamkeit des entgeltlichen Teils）亦根据《德国民法典》第 139 条而**无效**。[32] 另有观点认为，出于法的安定性的考虑，无效性应当延伸至无偿合同，此时无需再适用《德国民法典》第 139 条。[33]

17 在混合赠与的情形下，对如何处理**返还请求权**（Rückforderungsansprüche）存在争议。争议的焦点在于，赠与人是可以请求返还**赠与标的**，还是只能请求返还**无偿部分的增值额**（unentgeltlicher Mehrwert）。根据德国联邦最高法院的判例，只有当交易的

---

[29] *MünchKomm-BGB/Koch*，§ 516 BGB Rn. 38 f.；*BeckOK-BGB/Gehrlein*，§ 516 BGB Rn. 14.

[30] BGH vom 2.7.1990-II ZR 243/89, NJW 1990, 2616 (2617); BGH vom 23.5.1959-V ZR 140/58, NJW 1959, 1363 f. 赞同观点见 *Erman/Hähnchen*，§ 516 BGB Rn. 34.。

[31] *Brox/Walker*，Besonderes Schuldrecht，§ 9 Rn. 29.

[32] *Palandt/Weidenkaff*，§ 516 BGB Rn. 15.

[33] *MünchKomm-BGB/Koch*，§ 516 BGB Rn. 40.

无偿性占主导地位时,赠与人方可请求返还赠与标的物。[34] 但部分学者认为,应当允许受赠人在返还赠与标的物与赔偿无偿部分的增值额之间进行选择;只有在根据《德国民法典》第530条撤销合同的情形中,才应遵循判例的观点,即考虑合同的有偿部分与无偿部分的价值比例,因为此时要考虑的不再只是经济方面的因素。[35]

最后,对混合赠与中的**瑕疵担保**问题以及**责任**问题的处理,亦存在困难。一种观点认为,要区分给付中的有偿部分与无偿部分;因为赠与法上的瑕疵担保规则和责任规则,仅适用于给付中的无偿部分。[36] 另一种观点则认为,应当适用混合赠与中主要部分的合同类型所适用的规则[37];也就是说,当买卖合同与赠与合同混合时,主要看占主导地位的是买卖合同还是赠与合同。

18

> 混合赠与是一种既包含有偿元素也包含无偿元素的合同。因此产生一个问题:在履行障碍情形中,应当适用赠与法规则还是有偿法律交易的规则。判例认为,如果无偿性在合同中占主导地位,那么应当适用赠与法上的返还规则。

六、配偶之间的给与

根据不同情况,配偶之间的给与可以被归类为**赠与**(Schenkungen)或者**因婚姻的给与**(ehebedingte Zuwendungen)。[38] 在因婚姻的给与中,计划的婚姻存续构成了给与的交易基础。因此,与配偶之

19

---

[34] BGH vom 15.5.2012-X ZR 5/11, ZEV 2013, 213 (2014); BGH vom 7.4.1989-V ZR 252/87, NJW 1989, 2122.
[35] *MünchKomm-BGB/Koch*, §516 BGB Rn. 41 ff. 也见 *Huber/Bach*, Examens-Repetitorium Besonderes Schuldrecht 1, 6. Aufl. 2018, Rn. 703。
[36] *MünchKomm-BGB/Koch*, §516 BGB Rn. 44; *Palandt/Weidenkaff*, §516 BGB Rn. 17.
[37] *BeckOK-BGB/Gehrlein*, §516 BGB Rn. 17; *Staudinger/Chiusi*, §516 BGB Rn. 84.
[38] 对此作了深入的探讨,见 *Jeep*, NZFam 2014, 293。*Erman/Hähnchen*, §516 Rn. 11 ff. 。反对这种未命名的给与形式,并于 Rn. 22 ff 提出了一种不取决于共同生活的形式以及婚姻财产制的解决方案。

间的赠与不同，因婚姻的给与缺少主观因素，即缺少对无偿性的合意。[39] 而如果根据当事人的意愿，给与是无偿的，是真正的慷慨意义上的无偿，而且给与和婚姻的存续无关，受赠人可以自由支配所赠财产，那么该给与就是配偶之间的赠与。[40] 在**离婚**（Scheidung）时，如果夫妻在婚姻存续期间采用的是**法定夫妻财产制**（gesetzlichen Güterstand），那么原则上会以**净益均分**（Zugewinnausgleich）的方式，处理已做出的因婚姻的给与。[41] 如果夫妻在婚姻存续期间采用的是**夫妻财产分立制**（Gütertrennung），那么应根据交易基础丧失的规则，处理已做出的因婚姻的给与。[42] 在与第三人的关系中，为保护债权人，因婚姻的给与被视为赠与。[43]

示例：

被继承人 E 与 F 结婚。他们有一个共同的儿子 S。E 通过遗嘱指定 F 为其唯一继承人。当 E 去世时，他的遗产价值为 10 万欧元。E 在去世前 8 个月，转给 F 2 万欧元，而没有约定任何回报。

根据《德国民法典》第 2303 条第 1 款第 1 句，S 是特留份权利人。如果 E 转给 F 的 2 万欧元是《德国民法典》第 2325 条第 1 款意义上的一项赠与，那么 S 就可以根据该条，向继承人 F 请求特留份的补足。至于配偶之间的给与（即 E 转给 F 的 2 万欧元）是否是因婚姻的给与，对于《德国民法典》第 2325 条而

---

[39] BGH vom 13.7.1994 - XII ZR 1/93, NJW 1994, 2545 f.；*BeckOK - BGB/ Gehrlein*, § 516 BGB Rn. 9；*MünchKomm-BGB/Koch*, § 516 BGB Rn. 62.

[40] BGH vom 9.7.2008 - XII ZR 179/05, NJW 2008, 3277（3278）；*BeckOK - BGB/ Gehrlein*, § 516 BGB Rn. 9.

[41] BGH vom 10.7.1991 - XII ZR 114/89, NJW 1991, 2553（2554）；*Staudinger/ Thiele*, § 1363 BGB Rn. 22 f.

[42] BGH 19.9.2012 - XII ZR 136/10, NJW 2012, 3374, 3375 f.；BGH vom 15.2.1989 - ZR 105/87, NJW 1989, 1986（1987）.

[43] *BeckOK - BGB/Gehrlein*, § 516 BGB Rn. 10；*Staudinger/Chiusi*, § 516 BGB Rn. 104. 比如，最近关于《德国民法典》第 2325 条规定的特留份补足请求权的判决，见 BGH vom 14.3.2018 - IV ZR 170/16, NJW 2018, 1475（1476）。

言，无关紧要。只要从客观上来看，给与是无偿的，就可以适用《德国民法典》第 2325 条；否则，该条保护特留份权利人的目的就会受到破坏。[44] E 转给 F 2 万欧元的给与行为是无偿的，因此 S 享有特留份补足请求权。

七、死亡时的赠与

如果受赠人只有在赠与人去世时，方能获得赠与标的物的所有权，那么就须明确，此时的给与行为适用**赠与法**（schenkungsrechtlichen）规则还是**继承法**（erbrechtlichen）规则。如果赠与人做出的赠与约定，以受赠人在赠与人死亡时还在世为条件，那么应根据《德国民法典》第 2301 条第 1 款第 1 句，适用死因赠与的规定。《德国民法典》第 2301 条第 1 款第 1 句的目的是，防止规避继承法的规定。[45] 并且只有当给与行为以受赠人在赠与人死亡时还在世作为条件时，《德国民法典》第 2301 条第 1 款第 1 句才适用。如果只是将赠与的期限推迟到了赠与人死亡时，而未将受赠人在赠与人死亡时还在世作为条件，那么《德国民法典》第 2301 条第 1 款第 1 句就不适用。同样地，如果只是将（给与行为的）履行推迟到赠与人死亡之后，那么同样不适用第 2301 条第 1 款第 1 句。[46] 对于以上两种情形，均适用赠与法规则。

第二节　案例：给与未成年人土地财产

Gerlinde Groß（G）是诺伊施塔特一处单栋住宅的所有者，该不动

---

[44] *MünchKomm-BGB/Lange*，§ 2325 BGB Rn. 23.
[45] *Frank/Helms*，Erbrecht，7. Aufl. 2018，§ 14 Rn. 3；*MünchKomm - BGB/Musielak*，§ 2301 BGB Rn. 1.
[46] *MünchKomm-BGB/Musielak*，§ 2301 BGB Rn. 12；*Staudinger/Chiusi*，§ 516 BGB Rn. 152.

产的价值为 20 万欧元。G 在遗嘱中指定她唯一的儿子 Sören Groß（S）和她唯一的 16 岁孙女 Emma Groß（E）为她的继承人。由于 G 很富有，因此可以预见的是，在继承的情况下，尽管有规定的免税额，S 和 E 还是要缴纳遗产税。为了尽可能少缴税，加之 S 几年前已经购置了一块土地，并在上面建了房屋，所以 G 想现在就把自己的不动产转给 E（而非 S）。但 G 想一直使用自己的房子，直至去世。G 委托公证人 Norbert Northeim（简称"N"）起草一份可以实现这些目标的合同。

一、信息收集

22　　N 首先必须收集有关的信息。根据《德国土地登记簿法》第 28 条，在转让不动产时，应当按照该不动产在土地登记簿上的记载予以标明。此外，需要查明**该不动产的法律关系**（如所有权人是谁、不动产上是否有负担）。[47] 由于 E 是未成年人，可能无法自己有效地订立合同，因此还要确定，E 是否具有民事行为能力，以及谁是她的法定代理人。

问题一：土地登记簿上对该不动产的记载是怎样的？

信息获取方式：询问 G。

问题一的询问结果（假设）：G 出示了一份去年的土地登记簿抄件，并表示，该不动产记载于诺伊施塔特地方法院土地登记簿第 1 卷第 312 页，地段 1，地块编号 210。

问题二：该不动产上是否有任何形式的负担？是否有处分权上的限制？

信息获取方式：询问 G；查阅土地登记簿。

问题二的询问结果（假设）：G 表示，自己两年前贷款了 3 万欧元来装修房子，因为当时的贷款利率很低，在她看来，为筹集装修费

---

[47]　关于这些要点，见本书第六章边码 4—5、7、31—32。关于不动产交易的形式要求以及公证员的义务，见本书第六章边码 9—11、23—28。

用而出售股票是不合适的。作为担保，G 在该不动产上设定了土地债务。但 G 还表示，对于土地债务，她自愿服从立即的强制执行，该强制执行对任何未来的所有权人都有效。

一份经公证的土地登记簿摘录证实了 G 的陈述。土地债务以及自愿服从强制执行的相关情况，都记录在诺伊施塔特地方法院的土地登记簿上。

问题三：E 应当亲自参与合同的订立吗？谁是 E 的法定代理人？合同当事人与其法定代理人之间的亲属关系是怎样的？

信息获取方式：询问 G 和 E。

问题三的询问结果（假设）：按照 G 的计划，E 应自己订立合同。E 的法定代理人是 G 的儿子 S，S 是 E 的唯一照顾权人。

二、问题概览与初步草稿

经过初步调查，公证员收集了以下信息：G 想一直使用赠与 E 的房子，直至去世。对此，可以有**多种设计方案**，一方面涉及所有权转让的时间点，另一方面涉及合同当事人的其他权利和义务。此外，**E 作为未成年人（Minderjährige）**，可能无法自己作出有效的意思表示。如果是这样，那么必须探明，S 能否有效地代表 E，或者是否需要另一种解决方案。

由此产生了以下的初步草稿：

第一条　合同当事人，可能涉及 E 的代理人
第二条　转移的标的物及其负担
第三条　关于所有权转让的规则
第四条　关于 G 使用房子的规则
第五条　所有权转让合意
第六条　对公证员的委托及执行授权
第七条　费用
第八条　提示

三、法律适用与合同细节

25 在法律适用方面，必须探明，根据哪种设计方案，G 可以一直使用房子直至去世，而且 E 可以少交些税。此外，必须审查，E 能否自己作出有效的意思表示；如果不能，那么应由谁代表 E。本案的合同设计情境较为复杂，因为其涉及**多个不同的法律领域**，需解决多个**特定领域的细节问题**。

（一）死亡时的赠与或保留用益物权的转让

26 （1）由于 G 想继续使用这个房子，所以应该考虑**死亡时的赠与**（Schenkung auf den Todesfall）。对此，可以考虑设计一项条件为受赠人在赠与人死亡时还在世的赠与，也可以考虑设计一项将期限推迟至赠与人死亡时的赠与，或者将（给与行为的）履行推迟到赠与人死亡之后的赠与。[48] 上述设计方案均可以满足 G 关于终身使用房子的要求，但无法实现少交税这一目标。

27 根据《德国遗产税和赠与税法》第 3 条第 1 款第 2 项、《德国民法典》第 2301 条第 1 款第 1 句规定的**以受赠人在赠与人死亡时还在世作为条件的赠与**（Schenkung auf den Todesfall mit Überlebensbedingung），在遗产税法上，应被归类为**因死亡而取得**（Erwerb von Todes wegen）；根据《德国遗产税和赠与税法》第 9 条第 1 款第 1 项，税在被继承人死亡时产生。另外，由于此时继承开始，所以对 E 来说，还要承担因继承而产生的税（《德国遗产税和赠与税法》第 3 条第 1 款第 1 项、第 9 条第 1 款第 1 项）。《德国遗产税和赠与税法》第 13 条第 1 款第 4c 项规定了免税，但该条不适用于本案。该条只适用于被继承人已故子女的子女，即本案中，只有在 S 先于 G 去世的情况下才会适用。虽然不能完全排除这种情况，但这只是一种单纯的可能情形，而非合

---

[48] *MünchKomm-BGB/Musielak*, § 2301 BGB Rn. 9, 12; *Staudinger/Chiusi*, § 516 BGB Rn. 152.

同设计所依据的基础情况。因此，在本案中，应当假定 E 有交税义务。此外，根据 G 的陈述，如果 E 在 G 死亡时获得了这些财产，那么由于财产价值较高，超出了免税限额，E 无法免税。因此，设计一项以受赠人在赠与人死亡时还在世作为条件的赠与，不符合本案当事人的利益。[49]

即使不把 E 在 G 死亡时还在世作为条件，（死亡时的赠与的其他设计方案）在交税结果上也相同。虽然此时的赠与是《德国遗产税和赠与税法》第 7 条第 1 款第 1 项意义上的**在世的人的赠与（Schenkung unter Lebenden）**，但与赠与有关的税还是会在 G 死亡时产生。根据《德国遗产税和赠与税法》第 9 条第 1 款第 2 项，在在世的人的赠与中，税产生于**赠与的执行**之时。由于只有当 G 死亡时，才会执行赠与，那么 G 死亡的时间点也是税产生的时间点。[50]《德国遗产税和赠与税法》第 16 条第 1 款第 3 项（部分情况下可能适用第 2 项）规定了免税额，但 E 不能在赠与中和继承中各适用一次，因为《德国遗产税和赠与税法》第 14 条第 1 款第 1 句规定，十年内从同一个人处获得的若干财产利益，要合并计算。因此，死亡时的所有的赠与设计方案，都不符合 G 的利益，所以应放弃这种死亡时的赠与的设计。

28

（2）从交税的角度来看，一个更有利的解决方案可能是，E 在 G 还在世时就成为财产的所有权人。根据这一解决方案，在某些情况下，**E 通过赠与的取得可以与通过继承的取得在税收上分开处理**，这意味着 E 可以使用两次免税额。E 是否可以使用两次免税额，取决于两个因素：第一，通过赠与的取得与通过继承的取得不能是同时发生

29

---

[49] 根据《德国遗产税和赠与税法》第 16 条第 1 款第 3 项，如果 G 去世时，E 的父亲 S 还在世，那么 E 的免税额为 20 万欧元；根据《德国遗产税和赠与税法》第 16 条第 1 款第 2 项，如果 G 去世时，S 已去世，那么 E 的免税额为 40 万欧元。

[50] 关于赠与情形中的税的产生节点，见 *Meincke/Hannes/Holtz*, §9 ErbStG, 17. Aufl. 2018, Rn. 44、46。

30　　本案中，第一个条件已满足，因为通过在世的人的赠与而取得，可以与通过继承的取得，**从时间上分开**。因此，当采用这种设计时，一方面，根据《德国遗产税和赠与税法》第 9 条第 1 款第 2 项，在执行给与时，产生了赠与税[51]；另一方面，根据《德国遗产税和赠与税法》第 3 条第 1 款第 1 项和第 9 条第 1 款第 1 项，在取得继承时，产生了继承税。关于第二个条件，要看个案的具体情况，因为根据《德国遗产税和赠与税法》第 14 条第 1 款第 1 句的规定，**既有赠与取得亦有继承取得**，在某些情况下，需要**合并计算**（zusammenrechnen）这两种取得。如果需要合并计算，那么就只能使用一次免税额。是否合并计算，取决于赠与和继承之间经过了多少时间。根据《德国遗产税和赠与税法》第 14 条第 1 款第 1 句，如果继承发生在赠与取得后的十年内，那么这两种取得将合并计算。如果赠与人死亡时，距赠与发生已过十年，那么这两种取得将在税法上分开处理。因此，如果 E 现在通过赠与获得了不动产，而且在接下来的十年内没有发生继承，那么 E 既可以在赠与取得场合使用免税额，也可以在继承取得场合使用免税额。当然，**继承是否会在赠与取得后的十年内发生**，是无法预测的。但是，通过这种安排，至少存在实现 G 免税目标的可能性。因此，从少交税的角度来看，这种安排是值得推荐的。此时，就会产生这样的问题：如果现在就将不动产转移给 E，那么 G 的另一项利益，即 G 希望一直使用自己的房子，直至去世，是否也能得到保障。

31　　可以为 G 设立《德国民法典》第 1093 条第 1 款第 1 句意义上的**居住权**（Wohnungsrecht）。居住权是一种**限制性的人役权**（beschränkte persönliche Dienstbarkeit），居住权人有权在排除所有权人干涉的情况下，将建筑物或建筑物的一部分作为住宅使用。或

---

[51]　见本章边码 34。

者，也可以为 G 在不动产上设定**用益物权**（Nießbrauch），这样 G 就有权根据《德国民法典》第 1030 条，获取该不动产上的用益。用益物权赋予的使用权，较之居住权，范围更广泛。一方面，居住权仅涉及对建筑物或建筑物的一部分的使用，而不涉及整个不动产或地产。另一方面，居住权人不能将权利行使**转让给第三人**（Dritten überlassen），特别是不能出租。[52] 根据《德国民法典》第 1092 条第 1 款第 2 句，限制人役权的行使只有在得到（所有权人的）允许时，方可转让他人；与此不同，根据《德国民法典》第 1059 条第 2 句，用益物权的行使无需经（所有权人）允许即可转让他人。思考转让权这一问题是有意义的，比如，当权利人不得不搬入养老院时，如果设定了用益物权，那么权利人可以将不动产出租，从而获得一定收入，用来支付搬入养老院的费用。但是，在用益物权场合，可以通过约定而排除转让用益物权，而在居住权场合，可以通过约定而允许转让居住权，因此，从是否允许权利的行使被转让这一点来看，居住权和用益物权的差别不大。但是，居住权和用益物权的**使用权的范围不同**，不能通过合同约定而消除，因为《德国民法典》第 1030 条第 2 款对用益物权的限制性约定做出了限制：用益物权是一种基本的、全面的使用权，不能因限制性约定而丧失。[53]

对于居住权和用益物权，法律上的**负担分配**（Verteilung der Lasten）也有**不同的规定**。根据《德国民法典》第 1041 条，用益物权人应注意使物保持其经营的状态，且仅在属于物的通常保管范围内进行修缮和更新。根据《德国民法典》第 1047 条，用益物权人还应承担一部分负担。该条将那些可以期待用不动产的收益进行偿付的负担，分配给了用益物权人。用益物权人仅有权获得不动产的净收

---

[52] *MünchKomm-BGB/Mohr*，§ 1093 BGB Rn. 1.
[53] *Palandt/Herrler*，§ 1030 Rn. 6.

益。[54] 当然，当事人也可以约定与以上规定相偏离的、有物上效力的合同条款，这些约定既可以是对用益物权人有利的，也可以是对其约束的。[55] 根据《德国民法典》第 1093 条第 1 款第 2 句的准用规定，《德国民法典》第 1041 条也适用于居住权，而第 1047 条未在准用规则中被提及，因此，不适用于居住权。与上述规定相偏离的关于负担分配的合同约定，是否只有债权上的效力，抑或可以同时具有物上效力，目前尚有争论。[56]

33 在法律适用过程中，会产生新的信息需求。N 将向 G 阐述可能的设计方案，并询问，其是只想拥有居住权，还是想拥有用益物权。N 在此还应探明 G 对于负担分配的想法。

问题四：在了解了各种权利的不同范围后，G 希望保留对不动产的用益物权，还是仅保留居住权？G 是否愿意在法律规定以外，承担更多的保养费用与负担？

信息获取方式：询问 G。

问题四的询问结果（假设）：G 最关心的是，在无偿赠与时，尽量减少 E 的交税负担。同时，G 希望在去世前能够尽可能广泛地使用该不动产。对 G 来说，能够住在该房子里虽是最主要的事情，但 G 认为没有理由放弃更多必要的权利。由于 G 在去世前会充分地使用该不动产，而且她不想给孙女带来任何负担，因此 G 也愿意承担全部的保养费用和负担。

34 从 G 的回答中可以看出，设定用益物权是对 G 而言较合适的解决方案。在此，应当设计一项由 G 承担全部负担的用益物权（即所

---

[54] *MünchKomm-BGB/Pohlmann*，§ 1047 BGB Rn. 1；*Staudinger/Heinze*，§ 1047 BGB Rn. 1.

[55] *Erman/Bayer*，§ 1047 BGB Rn. 2；*MünchKomm-BGB/Pohlmann*，§ 1047 BGB Rn. 18.

[56] Siehe *Beck'sches Notar-Handbuch/Herrler*, 6. Aufl. 2015, A. V. Rn. 362；*Staudinger/Reymann*，§ 1093 BGB Rn. 47.

谓的**净用益物权** Nettonießbrauch[57]）。由于还要考虑税收优惠的问题，所以还要检查：不动产的给与（其上还有 G 的用益物权），是否已经**伴随着 E 在土地登记簿上被登记为所有权人**，而得到了《德国遗产税和赠与税法》第 9 条第 1 款第 2 项意义上的**执行**。同时，**赠与税由此产生**。如果不是这样，那么可能就无法进行二次免税。根据德国联邦财政法院的观点，在保留用益物权的不动产转让中，原所有权人不再享有不动产所有权，该不动产也不会再成为遗产税的课税对象。[58]因此，赠与随着 E 在土地登记簿上被登记为所有权人而得以完成。如果在登记之后十年内没有发生继承，那么可以再次使用免税额。

从术语的角度（In terminologischer Hinsicht）来看，应当注意到，在公证实践中，这种合同往往不被称为赠与合同，而是被称为转移合同、转让合同或移交合同。无论在个案中合同是怎样设计的，这些名称都是有意义的，因为赠与人往往保留了自己的给付之履行，或者要求受赠人承诺一定的对待给付。这些合同的共同点是，在缺少与不动产的交易价值相对应的对待给付的情况下，将该不动产转让给他人。

（二）附属规则

如果一处不动产在设定用益物权的情况下，被无偿转让给其他亲属，那么除了核心要点和负担转移问题外，可能还需要对其他要点进行规范，以**避免**可能的**争议**，**或者为争议情形建立解决机制**。一方面，应考虑对 G 的保障。在此，需要明确，E 在取得不动产之后，是否可以自由转售该不动产或在其上设定负担；如果答案是肯定的，那么是否应当对 E 的这些行为作一定的限制。此外，G 可能希望保留在

35

36

---

[57] 关于这一概念，见 *Promberger*, MittBayNot 2010, 22; *Staudinger/Heinze*, Vorbemerkungen zu § 1030 BGB Rn. 23。

[58] BFH vom 2.9.1982-II R 61/80, BB 1983, 1019.

某些情况下从 E 处收回不动产的权利。以上这些要点关注的是**对本案法律交易中的争议避免与争议解决**。另一方面，也要考虑该合同关系之外的可能的争议，即可能需要对不动产转让所带来的继承法上的后果做出规定。

37　　（1）自取得该不动产的所有权时起，E 就可能转售该不动产或在其上设定负担。[59] 虽然这不会影响用益物权的存在，但 G 可能会有不满。如果是这样，那么应当在合同中加入有关**禁止 E 设定负担和禁止转售**（Belastungs - und Veräußerungsverbot）的规定。诚然，根据《德国民法典》第 137 条第 1 句，不得以法律行为排除或者限制对转让权的处分。但根据该条第 2 句，处分权人可以有效地承担不进行此类处分的义务；对于违反该义务的情形，可以在合同中约定 G 对赠与标的物的**返还转让请求权**（Rückübertragungsanspruch），并通过**预告登记**（Auflassungsvormerkung）来保障该请求权。

38　　而根据赠与法（《德国民法典》第 528 条及以下），**只有在严格的条件下，才可以赋予赠与人请求返还赠与标的物的权利**。[60]《德国民法典》第 528 条规定了**急需情形**（Notbedarfs）的返还请求权，适用前提是，履行赠与后赠与人不能维持其适当生计，且不能履行法定的扶养义务（《德国民法典》第 528 条第 1 款第 1 句）。此外，《德国民法典》第 529 条规定了排除返还请求权的情形。《德国民法典》第 530 条及以下则规定了赠与的撤销：根据《德国民法典》第 530 条第 1 款，如果受赠人对赠与人及其近亲属有严重不当的**重大忘恩的行为**，那么赠与人有权撤销赠与。由此可见，撤销赠与的门槛被设定得很高。因此，赠与人可能希望在某些情形下，保留返还请求权，比如，在受赠人死亡或破产的情况下，或者在受赠人结婚而未约定夫妻

---

[59]　只要 E 还是个未成年人，她就需要得到法定代理人的同意才能这样做，因为这两种处分行为对她而言都是（会带来法律上）不利的法律交易。

[60]　见本章边码 7—9。

财产分立制的情况下。[61]

问题五：G是否希望排除E对不动产的转售或在其上设定负担？G是否希望保留请求返还的权利？

信息获取方式：询问G。

问题五的询问结果（假设）：G希望，在她有生之年，该不动产能留在家族中。E不能转售或在其上设定负担。土地登记簿中已登记的（G自愿服从的）强制执行，也应适用于E。如果E没有按以上要求行事，那么G希望收回不动产。在了解了常见的设计方案后，G表示，不希望在合同中规定其他的返还请求事由。

(2) 此外，在合同设计时，还需考虑继承法上的后续问题。一方面涉及**晚辈直系血亲之间的给与之补均**（Ausgleich von Zuwendungen unter Abkömmlingen）(《德国民法典》第2050条)，另一方面涉及赠与时的特留份补足请求权（《德国民法典》第2325条）。关于晚辈直系血亲之间的给与之补均，适用以下：如果G未作相应规定，那么在继承发生时，G给与E的不动产无需（在晚辈直系血亲之间）补均。虽然，《德国民法典》第2050条规定了晚辈直系血亲对于自己在被继承人生前获得的某些给与，负有补均义务。但是，本案中，G对E的给与并不在《德国民法典》第2050条第1款、第2款的适用范围内，而最多可以适用第3款。但是，根据该条第3款，只有当被继承人**在给与时已经指示进行均衡分配**（bei der Zuwendung die Ausgleichung angeordnet）的，受赠人方负有补均义务。此外，即使不考虑上述因素，由于《德国民法典》第2050条仅适用于**法定继承**（gesetzliche Erbfolge）的情形，因此仅凭这一点，该条已然不适用于本案。当然，如果G放弃了自己的遗嘱，因而适用法定继承的规定。

39

---

[61] 关于返还请求事由，见 *Beckches Notar – Handbuch/Herrler*, 6. Aufl. 2015, A. V. Rn. 473ff.；Heidel/Pauly/Amend/Schmidt/von LilienWaldau, AnwaltFormulare, §15 Rn. 64。

但即使是这种情形,也不适用《德国民法典》第 2050 条,因为该条所规定的给与之补均,发生在同一继承顺位的晚辈直系血亲之间。如果 G 死亡时,发生法定继承,并且 S 和 E 都还在世,那么 S 就是唯一的继承人。根据《德国民法典》第 1924 条第 2 款,E 被排除在继承之外。给与之补均只会发生在这样的情形中:当法定继承发生时,S 已经不在人世,而且 S 去世前又生了另一个孩子(在本案的合同设计时,E 是 S 唯一的孩子)。综上可见,在本案这样的遗嘱继承且第一顺位继承人仅有一人的场合,几乎不会适用《德国民法典》第 2050 条。但是,即便如此,还是要思考,在继承时是否应考虑对被继承人之前作出的给与进行均衡分配。

问题六:G 是否希望在自己的遗嘱中,对不动产的给与之补均作出指示?

信息获取方式:询问 G。

问题六的询问结果(假设):G 认为,即使不考虑不动产,自己给 E 和 S 留下的遗产也已经够多了,因此没有必要再在遗嘱中指示,对不动产之给与进行均衡分配。

40 在继承法方面,还要考虑特留份权。当 G 死亡时,G 对 E 的给与可能会引发 S 的**特留份补足请求权**(Pflichtteilsergänzungsanspruch)(《德国民法典》第 2325 条第 1 款)。[62] 特留份的目的在于保障近亲属的最低份额,被继承人不可以通过生前的给与而阻碍其行使该权利。[63]《德国民法典》第 2325 条第 1 款的适用,不以 S 实际拥有特留份请求权为前提。只要 S 属于《德国民法典》第 2303 条规定的**享有特留份权利的**(pflichtteilsberechtigt)那类人群,即已足够。[64] 本

---

[62] 该条款意义上的第三人也可以是继承人,见 *MünchKomm-BGB/Lange*,§ 2325 BGB Rn. 14,因此,在本案中,特留份补足请求权的行使不会因 E 是 G 的继承人而落空。

[63] BGH vom 25.6.1997-IV ZR233/96, NJW 1997, 2676; Beckches Notar-Handbuch/Krauß, 6. Aufl. 2015, A. V. Rn. 106.

[64] BGH vom 21.3.1973-IV ZR 157/71, NJW 1973, 995 f.

案就是这样的情形，因为 S 是 G 的晚辈直系血亲。在保留用益物权的赠与场合，德国联邦最高法院的判例认为，特留份补足的客体，仅限于赠与标的物和用益物权价值之间的差额。[65] 而根据《德国民法典》第 2325 条第 3 款，如果继承事件没有在赠与后的第一年内发生，那么当继承发生时，仅在有限的范围内考虑将赠与标的物作为特留份补足的客体。如果当继承发生时，赠与发生已超过十年，那么不再考虑将赠与标的作为特留份补足的客体。因此，根据这一规定，当 S 对（G 与 E 之间的）不动产的给与，请求特留份补足时，可获得的金额可能会减少。但是，根据德国联邦最高法院的判例，只有当被继承人同时放弃其作为所有权人的法律地位和放弃对赠与标的物在本质上的继续使用时，方能启动**十年期限**的计算。[66] 如果赠与人想继续使用该不动产，并且该不动产是在保留了非限制性的用益物权的情况下被赠与的，那么就不属于这种情况。因此，在本案中，即使十年期满，S 在继承发生时，仍可以针对 G 的保留用益物权的不动产给与，提出特留份补足请求。当然，S 可以放弃特留份权利，也可以只放弃特留份补足请求权（《德国民法典》第 2346 条第 2 款）。[67] 在本案中，公证员应当告知 G，赠与可能产生的特留份权利方面的后果，并询问她，是否希望 S 抛弃特留份权利（当然，是否抛弃，最终取决于 S）。

此外，G 还需明确，该赠与是否应当抵销**E 的特留份**。根据《德国民法典》第 2315 条第 1 款，只有当被继承人明确指示进行抵销

---

[65] BGH vom 30. 5. 1990-IV ZR 254/88, NJW-RR 1990, 1158（1159）. 批判性观点见 *Reiff*，NJW 1992, 2857（2860 f.）. 相关讨论也见 *MünchKomm-BGB/Lange*，§ 2325 BGB Rn. 39 f. 。

[66] BGH vom 27. 4. 1994-IV ZR 132/93, NJW 1994, 1791（1792）.

[67] BeckOGK/Everts, § 2346 BGB Rn. 69（Stand：1. 2. 2019）；BeckOK/Poseck, § 2346 BGB Rn. 24.

时,方发生抵销。[68]

问题七:在被告知了赠与可能产生的特留份权利方面的后果后,G是否希望S抛弃特留份权利?G是否希望E用该赠与来抵销特留份?

信息获取方式:询问G。

问题七的询问结果(假设):G对这两种安排都不感兴趣。对G而言,当她去世时,E和S究竟谁能得到她的哪份资产,并不那么重要。G假设,在自己去世后,E和S之间不会产生关于遗产的争议,并且她也不想为可能的争议做出任何规定。

(三)由E订立的负担交易

42 此外,还需明确,E自己能否作出有效的合同意思表示,或者,谁可以作为她的代理人。**根据《德国民法典》第2条、第106条,E的法律行为能力是有限的**(in der Geschäftsfähigkeit beschränkt)。根据《德国民法典》第107条,只有当该法律交易(即赠与合同)对E而言是**法律上纯获利益的民事法律行为**(lediglich rechtlich vorteilhaft)时,E才可以在未经法定代理人同意的情况下,对G赠与不动产的要约作出承诺。如果G承诺,将不动产无偿地赠与E,那么该负担交易(即赠与合同)就是使E在法律上纯获利益的法律行为。但是,这与G的利益不符。在本案中,合同应当约定:当E转售不动产或在其上设定负担时,G享有请求返还的权利。如此一来,便可能触发《德国民法典》第280条及以下、第346条及以下G对E享有的请求权,该请求权构成了受益人E的负担,因

---

[68] 根据《德国民法典》第2303条,被继承人的晚辈直系血亲是特留份权利人。但是,这只适用于如果被继承人没有留下遗嘱,那么该晚辈直系血亲实际上会被指定为法定继承人的情形。因此,较远的晚辈直系血亲被较近的晚辈直系血亲排除在外(*Staudinger/Otte*,§2303 BGB Rn. 4)。因此,在本案中,S是G的法定继承人,E作为G的较远的晚辈直系血亲,被S排除在外。只有在S先于G去世,而同时S又有另一个孩子的情况下,才有必要在此进行规范。

此，债权性的法律交易（即赠与合同）并非使 E 在法律上纯获利益的法律行为。[69] 所以，E 不能自己有效地订立该负担交易。

（四）由 E 订立的处分交易

《德国民法典》第 107 条也适用于处分交易中的合意表示。因此，只有当**不动产所有权的取得**，对 E 而言是**法律上的纯获利益**行为时，E 方能不经其法定代理人的同意，自己有效地作出意思表示。如果因此达成交易，未成年人需要承担新的义务，并且其不仅要以所获得的物承担物上的责任，还要承担个人责任，那么该交易就不能使未成年人在法律上纯获利益。[70]

43

（1）E 将取得的是其上有**用益物权**(权利人为 G) 的不动产。因此，该交易可能无法使 E 在法律上纯获利益。用益物权人使用该物的权利，对物本身而言是不利的。但是，这种权利**只是减少了无偿给与的价值**，并没有导致 E 的个人负担。

44

然而，根据《德国民法典》第 1049 条、第 677 条及以下，用益物权人可能对所有权人享有**支出偿还请求权和费用偿还请求权**（Aufwendungs- und Verwendungsersatzansprüchen）。如果未排除这些权利，那么不动产的取得对于未成年人而言，**在法律上是不利的**（rechtlich nachteilig）。[71] 但是在本案中，G 愿意承担所有的费用与负担，因此，G 不会向 E 提出任何支出偿还请求权和费用偿还请求权。德国联邦最高法院认为，如果用益物权人不仅承担《德国民法典》第 1041 条第 2 句、第 1047 条规定的责任，还将承担非为常态的修缮和更新的费用以及非为常态的不动产上的负担，那么不动产赠与中的

45

---

[69] 见 BGH vom 25.11.2004-V ZB 13/04, NJW 2005, 415（416）。文献中的观点，见 *MünchKomm-BGB/Spickhoff*, § 107 BGB Rn. 84; *Staudinger/Klumpp*, § 107 BGB Rn. 39。可以这样设计返还请求，使其不会带来法律上的不利益，见 *Wurm/Wagner/Zartmann/Fröhler*, Rechtsformularbuch, Kap. 15 Rn. 54。

[70] BGH vom 25.11.2004-V ZB 13/04, NJW 2005, 415（417）。

[71] *Kölmel*, RNotZ 2010, 618（639 f.）; *MünchKomm-BGB/Spickhoff*, § 107 BGB Rn. 58。

用益物权负担,就并非法律上不利的。以这种方式构建的用益物权,不会导致受赠人的个人义务,因此不会消除与所有权取得相关的法律上的利益。[72]

46　　此外,如果 G 对该不动产订立了**租赁合同或用益租赁合同**(Miet-oder Pachtvertrag),那么 G 对 E 的不动产赠与,就不是纯获利益的法律交易。原因在于,根据《德国民法典》第 1056 条第 1 款的规定,当用益物权终止时,E 会承继该租赁/用益租赁合同。[73] 对此,德国联邦最高法院认为,如果不动产**在达成所有权转让合意时**(im Zeitpunkt der Auflassung),已被租赁或被用益租赁,那么不动产的取得在法律上就是不利的。此时,存在一种足够具体的可能性,即在用益物权终止时,未成年人可能要承担租赁合同或用益租赁合同中的义务,这就产生了法律上的不利。但是,**仅仅存在理论上的未来负担的可能性**(bloß theoretische Möglichkeit einer zukünftigen Belastung),对法院来说是不够的。因此,如果尚未存在租赁合同或用益租赁合同,只是不能排除用益物权人将来会订立这种合同,那么不动产的取得不能因此而被认为是法律上不利的。[74]

47　　(2)此外,不动产上还可能设有**土地债务**(Grundschuld)。但这不会造成《德国民法典》第 107 条意义上的法律上的不利。土地债务**在法律上非为不利**,因为根据《德国民法典》第 1192 条第 1 款、第 1147 条,所有权人只需容忍债权人对不动产的强制执行。也就是说,责任仅限于不动产本身。土地债务这一负担只是减少了未成年人取得不动产而获得的利益。但是,实际中所有权人也可能要承担支付义务,因为**不动产强制执行的费用**须由所有权人承担。这是否意味

---

[72] BGH vom 25.11.2004-V ZB 13/04, NJW 2005, 415 (417).

[73] 关于在这种情形中,所有权人承继租赁合同或用益租赁合同的时间节点问题,见 BGH vom 3.2.2005-V ZB 44/04, NJW 2005, 1430 (1431)。

[74] BGH vom 3.2.2005-V ZB 44/04, NJW 2005, 1430 (1431). 批判性观点见 *Kölmel*, RNotZ 2010, 618 (640 f.)。

着,该法律交易不再是法律上纯获利益的交易,德国联邦最高法院对此尚未有定论。[75] 这个问题在理论上也存在争议。[76] 当然,如果所有权人服从立即的强制执行,那么就可能不会产生不动产强制执行的费用。* 在本案中,根据《德国民事诉讼法》第 800 条,在登记土地债务时,G 已同意立即的强制执行,任何未来的所有权人亦应服从立即的强制执行。因此,对于 E,可能不会产生不动产强制执行的费用。

(3) 不动产的所有权人有义务承担**公共负担**(öffentlichen Lasten)。公共负担又分为**普通负担**与**特别负担**(ordentliche und außerordentliche Lasten)。普通负担包括土地税、市政费用,以及污水处理、街道清洁、垃圾收集的费用,等等。特别负担是指那些仅在例外情况下出现的负担,如居民费。[77]《德国民法典》第 107 条规定的法律上的不利,也可能因承担公共负担的义务而产生。

48

在本案中,虽然不动产所有权由 G 转移到 E,但在不动产上为 G 设定了用益物权,而且 G 愿意承担所有负担。尽管如此,在用益物权消灭时,E 作为所有权人还是要承担公共负担。[78] 在此,所有权人不仅要承担物上责任,还要承担个人责任。不过,普通负担并不会导致有关法律交易被归为法律上不利的交易。根据德国联邦最高法院的

49

---

[75] BGH vom 25.11.2004-V ZB 13/04, NJW 2005, 415 (417).

[76] 认为这些费用是微不足道的,见 *MünchKomm-BGB/Spickhoff*, §107 BGB Rn. 57; *Staudinger/Klumpp*, §107 BGB Rn. 46。认为这些费用是不容忽略的,见 *Kölmel*, RNotZ 2010, 618 (637)。

* 以不动产买卖合同为例,合同中经常会包含这样的买方声明条款:买方自愿服从立即强制执行买卖价款的支付。根据《德国民事诉讼法》第 794 条第 1 款第 5 项,卖方由此获得了对买方的强制执行权,而不再需要(为申请强制执行而)提起诉讼。经公证的不动产买卖合同通过买方的这种声明,而取得执行名义(或叫强制执行权),卖方可以按此条款进行强制执行。所以,此时不会产生法院强制执行的费用。——译者注

[77] *BeckOGK/Servatius*, §1047 BGB Rn. 16 (Stand: 1.9.2018); *Erman/L. Michalski*, §1047 BGB Rn. 4; *MünchKomm-BGB/Pohlmann*, §1047 BGB Rn. 7; *NK-BGB/Lemke*, §1047 Rn. 12.

[78] BGH vom 25.11.2004-V ZB 13/04, NJW 2005, 415 (417).

观点，某些法律上的不利，通常只有非常轻微的风险可能，因此可以被视为不包括在《德国民法典》第107条的适用范围内。这一观点至少适用于未成年人有限的、经济上微不足道的义务，无论个案的具体情形如何，这类义务都不能成为法定代理人或补充保佐人作出拒绝同意的理由。[79] 考虑到这些因素，在《德国民法典》第107条的框架内，**持续性的不动产公共负担**（laufende öffentlichen Grundstückslasten）应被视为**微不足道**（unbeachtlich）的义务。[80] 至于不动产的特别负担，尤其是土地开发费或居民费，是否也应被视为微不足道的义务，德国联邦最高法院尚未有定论。如果**只是存在可能性**，即未成年人可能被收取土地开发费或类似的特别负担，那么这种**可能性本身并不构成法律上的不利**。[81] 部分学者对判例的这种观点持批判态度，甚至是反对态度。[82] 本书认为，在合同设计中，应当根据德国联邦最高法院的判例观点，虽然在用益物权消灭时，E 可能要承担公共负担，但这并不妨碍将法律交易（即 G 对 E 的赠与）归类为使 E 在法律上纯获利益的法律行为。

上述的判例观点是否也适用于可能发生的**赠与税**（Schenkungsteuer），是值得怀疑的。诚然有学者认为，未成年人的这种赠与税负担也是微不足道的义务，因为未成年人可以通过出售不动产来覆盖税费。[83] 但在本案中，E 应当承诺不转售该不动产，因此，上述学者观点对 E 而言是没有意义的。但是，赠与税的存在是否会妨碍将法律交易归类为使未成年人在法律上纯获利益的法律行为这一问题，在本

---

[79] BGH vom 25.11.2004-V ZB 13/04, NJW 2005, 415 (417 f.).

[80] BGH vom 25.11.2004-V ZB 13/04, NJW 2005, 415 (418); *Erman/Müller*, § 107 BGB Rn. 7; *Köhler*, BGB Allgemeiner Teil, § 10 Rn. 16; *Kölmel*, RNotZ 2010, 618 (627 ff.).

[81] BGH vom 25.11.2004-V ZB 13/04, NJW 2005, 415 (418).

[82] *Benecke*, ZJS 2008, 217 (219 f.); *Haslach*, JA 2017, 490 (492 f.); *Staudinger/Klumpp*, § 107 BGB Rn. 51.

[83] *Kölmel*, RNotZ 2010, 618 (630).

案中可以不用考虑，因为本案中给与的价值未超过《德国遗产税和赠与税法》第 16 条第 1 款第 3 项规定的免税额（Freibetrag），因此，不会产生赠与税。但是，本案中不动产的价值为 20 万欧元，这恰巧是免税额的最高额，因此，在合同设计时，似乎要考虑是否会因估值的偏差而产生纳税义务。其实，这种顾虑是不必要的，因为根据《德国遗产税和赠与税法》第 10 条第 1 款第 1 句，课税对象是受益人的得利，而非所赠之物的市值。所以，当赠与保留用益物权的不动产时，课税针对的是**该不动产减去用益物权之后的价值**（Zuwendung unter Abzug des Werts des Nießbrauchs zu versteuern）。根据《德国遗产税和赠与税法》第 12 条第 1 款与《德国资产评估法》第 14 条第 1 款，终身使用的用益物权的资本价值应当按照年价值的"倍数"进行计算，具体个案中的"倍数"可从德国联邦财政部根据《德国资产评估法》第 14 条第 1 款第 4 句公布的表格中查到。该倍数取决于用益物权的预计期限，即在计算时要以用益物权人的平均预期寿命为基础。[84] 用益物权的年价值则根据《德国资产评估法》第 15 条确定。计算的基础是可实现的冷租租金。[85]

问题八：用益物权的年价值是多少？G 是什么时候出生的？

信息获取方式：询问 G。

问题八的询问结果（假设）：G 表示，用益物权的年价值为 8000 欧元。G 出生于 1959 年 9 月 25 日，也就是说，她今年（2019 年）已满 59 岁。根据德国联邦财政部 2019 年发布的表格[86]，这种情况下的乘数/倍数应设定为 14.078。所以，本案中用益物权的资本价值为 112624 欧元（8000 欧元×14.078 = 112624 欧元），E 的得利实际上只有 87376 欧元（200000 欧元-112624 欧元 = 87376 欧元）。因此，E

---

[84] 关于计算，详见 *Ivens*, ZEV 2012, 71 (73f.)。

[85] *MünchVertragshandbuch-BGB/Spiegelberger/Wartenburger*, VIII. 21, Rn. 13. 关于计算，详见 *Götze*, RNotZ 2013, 147, 157f.。

[86] 该表格公开在 BStBl I 2018, S. 1306.。

的得利远远低于免税额。

51   综上所述，E 取得不动产所有权的合意表示，应被归类为法律上纯获利益的意思表示。因此，E 可以自己作出有效的所有权转让合意的表示。[87]

（五）负担交易中的对 E 的代理

52   由于 E 不能自己有效地订立负担交易（即不能订立赠与合同），因此要探明 E 的代理权问题。根据《德国民法典》第 1629 条第 1 款第 1 句、第 3 句，S 作为 E 的唯一的照顾权人，**是 E 的法定代理人**（gesetzlicher Vertreter）。但是，如果 S 在具体个案中**被排除代理权**，那么他就不能有效地代理 E 行事。本案中，根据《德国民法典》**第 1629 条第 2 款第 1 句、第 1795 条第 1 款第 1 项**，S 可能被排除代理权。因为该条规定，如果法律交易是在其直系血亲和其子女之间进行的，那么父母原则上不能作为子女的代理人行事。

53   本案中的法律交易是在 S 的女儿和 S 的母亲之间进行的，所以 S 原则上不能代理 E。只有当法律交易只包含**某项债务的履行**（Erfüllung einer Verbindlichkeit）时，S 才可以**例外地**代理 E。但本案涉及的是转让合同中的负担交易，而非与债务的履行相关的处分交易，所以不属于这种例外情形。[88] 但是，德国联邦最高法院承认了

---

[87] *Wolffskeel von Reichenberg/Trommler*, JA 2016, 453 (457) 指出，在实践中，不会特意地关注，是否债权上的法律交易因保留了返还请求权利而不再是法律上纯获利益的交易，因为债权上的法律交易（即负担交易——赠与合同）与物权交易（即处分交易——所有权转让合意）通常被包含在同一份合同中。

[88] 如果是与本案截然相反的情形，即负担交易是使未成年人纯获法律上利益的交易，但处分交易不是（比如赠与不动产时，赠与人未保留返还请求权利，且该不动产已被租赁），那么在这种情形中就会产生这样的问题：法定代理人是否可以根据《德国民法典》第 1629 条第 2 款第 1 句、第 1795 条第 1 款第 1 项，代理子女行事，因为此时的处分交易只包含对债务的履行。主流观点认为，此时应缩解释《德国民法典》第 1795 条第 1 款第 1 项，也就是说，如果处分交易并不能使未成年人纯获法律上利益，那么就不适用第 1795 条第 1 款第 1 项（即此时父母不能代理子女行事）。BGH vom 3.2.2005-V ZB 44/04, NJW 2005, 1430 (1431); *Erman/Schulte-Bunert*, §1795 BGB Rn. 9; *Medicus/Petersen*, Allgemeiner Teil, Rn. 565.

另一种禁止代理的例外情形，即在《德国民法典》第1629条第2款第1句、第1795条第1款第1项的字面意思之外，如果该法律交易是使子女**在法律上纯获利益**的，那么也不排除父母的代理权。因为禁止代理的目的在于，在可能的利益冲突场合，排除代理人的代理权。如果法律交易的性质排除了这种利益冲突，那么禁止代理规则的保护目的就没有意义了。[89] 但是，在本案中，上文已经阐明，E 对于所赠不动产的接受，并非在法律上纯获利益的意思表示，因为该合同中包含 G 对 E 的请求返还的权利。因此，S 在本案的法律交易中，不能有效地代理 E。

为使转让合同的债权部分能够有效成立，E 必须由**补充保佐人**（Ergänzungspfleger）代理。根据《德国民法典》第1909条第1款第1句，在父母或监护人无法代理的事务中，应当为未成年人指定补充保佐人。根据《德国家庭案和非讼管辖事项程序法》第151条第5项，补充保佐人由**家庭法院**（Familiengericht）**指定**（Bestellung）。N 将告知有关各方，在本案中有必要指定一名补充保佐人。[90]

54

（六）家庭法院的批准

根据《德国民法典》第1915条第1款第1句，关于监护的规定准用于保佐。因此，根据《德国民法典》第1821条第1款，本案中的转让合同可能需要家庭法院的批准。在转让合同中需要规定，如果 E 出售该不动产或在其上设定负担，那么 G 可以请求返还。因此，E 承担了一项对于不动产的**处分义务**（Verpflichtung zu einer Verfügung）。[91] N 将向当事人指出，根据《德国民法典》第1821条

55

---

[89] BGH vom 16.4.1975-V ZB 15/74, NJW 1975, 1885 (1886).

[90] 在这个程序中，申请人可以由公证人代表，见《德国家庭案和非讼管辖事项程序法》第10条第2款第3项。

[91] 当转让合同中存在返还请求权时，法院有批准该转让合同之义务，见 OLG München vom 17.7.2007-31 Wx18/07, BWNotZ 2007, 168 (169); *Fembacher*, MittBayNot 2004, 24 (25); *Wolffskeel von Reichenberg/Trommler*, JA 2016, 453 (457)。反对观点见 *MünchKomm-BGB/Kroll-Ludwigs*, § 1821 BGB Rn. 4; *Staudinger/Veit*, § 1821 BGB Rn. 65。

第1款第4项,此时必须向家庭法院申请批准;并且根据《德国民法典》第1915条第1款第1句、第1829条第1款第2句,仅在补充保佐人将该批准告知合同的另一方当事人时,该批准才对另一方当事人生效。

(七) 形式

56 根据《德国民法典》第311b条第1款,使一方有义务转让或取得不动产所有权的合同,必须做成**公证证书**。

(八) 政府审批、优先购买权及执行授权

57 在设计不动产交易时,还要考虑政府审批和优先购买权。[92] 但是在赠与场合,既无需考虑《德国建筑法典》第24条规定的优先购买权,也无需考虑《德国民法典》第463条规定的优先购买权,因为这两个法条仅适用于买卖合同。此外,当事人应当(向公证员)作出执行授权。[93]

(九) 费用与税款

58 由谁承担转让合同和所有权转让合意的公证费用、在土地登记簿上登记的费用、登记所需的表示的费用以及必要的审批费用,取决于**双方的约定**。[94]

问题九:谁应当承担由此产生的费用?

信息获取方式:询问双方当事人。

问题九的询问结果(假设):费用由 G 承担。

59 上文已述,在设计本案中的转让合同时,须考虑**赠与税**。在本案中,结合不动产价值、用益物权的资本价值以及 E 的免税额,E 将不需要缴纳赠与税。此外,还须考虑土地购置税。根据《德国土地购置税法》第3条第2项第1句,不动产的生前赠与,不会产生**土地购置**

---

[92] 见本书第六章边码49—50。

[93] 见本书第六章边码50。

[94] 关于这一问题:公证费和在土地管理局产生的费用是否是《德国民法典》第107条意义上的法律上的不利,见 Kölmel, RNotZ 2010, 618 (630 ff.)。

税（Grunderwerbsteuer）。如果该赠与是附有负担的赠与，虽然对于该负担无需缴纳赠与税，但是根据《德国土地购置税法》第3条第2项第2句，该赠与应根据该负担的价值而被征土地购置税。G在赠与不动产时，为自己保留了用益物权，这种保留就属于负担。正如前文所述，在确定赠与税数额时，要先扣除用益物权的价值（即对于用益物权不计算赠与税）。但是，在本案中，不会产生土地购置税，因为根据《德国土地购置税法》第3条第2项的规定，卖方的直系血亲取得不动产的，无需缴纳土地购置税。本案属于该条规定的情形。

四、合同草案

2019年第××号公证书
于诺伊施塔特谈判　　　　　　　　　　2019年5月16日
请以下人员于今日来公证员Norbert Northeim博士位于诺伊施塔特的办公场所：

1. Gerlinde Groß女士，1959年9月25日出生，地址为Ahornweg 12, 12345 Neustadt，身份证号为＿＿＿＿＿＿＿，
——以下称为"出席人一"

2. 其孙女Emma Groß女士，2003年3月12日出生，地址为Parkstr. 22, 12347 Neustadt，身份证号为＿＿＿＿＿＿＿，
——以下称为"出席人二"

由××作为补充保佐人进行代理，该保佐人通过诺伊施塔特家庭法院的××裁决而被指定，其身份证号为＿＿＿＿＿＿＿，

公证员向出席人询问了《德国公证书证法》第3条第1款第1句第7项中的事前介入情况，意即，了解本公证员或者与本公证员一同执业或有共同办公场所的某人，是否在本公证员或某人的职务活动之外，曾经参与过或现在正在参与本次公证所涉事项。

出席人表示，不存在这样的事前介入情况。

出席人在公证书中作出以下表示：

转让合同

第一条　转让标的物及其负担

1. 出席人一在诺伊施塔特地方法院的土地登记簿第312页被登记

为以下不动产的唯一所有权人：

地段1，地块编号210，建筑物及空地面积为555平方米，地址Ahornweg 12

——以下称为"不动产"

2. 根据土地登记簿，该不动产上的负担如下：

第三分簿编号1：为A银行设定的3万欧元的证书土地债务

土地登记簿的第二分簿和第三分簿中没有其他的记录。

3. 出席人一将该不动产以赠与的方式转让给出席人二。出席人二接受该转让。

第二条　占有转移与瑕疵担保

1. 不动产的占有以及物的风险，随合同的订立而转移至出席人二。

2. 出席人一对不动产的性质、现存建筑物的建设状态以及面积测量的准确性承担担保责任。

第三条　所有权转让合意

出席人一与出席人二就本合同第一条中的所有权转让达成合意。出席人一同意出席人二申请在土地登记簿第312页进行产权过户。在了解了预告登记的意义后，出席人二放弃为自己作出预告登记。

第四条　用益物权

1. 出席人一保留了自己对该不动产的无偿的用益物权。其有权取得不动产的所有用益，并有义务承担与不动产有关的所有私人负担和公共负担，包括特别的公共负担和法律规定的实际上由所有权人承担的私人负担，尤其是非为常态的修缮和更新。

2. 出席人一和出席人二同意并申请将该用益物权登记于土地登记簿第312页，并附注：用益物权的注销只需出示权利人的死亡证明即可。

第五条　禁止负担和禁止转售

1. 出席人二承诺，在出席人一去世前，如果没有出席人一的同意，其既不会在该不动产上设定负担，亦不会转售之，同时不会对该不动产设定义务。

2. 如有违反，出席人二有义务将该不动产无偿地转让给出席人一，并且出席人一不承担该不动产上可能存在的物权担保的债务。该规定也适用于对该不动产强制执行的情形。

3. 为保障这一可能发生的所有权转让合意请求权（即上段所述情形），出席人一和出席人二同意并申请进行所有权转让合意的预告登记，登记于土地登记簿第 312 页、本合同第四条规定的用益物权之后。

第六条 对公证员的委托及执行授权

1. 出席人一和出席人二委托本公证员执行合同以及获取所有必要审批。出席人一和出席人二授权本公证员接收这些文件，接收行为对所有当事人均有效。当各类审批文件到达本公证员时，该文件对所有当事人生效。

2. 公证员已告知当事人，该合同需要家庭法院的批准，并且只有当补充保佐人将正式生效的批准裁决告知合同的另一方当事人时，该批准才生效。补充保佐人授权公证员，由公证员申请获得法院的批准、代表保佐人接收这一批准，并将该批准告知出席人一。出席人一授权公证员接收补充保佐人的告知。

3. 出席人一和出席人二，不受《德国民法典》第 181 条规定的限制，并且即使发生死亡，仍各自不可撤销地授予本公证员以下助理：

（1）Wachter, Elfriede, 1972 年 4 月 13 日出生, 公证员助理
（2）Müller, Gertrude, 1970 年 8 月 23 日出生, 公证员助理

享有的权利：发出和接收所有与本合同及其执行有关的表示，特别是发出在土地登记簿登记的同意、提出登记申请以及作出所有权转让合意的表示。该授权仅在本公证员处理本合同事项的范畴内有效。当出席人二在土地登记簿上完成产权过户登记时，该授权失效。

第七条 费用

本合同的费用及其执行费用由出席人一承担。

第八条 书面形式与部分无效

1. 对本合同的修改和补充应以书面形式进行，法律规定需要公证认证的除外。本条关于书面形式的规定，只有在遵守约定形式的情况下，方可被废除或修改。

2. 如果本合同的一个或多个条款无效或变为无效，那么合同的其余条款仍有效。无效的条款应当被最符合双方经济利益的条款所取代。

第九条 公证员的提示

当事人表示，他们已经得到了公证员的详细指导，特别是关于：
1. 只有当出席人二被登入土地登记簿时，才发生所有权转移；

2. 所有约定必须经过公证，如果违反这一规定（《德国民法典》第 311 b 条），那么合同可能全部无效；

3. 税务方面的信息与指导，不属于公证员的咨询服务范畴，如有必要，当事人应当咨询相关的专家顾问；

4. 根据《德国遗产税和赠与税法》第 34 条第 1 款、第 2 款第 3 项，公证员有义务以书面形式，就经过公证的赠与，向负责管理遗产税的税务局作出通知。

5. 除了本文本所包含的指导外，公证员还需说明上述每项约定的内容和法律后果。

第十条　价值说明

1. 出席人一和出席人二表示，该不动产的价值为 20 万欧元。
2. 出席人一和出席人二表示，用益物权的年价值为 8000 欧元。

上述谈判内容已向出席人宣读，得到了她们的认可，并由她们和公证员签字如下：

本章参考文献（同时参见缩略引用的本书"文献目录"）：

Forster, Die vorweggenommene Erbfolge in der Kautelarklausur, JA 2016, 701; *Götz*, Rückgängigmachung von Schenkungen, ZEV 2017, 371; *Haslach*, Rechtlich nachteilhafte Grundstücksübertragung an einen Minderjährigen ohne die Mitwirkung eines Ergänzungspflegers?, JA 2017, 490; *Jeep*, Schenkung oder nicht Schenkung, das ist oft die Frage, NZFam 2014, 293; *Kölmel*, Der Minderjährige in der notariellen Praxis – unentgeltlicher Erwerb von Grundstücken, RNotZ 2010, 618; *Liebrecht*, Abschied von der unbenannten Zuwendung, AcP 217（2017）, 886; *Meincke/Hannes/Holtz*, Erbschaftsteuer – und Schenkungsteuergesetz: ErbStG, 17. Aufl. 2018; *Poelzig*, Die Dogmatik der unbenannten unentgeltlichen Zuwendungen im Zivilrecht, JZ 2012, 425; *Schlinker*, Sachmängelhaftung bei gemischter Schenkung, AcP 206（2006）, 28; *Stürner*, Die Haftungsprivilegierung bei der Schenkung und anderen unentgeltlichen Verträgen, Jura 2017, 921; *Troll/Gebel/*

Jülicher/Gottschalk, Erbschaftsteuer – und Schenkungsteuergesetz: ErbStG, (Stand: 15.12.2018); *Wilhelm*, Das Merkmal „lediglich rechtlich vorteilhaft" bei Verfügungen über Grundstücksrechte, NJW 2006, 2353; *Wever*, Die Rückabwicklung der Schwiegerelternschenkung in der Praxis, FamRZ 2016, 857; *Wolfskeel/Trommler*, Grundstücksrecht in der Kautelarklausur, JA 2016, 453.

第八章

劳动法中的合同设计

在劳动法中，无论是个人领域还是集体领域，都有合同设计的需　　1
求。在个人层面主要考虑**劳动合同**（Arbeitsvertrag）（《德国民法典》
第611a条），即雇主与雇员在劳动合同中确定劳动关系的条件。但
是，这并未展现劳动关系的全部，因此还要注意那些保护雇员的**成文
法规则**以及**集体协议**（Kollektivvereinbarungen）（企业协议、劳资协
议），这些规则同时也为个人的合同设计划定了边界。不过，虽然规
则的法源是多样的，但劳动合同仍在其中起着关键作用，因为劳动合
同构成了劳动关系的基础。[1]

因此，下文将讨论劳动合同的**设计与终止**（Gestaltung und Aufhe-　　2
bung）的问题，而不涉及劳资协议和企业协议的起草。在实践中，劳
动合同通常不是由雇主与雇员单独谈判而形成的，而是会使用**预先制
定的劳动合同模板**（vorformulierte Arbeitsvertragsmuster）。[2] 对雇主
来说，使用模板可以使人事管理更为简便合理，同时也体现了对雇员
的平等对待。[3] 但使用模板的缺点也正是平等对待，因为其阻碍了
个体间约定的、法律允许范围内的合同设计自由。[4]

---

〔1〕 关于合同设计在劳动法中的功能，尤其是在劳动合同中的功能，见 *Maschmann/Sieg/Göpfert/ Maschmann*, Vertragsgestaltung im Arbeitsrecht, A）Rn. 1 ff. 。

〔2〕 *Junker*, Grundkurs Arbeitsrecht, Rn. 76；Preis, Vertragsgestaltung, S. 54 ff.

〔3〕 *Preis*, Vertragsgestaltung, S. 105 f. ；*Zöllner/Loritz/Hergenröder*, Arbeitsrecht, §1 Rn. 5.

〔4〕 参见 *Preis/Preis*, Arbeitsvertrag, Teil I A Rn. 111 ff. 。

第一节 一般性的考虑因素

3 在设计劳动合同时,合同律师可以遵循**合同设计的通常的思维步骤**[5]:首先是收集信息,并草拟合同的初步草稿。其次,要考虑相关的任意法规则与强行法规则,即在劳动法领域,除了成文法,还要注意劳资协议和企业协议。再次,需要遵循**合同设计的标准**,如安全路径之要求。最后,设计所需的合同草案。

一、信息收集

4 与其他合同一样,合同的**基本要素**(essentialia negotii)也是劳动合同的核心内容。合同的基本要素首先包括合同当事人,即雇主与雇员(参见《德国适用劳动关系之基本条件证明法》第 2 条第 1 款第 2 句第 1 项)。需要特别注意的是,雇员的工作内容、关于工作时间的规定以及关于薪酬的约定(亦属于劳动合同的重要内容)。

(一)对工作的描述

5 根据《德国适用劳动关系之基本条件证明法》第 2 条第 1 款第 2 句第 5 项,劳动合同必须对雇员所从事的**工作**(Tätigkeit)进行简要的描述或说明。这种对工作的描述,为雇主的指示权设定了边界,从而界定了雇员的工作范围。[6] 指示权赋予了雇主根据公平裁量,决定雇员履行工作的内容、地点和时间的权利(《德国营业法》第 106 条第 1 句)。[7] 如果有一项指示不符合公平裁量,那么该指示对雇员

---

[5] 见本书第一章边码 12—69。

[6] *Hromadka/Maschmann*, Arbeitsrecht I, § 6 Rn. 6; *Löwisch/Caspers/Klumpp*, Arbeitsrecht, Rn. 207; *Waltermann*, Arbeitsrecht, Rn. 176.

[7] 关于指示权的边界,见 *Hromadka*, NZA 2012, 233; *Kamanabrou*, Jura 2018, 457 (458 ff.)。

没有约束力，雇员不必遵守。[8] 对雇主而言，约定尽可能广泛的**工作范围**（weiter Tätigkeitsbereich）是有意义的，因为其可以根据业务需求，灵活部署雇员工作。[9] 当然，通过将具体的工作领域与**工作调动条款**（Versetzungsklausel）相结合，也可以实现这种灵活性。这两种设计方案，即广泛的工作范围描述以及（有效的）工作调动条款，均为雇主提供了凭借**指示权或者指令权**（Weisungsrecht/Direktionsrecht）向雇员分配其他工作的可能。

示例：

广泛的工作范围描述："X 先生将在保险部门担任办事员。"

具体的工作范围描述+工作调动条款："X 先生将在火灾保险部门担任办事员。雇主有权向他分配保险领域的其他同等工作。"

但是，如果工作调动条款超出《德国营业法》第106条第1句的范围，那么该条款必须受《德国民法典》第307条及以下**内容的规制**。《德国民法典》第308条第4项的禁止性条款规定，针对的是一般交易条款使用者的给付，而劳动合同中的工作调动条款涉及的不是使用者的给付，是使用者的合同相对人的给付，因此第308条第4项不适用于工作调动条款。[10] 但是，如果雇主保留了单方面变更合同所约定的雇员工作的权利，并且没有将这种工作变更的范围限制于其他同等工作，那么工作调动条款就可能根据《德国民法典》第307条第1款第1句而无效。[11] 如果工作调动条款实质上符合《德国营业法》第106条第1句的规定，那么就无需对合同条款进行内容控制，因为此时不存在对法律条文的偏离（《德国民法典》第307条第

---

[8] BAG vom 18.10.2017-10 AZR 330/16, NZA 2017, 1452 (1459 f.); 不同观点见 BAG vom 2.2.2012-5 AZR 249/11, NZA 2012, 858 (860)。

[9] *Preis*, Individualarbeitsrecht, Rn. 1098. 也参见 *Maschmann/Sieg/Göpfert/Vetter*, Vertragsgestaltung im Arbeitsrecht, 2. Aufl. 2016, C. 550 Rn. 1。

[10] BAG vom 11.4.2006-9 AZR 557/05, NZA 2006, 1149 (1151)。

[11] BAG vom 9.5.2006-9 AZR 424/05, NZA 2007, 145 (147)。

3款)。当然,此时还是要遵守内容控制中的明晰性要求(《德国民法典》第307条第1款、第3款第2句——译者注)。

示例:

Y女士被聘为Z公司的人事部的办事员。如有必要,Z可以在协调双方利益后,变更Y女士的工作类型和工作地点。

该条款超出了《德国营业法》第106条第1句的规定,因为Z可能据此向Y女士分配人事部办事员工作范围以外的工作。该条款不适当地使Y女士受不利益(《德国民法典》第307条第1款第1句、第2款第1项),因为它没有将工作范围限制于"只能分配同等工作"[12]。

7 对雇主而言,工作调动条款虽有灵活部署雇员工作的优势,但在解雇保护方面会有不利影响。在因企业原因而解雇雇员的情况下,对雇员的部署越灵活,被纳入《德国解雇保护法》第1条第3款中的社会选择(Sozialauswahl)*的雇员范围就越大。[13] 而随着纳入社会选择的雇员数量的增加,雇主做出错误的社会选择的风险也会增加。[14]

> 劳动合同中的工作描述,一方面会影响调动工作的灵活性,另一方面也会影响在解雇情况下,被纳入社会选择的雇员范围。

---

[12] 见Siehe BAG vom 9.5.2006-9 AZR 424/05, NZA 2007, 145 (147)。

* 《德国解雇保护法》第1条第3款规定:"如果雇员因为第2款所述的企业紧急需要而被解雇,在选择解雇该雇员时,雇主没有考虑或者没有充分考虑雇员的企业工龄、年龄、家庭生活保障义务、严重残疾,那么这种解雇也具有社会不当性;根据该雇员的要求,雇主应向其说明作出此项社会选择(soziale Auswahl)的理由。依据第1款进行社会选择时,不涉及那类雇员,即因其知识、能力和贡献,或者为平衡企业的人员结构,对他们的继续雇佣是符合企业的正当利益的。雇员应举出事实证明此项解雇具有第1款意义上的社会不当性。"——译者注

[13] 但社会选择的边界始终是企业("与企业相关的社会选择"),见BAG vom 2.6.2005-2 AZR 158/04, NZA 2005, 1175 (1175 f.); *APS/Kiel*, 5. Aufl. 2017, §1 KSchG Rn. 596。

[14] 关于雇主在社会选择时,援引工作调动条款之无效性的(不)可能性,一方面见*Zaumseil*, NZA 2016, 1112;另一方面见*Repey*, NZA 2016, 1444。

在考虑雇主调动（雇员）工作的灵活性时，还应讨论工作义务具体化的问题。即使劳动合同规定了雇员广泛的工作范围，但由于实际工作中的工作任务是特定的，因此，雇员的**工作义务**可能会**具体化**至某种**特定工作**（Konkretisierung der Arbeitspflicht auf eine bestimmte Tätigkeit）。但是，判例在这方面设定了严格的标准。直至现在，德国联邦劳动法院尚未肯定过这样的具体化。[15]

示例：

雇员 Z 被聘用为"装配工"。六年来，他一直从事艺术装配工的工作，现在他将从事机器装配工的工作。

（雇员）在某一工作领域从业多年（的这一事实），并不能限制雇主的指令权。必须有特殊情况表明，该雇员今后不会在违背其意愿的情况下，被分配其他的工作。[16]

（二）薪酬约定

根据《德国适用劳动关系之基本条件证明法》第 2 条第 1 款第 2 句第 6 项，**劳动报酬**（Arbeitsentgelt）的构成和数额必须规定在劳动合同中。在《德国一般最低工资法》的适用范围内，薪酬约定不得低于法定最低工资。如果缺少明示或默示的薪酬约定，那么劳动合同仍然有效，这一点与买卖合同不同，根据《德国民法典》第 612 条第 1 款，如果非授报酬则不能期待会提供劳务，那么视为已默示约定报酬；根据《德国民法典》第 612 条第 2 款，此时的报酬数额根据**通常的报酬**（übliche Vergütung）确定（特别是该公司的通常报酬，或者行业的通常报酬）。上述的《德国民法典》第 612 条经常在确定加班报酬方面发挥作用，尤其在缺少相关的（集体）合同规定时。

---

[15] *Siehe Kamanabrou*, Arbeitsrecht, Rn. 812.
[16] BAG vom 17.8.2011 - 10 AZR 202/10, NZA 2012, 265（266）；BAG vom 13.6.2012 - 10 AZR 296/11, NZA 2012, 1154（1156）；也见 *Junker*, Grundkurs Arbeitsrecht, Rn. 208；*Krause*, Arbeitsrecht, § 9 Rn. 14.

(三) 其他规定

10　　劳动合同的内容还包括**劳动关系开始的时间以及工作时长**（Beginn des Arbeitsverhältnisses und der Umfang der Arbeitszeit）。在固定期限劳动合同中，必须以书面形式规定期限（《德国半职工作和定期雇用法》第14条第4款）。此外，劳动合同的各方当事人可能还希望在劳动合同中约定其他内容，那么这又会产生新的信息需求（比如企业养老金、特别报酬、禁止兼职或竞业禁止）。根据**《德国适用劳动关系之基本条件证明法》**，劳动合同至少还应包括以下内容：工作地点、假期天数、解约通知期以及对适用的劳资协议或企业协议的提示（《德国适用劳动关系之基本条件证明法》第2条第1款第2句第4项、第8项、第9项、第10项）。

示例：

劳动关系从2019年10月1日开始。

每周的正常工作时长为38.5小时。

"雇员在每年的11月15日获得圣诞奖金，数额为半个月的税前工资。如果雇员直到次年1月11日时，受雇于X股份公司尚不足12个月，则不享有该权利。如果雇员在1月11日之前离职，而在离职时，其已经在X股份公司工作了至少12个月，那么该雇员按照工作的天数占全年工作日的比例，获得相应的圣诞奖金。"

二、法律适用

11　　为了设计一份有效的合同，合同律师必须熟悉法律的框架条件。在设计劳动合同时，除了**成文法**（Gesetzesrecht）之外，还要考虑相关的**企业协议**（Betriebsvereinbarung）和**劳资协议**（Tarifverträge）。此外，也应注意对劳动合同中一般交易条款控制的相关规定。

(一) 成文法

12　　劳动法上的众多规则都是为了保护雇员而制定的，因此具有单边强制性,甚至双边强制性。对于**单边强制性规则**(einseitig zwingende Norm),当事人可以作出有利于雇员的偏离性约定。而对于**双边强制性规则**(beidseitig zwingende Regelungen),则不允许作出任何偏离性约定。由于劳动法就其本质而言是倾向保护雇员合法权益,因此,劳动法中的合同设计的自由空间较之其他法律领域要小。

> 示例:
> 某办事员的劳动合同规定,每周工作 5 天,每周工作时长为 45 小时。该合同违反了《德国工作时间法》第 3 条。由于《德国民法典》第 139 条(合同部分无效,则全部无效)的适用与法律的保护目的不符,因此,本案的法律后果是,视为双方约定了《德国工作时间法》允许的每天 8 小时的(最长)工作时间(即在每周工作 5 天的情况下,每周工作最长时间为 40 小时)。[17]

在**履行障碍**(Leistungsstörung)领域,劳动法也存在特别规则。由于雇员的工作义务的履行,通常是一项绝对的定期债务,因此,在**不履行**(Nichtleistung)时,通常不仅发生迟延,而且发生**履行不能**(Unmöglichkeit)。[18] 如果没有劳动法上的特别规则,那么此时合同双方的请求权来自《德国民法典》第 275 条、第 326 条第 1 款、第 2 款。但是,民法典中的这些法条所遵循的原则,即没有无劳动的报酬,并不适用于雇员未完成劳动但其对此无过错的情形(比如通过《德国民法典》第 615 条第 3 句或《德国节假日和患病时劳动报酬续付法》)。

13

> 示例:
> 雇员 A 因感冒而无法上班 10 天。他的雇主想减少他的工资。

---

[17] *Anzinger/Koberski*, ArbZG, 4. Aufl. 2014, § 1 Rn. 31, 32.
[18] 也见 *Kamanabrou*, Arbeitsrecht, Rn. 1055 ff.。

根据《德国民法典》第326条第1款第1句前半句的规定，A的劳动报酬请求权消灭。但是，根据《德国节假日和患病时劳动报酬续付法》第3条第1款第1句，A享有劳动报酬续付请求权，报酬数额根据该法第4条确定。

(二) 集体协议

14　　由于存在约束劳动合同当事人的劳资协议（《德国劳资协议法》第3条）或存在普遍约束性表示（《德国劳资协议法》第5条），而使得**劳资协议**在具体的劳动关系中应当被适用时，根据《德国劳资协议法》第4条第1款，劳资协议**直接地、强制地适用于**（wirken unmittelbar und zwingend）当事人。但是，适用劳资协议的当事人可以根据《德国劳资协议法》第4条第3款选项1，规定**开放性条款**（Öffnungsklausel）。通过开放性条款，劳动合同的当事人（主要是企业或雇主）可以作出与劳资协议相偏离的约定，甚至是不利于雇员的约定。而如果某项约定给予了雇员较之劳资协议更好的劳动条件，那么根据《德国劳资协议法》第4条第3款第2项规定的**有利原则**（Günstigkeitsprinzip），无需通过劳资协议的开放性条款约定，即可生效。[19] 根据《德国企业组织法》第77条第4款第1句，企业协议亦直接地、强制地适用于当事人。《德国企业组织法》虽然没有明确提及有利原则，但在与劳动合同的关系中，有利原则也应适用。[20]

15　　如果在劳动合同中对集体协议已作规定的事项进行约定，可能会导致**竞争问题**（Konkurrenzproblem）。劳动合同的约定是否对雇员更有利，并不确定。[21] 此外，劳动合同较之集体协议，存续力更

---

[19] 关于劳资协议的有利原则，见 *Hromadka/Maschmann*, Arbeitsrecht II, §13 Rn. 277 ff.; *Kamanabrou*, Arbeitsrecht, Rn. 1804 ff.。

[20] BAG vom 5.3.2013－1 AZR 417/12, NZA 2013, 916 (920); NK－GA/*Schwarze*, 2016, §77 BetrVG Rn. 47.

[21] 例子见 *Kamanabrou*, Arbeitsrecht, Rn. 1813 ff.; *Preis*, Vertragsgestaltung, S. 123。

强，集体协议时常会发生调整，相比之下，劳动合同更为稳定。

> 在设计劳动合同时，除了法律规定，还要注意劳资协议和企业协议。另外，在与劳动合同的关系中，适用有利原则。

如果劳动关系落入劳资协议的空间适用范围、物上适用范围以及对人适用范围，那么应当在劳动合同中提及对**劳资协议的引介（Bezugnahme auf den Tarifvertrag）**，尤其是在雇主应受劳资协议约束的场合。通过这种方式，可以实现雇主对受劳资协议约束的雇员和不受劳资协议约束的雇员的平等对待。[22] 如果雇员不是订立劳资协议的工会的会员（即是不受劳资协议约束的雇员），那么劳资协议虽然对其不具有对工会会员那样的规范性效力（《德国劳资协议法》第3条第1款、第4条第1款），但是，劳动合同中的引介条款，使劳资协议产生了债权上的效力，通过引介条款，劳资协议的内容成了劳动关系的内容。

16

示例：

引介条款："届时有效的私营银行劳资协议适用于本劳动关系。"

"本劳动关系受下萨克森州金属工业的届时有效的劳资协议条款的约束。"

上述的引介条款也被称为**动态条款（dynamische Klauseln）**，因为它指向的是"届时"有效的劳资协议。原则上讲，这是一项有意义的设计，因为这使未来订立的劳资协议也会对劳动关系产生债权上的影响。但是，应当注意的是，即使雇主转变了行业领域，退出了订立劳资协议的雇主联合会，或者企业被转让，而新雇主不受同一劳资

17

---

[22] BAG vom 26.9.2001-4 AZR 544/00, NZA 2002, 634 (635 f.).

协议的约束，这些动态条款仍然不会失去其效力。[23] 但在这些情形中，动态条款不再具有**平等对待目的**（Gleichstellungszweck）。因为发生这些变化后，雇主不再受劳资协议约束，受劳资协议约束的雇员无法再从此后生效的劳资协议中获得对雇主的请求权，但这些劳资协议通过劳动合同中的引介条款，仍可发挥债权上的效力。[24] *

18　　如果雇主想采取预防措施，即在上述情形发生时，**终止动态条款的效力**，那么其在设计该条款时，应当这样表述：动态条款仅在雇主受劳资协议约束的期间适用，并且仅在雇主是企业的所有者时适用。著作中对此已有各种模板条款。[25]

　　示例：

　　雇主 X 使用了这一引介条款："适用于此工作地区的零售业雇员劳资协议的规定，以其届时有效的版本适用。"

　　德国联邦劳动法院认为，该条款的措辞充分说明了，"劳资协议不再对雇主有约束力"而是该条款的解除条件。[26]

（三）对劳动合同的一般交易条款控制

19　　劳动合同的条款通常不会根据与雇员的单独谈判而形成，而是由

---

[23] BAG vom 14.12.2005 – 4 AZR 536/04, NZA 2006, 607（609）; BAG vom 18.4.2007 – 4 AZR652/05, NZA 2007, 965（967）; BAG vom 30.08.2017 – 4 AZR95/14, NZA 2018, 255（259f.）. 关于当劳资协议约束发生变化时，引介条款的效力，也见 *Kamanabrou*, Arbeitsrecht, Rn. 1929 ff.。

[24] 对于受劳资协议约束的雇员而言也是如此，因为使用带引介条款的劳动合同的雇主，会普遍地对（所有雇员）使用这种合同。除了雇员个人的劳资协议约束情况可能发生变化之外，雇主在聘用雇员时亦不得询问其所属工会，所以，雇主在订立劳动合同时，并不知道雇员的劳资协议约束是怎样的。

＊ 无论是对受劳资协议约束的雇员还是不受劳资协议约束的雇员，劳资协议都不再发挥对工会会员那样的规范性效力，而是统一发挥债权上的效力。从这一点来看，是否存在动态条款，不影响平等对待各类雇员。因此，动态条款此时不再具有平等对待目的。——译者注

[25] *Bauer/Günther*, NZA 2008, 6（7）; *Giesen*, NZA 2006, 625（629ff.）; *Jacobs*, in: Festschrift Birk, 2008, S. 243（261 ff.）.

[26] BAG vom 5.7.2017 – 4 AZR 867/16, NZA 2018, 47（49）.

雇主预先制定。如果雇主使用**一般交易条款**——通常也被称为"劳动合同的统一规则",那么《德国民法典》第305条及以下即应适用。此时,根据《德国民法典》第310条第4款第2句,必须适当考虑劳动法上适用的特别规定。但是,《德国民法典》第305条第2款、第3款的纳入规则不适用一般交易条款,意即,只要劳动合同双方当事人一致同意纳入一般交易条款即可。

因此,起草劳动合同的人,一方面必须熟悉一般交易条款法的普遍适用规则[27],另一方面应当了解,判例承认了哪些《德国民法典》第310条第4款第2句意义上的**劳动法的特别规定**(Besonderheiten des Arbeitsrechts)。不过,德国联邦劳动法院并不经常使用这些特别规定。

示例:

根据《德国民法典》第309条第6项,如果就另一方当事人解除合同的情形约定**违约金**,那么该违约金约定是无效的。但是劳动法存在特殊之处,即根据《德国民事诉讼法》第888条第3款,判令给付劳动的判决是不可强制执行的。在很多情形中,违约金是敦促雇员履行合同主要义务的唯一有效方式。考虑到劳动法的这一特殊之处,可以得出这样的结论:《德国民法典》第309条第6项并不阻碍劳动合同中的违约金格式条款的有效性。[28] 此时,对违约金条款的内容控制依据仅来自《德国民法典》第307条。比如,如果约定雇员未履行工作或者未遵守解约期时,雇员应当支付违约金,但约定的违约金数额一旦超过了解约期间的薪酬,那么根据《德国民法典》第307条第1款、第2

---

[27] 见本书第三章。
[28] BAG vom 4.3.2004－8 AZR 196/03, NZA 2004, 727(729); BAG vom 18.8.2005-8 AZR 65/05, NZA 2006, 34(36); BAG vom 14.8.2007-8 AZR973/06, NZA 2008, 170(172). 也见 *Waltermann*, Arbeitsrecht, Rn.116。

款，这样的违约金条款是无效的。[29]

21　　此外，根据德国联邦劳动法院的判例，雇员是《德国民法典》第13条意义上的"消费者"。因此，劳动合同是**《德国民法典》第310条第3款意义上的消费者合同**。[30] 所以对消费者合同的一般交易条款控制的特别规则[31]，也适用于对劳动合同的一般交易条款控制。

22　　**《德国民法典》第307条第1款第2句规定的明晰性要求**，在关于一般交易条款的劳动法判例中具有相当重要的意义。根据《德国民法典》第307条第3款第2句，明晰性要求适用于一般交易条款中的所有条款，而并非只适用于那些偏离或补充法律规定的条款。考虑到明晰性要求，雇主必须尽可能准确地描述合同条款的构成要件和法律后果。[32] 此外，这些条款不得误导性地介绍法律状况。[33]

> **示例：**
>
> 一份格式化的劳动合同包含以下条款："当有业务上的需求时，雇员有义务加班工作。但雇员不会因此而获得任何额外的加班报酬。"
>
> 这样的条款是不明晰的。一方面，该条款没有明确地规定加班的前提条件。另一方面，加班的范围（如时长）既不确定也无法确定。[34]
>
> 2016年订立的一份格式化的劳动合同包含以下条款："从劳

---

[29] BAG vom 4.3.2004 - 8 AZR 196/03, NZA 2004, 727（732 ff.）；BAG vom 17.3.2016-8 AZR 665/14, NZA 2016, 945（948）.

[30] BAG vom 25.5.2005 - 5 AZR 572/04, NZA 2005, 1111（1115）；BAG vom 19.5.2010-5 AZR 253/09, NZA 2010, 939（941 f.）.

[31] 见本书第三章边码31—35。

[32] BAG vom 22.2.2012-5 AZR 765/10, NZA 2012, 861（862）.

[33] BAG vom 18.9.2018-9 AZR 162/18, NZA 2018, 1619（1622）.

[34] 类似条款见BAG vom 22.2.2012-5 AZR 765/10, NZA 2012, 861（862）。

动关系中产生的所有的请求权，如果在可以行使后的三个月内，没有以书面形式向合同另一方当事人主张，那么这些请求权消灭。"

该条款也是不明晰的，因为《德国一般最低工资法》第3条第1款规定，对法定最低工资请求权进行限制或排除的约定，是无效的。本例中在该合同订立之时，《德国一般最低工资法》已经生效，而该合同条款包括了对法定最低工资请求权的限制，故无效。[35]

法院已经审查了大量**典型的劳动合同条款**，即审查其是否符合《德国民法典》第307条至第309条的规定。以下将介绍几个实践中经常使用的条款：

（1）**排除条款**（Ausschlussklauseln）。排除条款确定了一个期间，合同当事人必须在这个期间内主张已产生的请求权。如果错过了这个期间，那么请求权就会完全消灭。这类条款的目的在于保障法的安定性，即必须在相对较短的时间内确定，合同当事人是否主张其请求权。[36] 根据判例，请求权的行使期间不得少于3个月。[37] 而如果排除条款是两阶型的，即不仅对主张请求权规定了期限，而且对请求权诉讼也规定了一个期间，那么这两个期间均不得少于**3个月**。[38] 此外，2014年12月31日之后订立的格式合同条款，如果限制或排除了**最低工资支付请求权**（Anspruch auf Zahlung des Mindestlohns），那么该条款就是不明晰的。如果该条款是不能被分割的（大部分情况如此），那么这将导致整个排除条款无效。[39] 排除条款的另一个问题是，其可能违反《德国民法典》**第309条第7款**的规定，该条禁止某

23

24

---

[35] 类似条款见 BAG vom 18.9.2018-9 AZR 162/18, NZA 2018, 1619, (1623)。
[36] *Clemenz/Kreft/Krause/Klumpp*, AGB-Arbeitsrecht, 2013, § 307 BGB Rn. 112.
[37] BAG vom 28.9.2005 - 5 AZR 52/05, NZA 2006, 149（152）; BAG vom 12.3.2008-10 AZR 152/07, NZA 2008, 699（701）.
[38] BAG vom 25.5.2005 - 5 AZR 572/04, NZA 2005, 1111（1113）; BAG vom 12.3.2008-10 AZR 152/07, NZA 2008, 699（701）.
[39] BAG vom 18.9.2018-9 AZR 162/18, NZA 2018, 1619（1623 f.）.

些形式的责任限制。有观点认为，如果排除条款的覆盖范围过于广泛，那么可能因违反《德国民法典》第309条第7款而无效。[40] 但在德国联邦劳动法院看来，由于劳动法上适用特别规定，故此处排除条款中也应适当地考虑这些特别规定（《德国民法典》第310条第4款第2句）。因此，即使合同当事人未遵守《德国民法典》第309条第7款中的禁止条款，这亦是无害的。[41] 但是，考虑到安全路径的要求，排除条款最好还是不要包含《德国民法典》第309条第7款规定的禁止情形。此外，如果要求请求权应采书面形式，并且相关合同条款必须遵守《德国民法典》第309条第13款规定的边界。[42]

25　　（2）关于"在终止劳动关系时**偿还培训和进修费用**（Rückerstattung von Ausbildungs-und Fortbildungskosten）"的条款，也经常成为内容控制的对象。比如，根据《德国民法典》第307条第1款、第2款，这样的合同条款无效，即无论终止的原因是什么，雇员在劳动关系终止时，必须偿还雇主承担的进修费用。[43] 德国联邦劳动法院还对格式合同条款中的对于雇员离职时**偿还特别报酬**（Rückzahlung von Sonderzuwendungen）（如圣诞奖金）的条款，进行了严格限制。如果特别报酬不是专门用来奖励雇员对公司的忠诚，那么这样的偿还条款就是《德国民法典》意义上的不适当的不利益条款。[44]

26　　（3）**变化保留**（Änderungsvorbehalte）条款。变化保留条款也受

---

[40] 比如 LAG Hamm vom 25.11.2014-14 Sa 463/14, ZTR 2015, 294; LAG Hamm vom 25.9.2012-14 Sa 280/12.
[41] BAG vom 28.9.2017-8 AZR 67/15, NZA 2018, 589（595 f.）。
[42] 详见 *Lipinski/Kaindl*, BB 2016, 2487。
[43] BAG vom 11.4.2006-9 AZR 610/05, = NZA 2006, 1042（1044）; BAG vom 13.12.2011-3 AZR 791/09, NZA 2012, 738（740）。关于特别费用的偿还，详见 *Dornbusch/Fischermeier/Löwisch/Kamanabrou*, §611a BGB Rn.177ff.; *MünchHandbuch-ArbR/Krause*, §66 Rn.35 ff. 。
[44] 参见 BAG vom 18.1.2012-10 AZR 612/10, NZA 2012, 561（563 f.）（关于一个截止日期条款）。

一般交易条款控制,尤其是,如果根据这种保留,雇主可以撤销自愿给予的全部给付(对**撤销的保留**——Widerrufsvorbehalt)的条款。德国联邦劳动法院指出,如果是关于薪酬撤销的,那么最多只能保留对25%的薪酬的撤销;另外,雇主至少应当以概要的方式明确撤销的可能原因。根据《德国民法典》第308条第4款,这样的合同条款在任何情况下都是无效的,即雇主有权随时地、无限制地撤销超出劳资协议标准的工资,而无需说明理由。[45]

(4) **对非义务性的保留**(Freiwilligkeitsvorbehalt)条款。该条款是为了防止(雇员)将来产生对(雇主的)某种给付的请求权。对于持续性的劳动报酬,不得规定对非义务性的保留。[46] 对于**特别报酬**(Sondervergütungen)(如圣诞奖金),德国联邦劳动法院一般不排除在格式合同中规定对非义务性的保留。但是,如果对非义务性的保留条款涵盖了未来所有的给付,而且没有限制给付的性质与产生原因,那么这种条款就是不适当的不利益条款。[47] 此外,这种条款的设计还会产生是否明晰的难题。比如,如果格式合同条款规定了对雇员的特别报酬,但同时包含了对非义务性的保留,那么该条款就是不明晰的。[48] 同样地,如果某条款既有对撤销的保留,也有对非义务性的保留,那么其亦是不明晰的。[49]

示例:

一份格式化的劳动合同包含这样的条款:"如果雇主提供了

---

[45] BAG vom 12.1.2005 - 5 AZR 364/04, NZA 2005, 465 (468); BAG vom 21.3.2012-5 AZR 651/10, NZA 2012, 616 (617). *Stoffels*, NZA 2017, 1217 (1224) 对年度特别报酬的撤销条款提出了一个表述建议。

[46] BAG vom 25.4.2007-5 AZR 627/06, NZA 2007, 853 (855).

[47] BAG vom 14.9.2011 - 10 AZR 526/10, NZA 2012, 81 (83 ff.). *Preis/Sagan*, NZA 2012, 697 (704) 对排除个别约定的非义务性保留条款提出了一个表述建议。

[48] BAG vom 24.10.2007-10 AZR 825/06, NZA 2008, 40 (42).

[49] BAG vom 14.9.2011-10 AZR 526/10, NZA 2012, 81 (83).

法律或集体协议未规定的特别报酬（如圣诞奖金），那么这种报酬是非义务性的，并且可以在任何时候撤销。"

该条款允许雇主对非义务性的给付作出撤销。德国联邦劳动法院认为，如此一来，就不清楚，雇主是否排除了对未来的义务约束，抑或，其只是保留了自己之后终止合同约束的可能。[50]

> 根据《德国民法典》第310条第4款第2句，在审查一般交易条款时，应当适当考虑劳动法上适用的特别规定。因此，比如，在审查劳动合同的违约金条款时，不适用《德国民法典》第309条第6项。《德国民法典》第307条第1款第2句规定的明晰性审查，在格式化的劳动合同场合发挥着重要作用；在合同设计时，尤其要注意排除条款和非义务性保留条款的明晰性。

（四）形式规则

根据法律规定，劳动合同无需以书面形式订立。但是，劳资协议可能需要书面形式。不过，劳资协议的书面形式并非**设权性的**（konstitutiv），而是**宣示性的**（deklaratorisch），也就是说，其仅有证据功能。[51] 违反书面形式要求，并不会导致《德国民法典》第125条第1句规定的劳动合同无效。在**固定期限的劳动关系**（befristetes Arbeitsverhältnis）中，虽然整个合同无需书面形式，但关于固定期限的约定可能需要书面形式(《德国半职工作和定期雇用法》第14条第4款)。如果不遵守这一形式要求，那么成立的就是无固定期限的劳动关系(《德国半职工作和定期雇用法》第16条)。如果未遵守书面形式，那么固定期限的无效性，不能通过事后将该固定期限以书面形

---

[50] 类似条款见 BAG vom 14.9.2011-10 AZR 526/10, NZA 2012, 81 (83).

[51] BAG vom 10.6.1988 - 2 AZR 7/88, AP Nr.5 zu §1 BeschFG; BAG vom 25.7.1996-6 AZR 179/95, NZA 1997, 620 (621).

式加以确定而得到补救。[52]

示例：

在实践中，劳动合同往往是以书面形式订立的。1995年生效的《德国适用劳动关系之基本条件证明法》，规定了订立书面劳动合同的间接义务。根据《德国适用劳动关系之基本条件证明法》第2条第1款第1句，雇主必须在约定的劳动关系开始后一个月内，以书面形式规定基本的合同条件，签署并将其交给雇员。《德国适用劳动关系之基本条件证明法》第2条第1款第2句列出了劳动合同中最少应包含的合同条件。**违反**《德国适用劳动关系之基本条件证明法》虽然不会影响劳动合同的有效性，但可能引发雇员的**损害赔偿请求权**，比如，因为劳动合同中没有提及劳资协议（《德国适用劳动关系之基本条件证明法》第2条第1款第2句第10项），而使雇员遭受了权利损失。[53]

在**劳动合同**中经常会约定，对合同的变更或补充必须以书面形式进行。如果是**简单的书面形式条款**（einfache Schriftformklausel），那么尽管有形式要求，口头约定还是有效的。对于这种情形，判例把对合同的口头变更或补充，解释为当事人默许放弃合同变更或补充所要求的形式。[54] 与之相反，如果合同中包含**双重书面形式条款**（doppelte Schriftformklausel）*，那么口头约定无效。[55] 但是，如果双重

29

---

[52] BAG vom 14.12.2016－7 AZR 797/14, NZA 2017, 638（640）; BAG vom 15.2.2017-7 AZR 223/15, NZA 2017, 908（912）.

[53] BAG vom 17.4.2002－5 AZR 89/01, NZA 2002, 1096（1098 f.）; BAG vom 5.11.2003-5 AZR 676/02, NZA 2005, 64（65）. 详见 NK-GA/Schaub, 2016, Vor NachwG Rn. 24 ff. 。

[54] BAG vom 10.1.1989-3 AZR 460/87, NZA 1989, 797（798）.

* 举例：简单的书面形式条款："对合同的变更或补充需要书面形式。"双重书面形式条款："对合同的变更或补充需要书面形式。关于放弃书面形式的口头约定是无效的。"参见 BAG NZA 2003, 1145 ——译者注

[55] BAG vom 24.6.2003-9 AZR 302/02, NZA 2003, 1145（1147）.

书面形式条款未明确个别约定根据《德国民法典》第305b条具有优先性，那么该双重书面形式条款在预先制定的劳动合同中就是整体无效的(《德国民法典》第307条第1款第1句)。[56] 如果预先制定的双重书面形式条款包含了这样的保留或者说明，那么个别的口头约定就是有效的，但该条款会失去一定的预期效果。此外，这里不会出现企业惯例*，因为企业惯例通常不会从《德国民法典》第305b条意义上的个别约定中产生。[57]

三、设计标准的适用

30　　在合同设计时，尤其应注意安全路径之要求和避免争议之要求这两项设计标准。[58] 此外，还必须规划争议解决机制和处理不确定因素的规则。在劳动合同中不存在争议解决的特别规则，尤其是《德国劳动法院法》基本排除了仲裁协议。[59] 与此相反，**合同的终止（Vertragsbeendigung）（作为广义上的争议解决的一种形式）**和**合同的调整（Vertragsanpassung）（以处理不确定因素）**，对于劳动关系有重要意义。

(一) 通知解约和免除继续工作

31　　如果订立的是无固定期限劳动合同，那么关于合同终止的规则可

---

[56] BAG vom 20. 5. 2008-9 AZR 382/07, NZA 2008, 1233 (1235 f.). 德国联邦最高法院认为，双重书面形式条款不生效力，因为个别约定具有优先性，见 BGH vom 25. 1. 2017-XII ZR69/16, NJW 2017, 1017 (1018)；也见 *HWK/Roloff*, Anhang §§305-310 Rn. 43。

* 企业惯例是德国劳动法中一项类似习惯法的法律制度。企业惯例是指，雇员可以从雇主经常重复的某些行为中，合理地推断出雇主在未来或长期内将继续以这种方式行事，尤其是关于给予福利的行为。从这样的企业惯例中，雇员获得了对于雇主做出某种行为或给予某项福利的法上的请求权。意即，雇主的非义务性福利行为变成了义务性福利行为。——译者注

[57] *Fischinger*, Arbeitsrecht, Rn. 14；*NK - GA/Peterhänsel*, 2016, §305 b BGB Rn. 6, 8. 批判性观点见 *HWK/Roloff*, Anhang §§305-310 Rn. 43。

[58] 见本书第一章边码32—35、边码36—44。

[59] 关于劳动法中调解的可能性和边界，见 *Albrecht*, Mediation im Arbeitsrecht, 2001。

能是有意义的。在《德国民法典》第 622 条和相关劳资协议的界限内，可以在单个合同中对**解约通知期**（**Kündigungsfrist**）进行约定。在实践中，《德国民法典》第 622 条第 2 款规定的适用于雇主解约情形的延长解约通知期，往往扩展到雇员解约情形（根据《德国民法典》第 622 条第 6 款，这种扩展是允许的）。[60] 此外，**劳动关系开始前的解约通知**（**Kündigung vor Arbeitsantritt**）应被排除。[61]

> 示例：
>
> 《德国民法典》第 622 条第 2 款规定的适用于雇主解约情形的延长解约通知期，也适用于雇员解约情形。
>
> 不能在规定的劳动关系开始之前，作出解约通知。

此外，在解约情形中，雇主可能对订立**免除继续工作的协议**（**Freistellungsvereinbarung**）感兴趣，因为这样一来，从发出正常解约通知直到解约通知期结束，雇主不必再继续雇用该雇员。由于雇员享有工作请求权，因此，没有合同依据的工作免除，原则上只有在雇员同意的情况下，方为可能。但是，在订立劳动合同时，可以有效地在合同中约定免除继续工作。[62]

> 示例：
>
> 当劳动关系因通知解除而终止时，雇主有权在续付劳动报酬的前提下，在通知期内免除雇员的工作。雇员的休假请求权将被计算入工作免除中（即工作免除算作休假）。

（二）终止合同与清算合同

在实践中，特别是在雇主主动结束劳动关系的情形中，往往会订

---

[60] 反之，将合同双方当事人的解约通知期延长至 3 年的格式合同，违反了《德国民法典》第 307 条，见 BAG vom 26.10.2017-6 AZR 158/16, NZA 2018, 297 (299)。
[61] *Junker*, Grundkurs Arbeitsrecht, Rn. 388.
[62] *Fischinger*, Arbeitsrecht, Rn. 667；*Junker*, Grundkurs Arbeitsrecht, Rn. 393.

立**终止合同**（Aufhebungsvertrag）*，而不是通过**发出解约通知**（Kündigung）来解除合同。如果双方当事人就订立终止合同达成合意，那么他们就再次行使了契约自由，而非诉诸于通知解约这一形成权。[63] 根据《德国民法典》第 623 条，终止合同必须采取**书面形式**，方能生效。

与通知解约相比，订立终止合同可以给双方当事人带来更多的**好处**。

（1）**雇主**（Arbeitgeber）感兴趣的是，即使所涉雇员享有解雇方面的特殊保护，雇主还是可以通过订立终止合同来结束劳动关系。并且，此时雇主既不需要听取企业职工委员会的意见，也无需遵守解约通知期。[64]

（2）**雇员**（Arbeitnehmer）则获得了在短期内脱离该劳动关系的机会。如果通知解约以雇员有不当行为为必要前提，那么通过订立终止合同，即使不存在不当行为，雇员亦可以离职；而如果确实存在不当行为，那么通过订立终止合同，还可以避免离职日期"不正常"的非正常解约情形。

（3）此外，在终止劳动关系时，不要进行冗长且结果不确定的通知解约保护程序，这一点通常是符合**双方当事人**利益的。不过，由于在通知解约场合，雇主面临支付受领迟延劳动报酬的风险

---

* 本章对"Aufhebungsvertrag"一词的翻译采"终止合同"这一译法，指一种静态的合同。虽然"终止合同"一词可能有"终止现存的劳动合同"这一动态之意，似乎会产生概念上的混淆，但其实本文作者对于"终止现存的劳动合同"，一般采用"终止或结束劳动关系——Beendigung des Arbeitsverhältnisses"或"合同的终止——Vertragsbeendigung"这样的表述，因此实际上不会产生混淆。因此，本章出现的"终止合同"这一表述，指且仅指"Aufhebungsvertrag"这种静态的合同。——译者注

[63] *Waltermann*, Arbeitsrecht, Rn. 291.
[64] *Bauer*, JuS 1999, 557; *Krause*, Arbeitsrecht, §20 Rn. 1.

(《德国民法典》第615条）*，因此，订立终止合同更符合雇主的利益。[65]

根据《德国社会法典》第三编第159条第1款第1句第1项，如果雇员在没有重要理由的情况下，通过订立终止合同而结束劳动关系的，那么其在第一次领取失业救济金之前，可能面临长达**12周的闭锁期**（zwölfwöchige Sperrzeit）（即在此期间无法领取失业救济金）。对于该条中的重要理由，根据德国联邦社会法院的判例，如果雇主以客观上合法的正常解雇作为威胁，并且不能合理地期待雇员应该容忍这种解雇，那么雇员就存在订立终止合同的重要理由。但是，联邦劳动服务局认为，如果解雇威胁是基于雇员的不当行为而产生的，那么就不存在这种重要理由。[66] 如果在终止合同中约定了《德国解雇保护法》第1a条第2款范围内的补偿金，那么德国联邦社会法院一般会放弃审查威胁雇主的合法性（即法院默认，雇主的威胁解雇是合法的）。[67]

（三）调整的可能性

在劳动关系作为持续性义务关系的情况下，尤其要注意合同条款的调整问题。对雇主来说，劳动合同条款的调整，主要涉及灵活调配

35

36

---

* 《德国民法典》第615条规定："雇主受领迟延劳务的，雇员可以就因迟延而未提供之劳务，请求约定的报酬，而不负有补充提供劳务的义务。但雇员必须承受将因不提供劳务而节省的或者因将自己的劳务移作他用或者恶意怠于取得的利益的价值，抵作报酬。在雇主负担工作中断风险的情况下，准用第1句和第2句。"雇员的受领迟延报酬请求权产生的典型场景是：雇主通知解除劳动合同，雇员向法院请求该解除无效。如果法院裁决认定，该解除无效，那么雇员就可以根据《德国民法典》第615条，请求雇主支付自作出解除之日起至法院裁决生效之日期间的工资。——译者注

[65] Bauer/Krieger/Arnold, Aufhebungsverträge, A. Rn. 1; Hromadka/Maschmann, Arbeitsrecht I, § 10 Rn. 6.

[66] Geschäftsanweisung zu § 159 SGB III, Std. 4/2018, 15 Rn. 159.1.2.1.1. 见 Fuhlrott, NZA 2017, 226。

[67] BSG vom 2.5.2012–B 11 AL 6/11 R, NZS 2012, 874 (876).

雇员以及在公司情况恶化时减少非义务性特别报酬的支出问题。[68]《德国解雇保护法》第 2 条规定了 **变更的通知解约**（Änderungskündigung）*，但这种变更的通知解约，只在有限的范围内适用于合同条款的调整，因为可能存在通知解约方面的限制。此外，如果雇员不接受变更后的要约，那么劳动关系可能会被终止，这是双方当事人都不愿看到的结果。

37 如果雇主保留了撤销或变更某些合同条款的权利，那么与上文所述的变更的通知解约相比，变更是更有可能实施的。如前所述，格式化的劳动合同中的此类保留条款需接受一般交易条款控制。[69] 对一般交易条款的控制也适用于超出《德国营业法》第 106 条第 1 句规定内容的工作调动条款。[70] 此外，在执行保留条款或者调整条款时，雇主可能要注意**企业职工委员会的参与权**（Beteiligungsrechte des Betriebsrats），比如《德国企业组织法》第 99 条规定的企业职工委员会对于工作调动措施的拒绝（或同意）权，以及《德国企业组织法》第 87 条第 1 款第 10 项规定的企业职工委员会对于减少特别报酬措施的共决权。虽然在约定保留条款或者调整条款时，企业职工委员会的共决权尚不发挥作用，但是如果雇主想要使用该条款，那么就必须注意共决权。

第二节　案例：终止合同

38 软件工程师 Wilhelmine Tore（简称"T"）受雇于科隆的 Connect

---

[68] *Zöllner/Loritz/Hergenröder*, Arbeitsrecht, §8 Rn. 1 ff.；*Hromadka/Maschmann*, Arbeitsrecht I, §5 Rn. 169 ff.

* 雇主通知解除劳动关系，但同时以新的或者变更后的劳动条件，向雇员提出订立新的劳动合同的要约。——译者注

[69] 见本章边码 26。

[70] 见本章边码 6。

股份公司（简称"C公司"）已有两年半了。C公司是一家IT行业的公司，主营业务是提供网络技术服务。由于公司的等级制度扁平，T在C公司看不到任何晋升的机会。因此，她向在同一领域经营的其他公司提出职位申请。在有意聘用T的公司中，有一家Networks有限责任公司（简称"N公司"），它是C公司的直接竞争对手。在2019年1月初N公司向T提供了一个更好、更高薪水的职位，并打算聘用T为项目经理。但N公司希望T从2019年2月1日就开始工作。

因此，在2019年1月4日，T与C公司联系，希望订立终止合同，在2019年1月31日结束劳动关系。C公司负责T的人事部经理Erwin Albrecht（简称"A"）原则上同意这样做。但是，由于IT行业的劳动力短缺，短期内终止劳动关系在A看来是不合适的。A与公司的法律部门联系，他希望了解，什么时候可以向T发出解约通知。因此，A是否同意在2019年2月1日让T离职，取决于法律部门对该问题的回复。在A与法律部门就终止日期进行沟通后，法律部门会交给A一份合同草案，以解决T离职所产生的所有问题。

一、预先问题

《德国民法典》第622条规定了劳动关系的解约通知期。第622条允许通过劳资协议或劳动合同，就解约通知期约定与该法条相偏离的规则。在这方面，劳资协议的规则设计较之劳动合同的设计更自由（《德国民法典》第622条第4款至第6款）。

（一）信息获取

首先需要探明，对于T的劳动关系的解约通知期，是否存在**个人合同规则或者劳资协议规则**（einzel-oder tarifvertragliche Regelungen）。如果是，那么还需检查，这些规则是否符合《德国民法典》第622条的规定。

问题一：T的劳动合同是否规定了解约通知期？

信息获取方式：查阅劳动合同。

问题二：适用于T的劳资协议，是否包含解约通知期规则？劳动合同是否引介了该劳资协议？

信息获取方式：询问人事部门或查阅劳动合同。

问题一的询问结果（假设）：T的劳动合同包含一个关于解约通知期的条款，该条款的部分内容如下："双方当事人可以在遵守时长为4周的解约通知期的情况下，以公历月的第15日或月末为终止时间，通知解约。如果劳动关系已存续两年，那么解约通知期为1个月，以公历月的月末为终止时间。"

问题二的询问结果（假设）：C公司与T均不受劳资协议约束。T的劳动合同也未包含对劳资协议的引介。

41 从获得的信息来看，如果劳动合同中的解约通知期条款有效，那么T就不能在2019年1月31终止其劳动关系。而其可能的终止日期是2019年2月28日。为使解约通知在这一天生效，T最晚须在2019年1月31日将解约通知发至雇主（《德国民法典》第187条第1款、第188条第2款和第3款）。

（二）法律适用

42 根据《德国民法典》第622条第1款的规定，在劳动关系存续期间，雇员的解约通知期为4周，**以公历月的第15日或月末为终止时间**（vier Wochen zum Fünfzehnten oder zum Ende eines Kalendermonats）。因此，就T而言，最早可能于2019年2月15日终止合同。劳动合同中关于解约通知期和解约日期的规定，只有在符合《德国民法典》第622条的情况下，才能排除T于2019年2月15日终止合同的可能。

43 如果雇员的解约通知期短于雇主的解约通知期，那么劳动合同的双方当事人可以在个人合同中约定比《德国民法典》第622条第1款至第3款规定的期限**更长的解约通知期**（längere Kündigungsfrist）。主流观点认为，虽然《德国民法典》第622条第5款第2句只提到了对更长的解约通知期的约定，但对于**解约日期**（Kündigungstermin），双方当事人亦可以作出与第 622 条相偏离的约定。[71]

根据 T 的劳动合同，T 的解约通知期要长于《德国民法典》第 622 条第 1 款所规定的通知期。与法律规定相比，解约日期也发生了改变，变得更有利于 T。但是，为了符合《德国民法典》第 622 条的规定，劳动合同**对雇主和雇员规定了相同的解约通知期和解约日期**。因此，通过发出解约通知，T 最早只能于 2019 年 2 月 28 日终止其与 C 公司的劳动关系。

44

（三）指导与咨询

虽然 C 公司可以让 T 继续工作至 2 月底，但这可能不符合 C 公司的利益。首先，T 是否真的有义务在 2 月份继续工作，是存疑的。因为 T 很可能享有**剩余休假请求权（Resturlaubsansprüche）**，所以 2 月份的时候，T 可以（有部分时间）不工作。为了查清这个问题，必须获取新的信息。

45

问题三：T 是否还享有 2018 年产生的休假请求权？如果有的话，有几天假期？如果 T 在 2019 年 2 月 28 日终止劳动关系，那么 T 在 2019 年可以按比例享有多少天的假期？

信息获取方式：询问人事部门。

问题三的询问结果（假设）：截止 2019 年 3 月 31 日，T 还有 2018 年产生的 10 个工作日的剩余假期。根据 T 的劳动合同，T 每年享有 30 个工作日的假期。因此，根据《德国联邦休假法》第 5 条第 1 款选项 c 的规定，到 2019 年 2 月底，T 可以再享有 5 个工作日的假期（所以 T 总共享有 15 个工作日的假期）。

因此，对于 2 月份的大部分时间，T 都可以请求休假。所以即使劳动关系继续存在，C 公司也无法在整个 2 月份给 T 安排工作任务。此外，由于 T 想在 2019 年 2 月 1 日跳槽，那么其很可能在 2 月份会懈怠，因此工作质量不高。考虑到这些因素，C 公司的法律部门建议人

46

---

[71] *Palandt/Weidenhaff*, § 622 BGB Rn. 24.

事部经理 A，不要拖到 2019 年 2 月 28 日才与 T 订立终止合同。

指导与咨询的结果（假设）：A 也认为，在这种情况下，继续雇用 T 是不明智的。所以 A 准备与 T 订立一份终止合同，自 2019 年 1 月 31 日起生效。

二、信息收集

47　　在终止合同时，应当对 T 的离职引起的所有问题进行规定。因此，仅仅在合同中规定，**劳动关系于 2019 年 1 月 31 日终止**，是不够的。还必须明确，双方当事人是否仍然享有**从劳动关系中产生的请求权（Ansprüche aus dem Arbeitsverhältnis）**，以及应当如何履行这些请求权。由于本案不存在适用于 T 的劳动关系的劳资协议，因此，在请求权基础方面，除了法律以外，主要考虑 T 的劳动合同以及 C 公司的企业协议。

问题四：T 从其劳动合同中可以获得哪些对 C 公司的请求权？C 公司是否对 T 享有请求权？

信息获取方式：查阅 T 的劳动合同或询问人事部门。

问题五：是否存在适用于 C 公司的企业协议，以及从该企业协议中，是否可以产生 T 对 C 公司的请求权？

信息获取方式：询问人事部门。

问题四的询问结果（假设）：T 每月从 C 公司处获得 8000 欧元的税前工资。合同中没有规定其他报酬（如加班的额外报酬、分红）。已查明，截止 2019 年 3 月 31 日，T 还有 2018 年产生的 10 天剩余假期。但是，根据《德国联邦休假法》第 5 条第 1 款选项 c 的规定，到 2019 年 1 月底，T 可以再享有 2.5 个工作日的假期。在劳动关系存续期间，C 公司为 T 提供了一辆公务用车。劳动关系终止时，C 公司有权请求 T 归还公司的汽车以及其他工作设备和文件。从劳动合同来看，C 公司对 T 没有其他请求权。

问题五的询问结果（假设）：C 公司有一个关于年终特别报酬的

企业协议。除此之外，不存在其他的企业协议（如关于企业养老金的协议）。这一特别报酬请求权规定如下："每年 11 月 30 日所有在公司工作至少一年的员工，于当年 12 月 15 日可获得特别报酬，金额为税前月工资的一半。如果雇员在次年的 3 月 31 日之前离开公司，则其必须偿还一半的特别报酬。"

三、问题概览与初步草稿

在考虑终止合同的具体细节之前，最好先收集需要规范的各个要点，并将其记录在一份初步草稿中。从劳动合同和企业协议中，发现一部分需要处理的问题。从这些法律基础（即劳动合同和企业协议）中，可能会产生一些请求权，终止合同时应当对这些请求权的履行作出规定。

48

首先，终止合同要包含关于**终止劳动关系**的条款。其次，通过信息收集，了解到 T 的**休假请求权**（Urlaubsanspruch）应得到满足或补偿。T 应归还 C 公司的**工作设备**（Rückgabe von Arbeitsmitteln），特别是公司汽车的归还，也要在终止合同中作出规定。再次，在合同中还需明确，T 是否要退还公司发放的**特别报酬**（Sonderzuwendung）。最后，如果对薪酬或续付报酬的请求权尚未得到解决，那么在终止合同中也应处理这些问题。[72]

49

终止合同的结构可以设计如下：

50

> 第一条　劳动关系的终止
> 第二条　补偿金
> 第三条　免除雇员的继续工作

---

[72] 模板合同中提到了更多的规范对象。清单、合同模板和表述示例可以在以下文献中找到，*Bauer/Krieger/Arnold*, Aufhebungsverträge; *Schaub/Schrader/Straube/Vogelsang/Siebert*, Arbeitsrechtliches Formularhandbuch, Rn. 621 ff.; *Tschöpe*, Arbeitsrecht Handbuch, 10. Aufl. 2017, 3. Teil, C.; *Weber/Ehrich/Burmester/Fröhlich/Fröhlich*, Handbuch der arbeitsrechtlichen Aufhebungsverträge, 5. Aufl. 2009, Teil 2 Rn. 389。

> 第四条　假期
> 第五条　未付薪酬与续付报酬
> 第六条　归还工作设备
> 第七条　雇主贷款
> 第八条　公司住房
> 第九条　竞业禁止
> 第十条　证明
> 第十一条　企业养老金
> 第十二条　指导
> 第十三条　结算条款
> 第十四条　可分割性条款

四、终止合同的具体细节

51　下文将对初步草稿中列出的规范对象进行检查，以明确是否在T和C公司之间的终止合同中进行规定。在这一过程中，信息收集、法律适用以及设计方案的建议，将交织进行。

（一）补偿金

52　如果雇员应获得补偿金，那么要注意**个人所得税**的交税义务（**Einkommensteuerpflicht**）。补偿金与正常工资收入一样，均须缴纳个人所得税。此外，还应注意，支付补偿金可能会对失业救济金请求权产生影响。[73]

> 示例：
> 由于在所得税法中适用流入原则（《德国个人所得税法》第11条第1款），因此，在某些情况下，可以通过这样的操作来减

---

[73] 详见 BeckOK-SozR/Michalla-Munsche, § 157 SGB III Rn. 3 (51. Edition Stand: 1. 12. 2018)。

轻离职雇员的税务负担：在终止合同中约定，补偿金直到下一个公历年才支付（在新的一年里，该雇员作为求职者，其总体收入可能大幅减少，那么需缴纳的税款也会减少）。

在本案中，合同的终止完全是 T 的意愿，并由 T 主动提出。德国法律没有规定劳动关系终止时的法定补偿金。C 公司**没有理由向 T 支付补偿金**（Abfindung）。T 也不需要补偿金，因为其马上就要去新岗位工作了。 53

（二）社会保险法方面

（1）上文已述，根据《德国社会法典》第三编第 159 条第 1 款第 1 句第 1 项，如果雇员在没有重要理由的情况下，通过订立终止合同而结束了劳动关系的，那么其在第一次领取失业救济金之前，可能面临长达 **12 周的闭锁期**。[74] 如果 C 公司有义务提示 T 注意订立终止合同的这一可能后果，那么就必须在终止合同中加入相应的说明。原则上，在订立终止合同之前，了解相关法律后果，是雇员自己的责任。[75] 但如果终止合同是雇主为了企业利益而主动提出的，那么就会产生**雇主的提示义务和解释义务**（Hinweis - und Aufklärungspflichten）。[76] 在本案中，订立终止合同，是雇员 T 主动提出的，因为 T 希望跳槽。因此，C 公司没有义务提示 T，其可能面临《德国社会法典》第三编第 159 条第 1 款第 1 句第 1 项规定的闭锁期。 54

（2）根据《德国社会法典》第三编第 38 条第 1 款，结束劳动关系的人，有义务立即亲自到**主管职业介绍的机构进行求职登记**（bei der zuständigen Agentur für Arbeit arbeitsuchend zu melden）。其中，第 38 条第 1 款第 1 句规定，雇员必须在劳动关系终止前三个月内履行登 55

---

[74] 见本章边码 35。
[75] BAG vom 3. 7. 1990 - 3 AZR 382/89, NZA 1990, 971 (972).
[76] BAG vom 16. 11. 2005 - 7 AZR 86/05, NZA 2006, 535 (538); BAG vom 17. 10. 2000 - 3 AZR 605/99, NZA 2001, 206 (207).

记义务。第 38 条第 1 款第 2 句规定，如果雇员在劳动关系终止前三个月内才得知劳动关系的终止，则必须在得知后的三天内进行登记。根据《德国社会法典》第三编第 159 条第 1 款第 1 句第 7 项和第 6 款，如果雇员没有进行登记，那么可能面临一周的闭锁期。尽管雇员是该法条的规制对象，但相关法条对终止合同的设计也会产生影响，因为《德国社会法典》第三编第 2 条第 2 款第 2 句第 3 项规定，雇主应当向雇员**说明这一登记义务**。虽然雇主未尽说明义务，并不会引发雇员的损害赔偿请求权[77]，但实践中通常会将这样的说明或者指示加入终止合同中。[78] 在本案中，尽管雇员很快就要去新岗位工作，无需进行求职登记，但最好还是在终止合同中加入关于求职登记的说明（安全路径之要求）。

（三）免除继续工作与假期

56　　在某些情况下，雇主可能希望雇员直到劳动关系终止之时，都不要再继续工作。另外，还要考虑雇员的休假请求权。

57　　（1）如果雇员的不当行为是订立终止合同的原因，那么雇主就会希望雇员一直到劳动关系终止之时，都**不要再继续工作**（Freistellung）。在其他情况下，雇主可能仍然希望雇员继续工作，直至劳动关系终止。在免除雇员继续工作的场合，通常会加入这样的条款，即**雇员的休假请求权**将通过工作免除得到补偿（即工作免除算作休假）。[79] 如果没有规定免除雇员的继续工作，那么还需明确，如何处理雇员的剩余休假请求权。

问题六：是否应当免除 T 的继续工作，直至劳动关系终止？应当如何处理 T 的休假请求权？

---

[77] BAG vom 29.9.2005-8 AZR 571/04, NZA 2005, 1406 (1409).
[78] 比如 *Weber/Ehrich/Burmester/Fröhlich/Fröhlich*, Handbuch der arbeitsrechtlichen Aufhebungsverträge, 5. Aufl. 2009, Teil 6 Rn. 24。
[79] *MAH ArbR/Bengelsdorf*, §49 Rn. 232; *MünchHandbuch – ArbR/Reichold*, §41 Rn. 19.

信息获取方式：询问 A 和 T。

问题六的询问结果（假设）：A 不希望免除 T 的继续工作，并且，A 更希望，T 在 2019 年 1 月 31 日之前，可以实际履行其工作职责，即不使用剩余假期。但是 T 想使用自己的剩余假期，因为根据《德国联邦休假法》第 4 条的规定，T 在跳槽到 N 公司后，工作满 6 个月才能享受休假。

（2）根据获取的信息，约定免除 T 继续工作，是没有必要的。虽然 A 不愿意批准 T 休假，但考虑到 T 的休假意愿，也应当在终止合同中加入一项条款，以说明 T 将在 2019 年 1 月 31 日前**使用其剩余假期**。即使 T 愿意放弃休假，根据《德国联邦休假法》第 13 条第 1 款的规定，也不能在终止合同中约定放弃休假请求权。* 根据《德国联邦休假法》第 7 条第 4 款，只有在因劳动关系的终止而不能全部或部分使用假期的情况下，才能考虑对此进行补偿。但是本案中不存在这样的补偿情形，特别是根据《德国联邦休假法》第 7 条第 3 款第 3 句，雇主无权将雇员 2018 年未用完的假期转移至 2019 年的第一季度。

（四）其他规则

（1）法律部门还必须查明，是否存在未付**薪酬或续付报酬**（Vergütung oder Entgeltfortzahlung）的情况。如有必要，应当在终止合同中加入相关规则。

问题七：C 公司是否有拖欠 T 薪酬的情况？T 对 C 公司是否有劳动报酬续付请求权？

信息获取方式：询问人事部门。

问题七的询问结果（假设）：C 公司没有拖欠薪酬。在过去的几个月里，T 没有缺勤，所以不存在劳动报酬续付请求权。在此之前的

---

* 《德国联邦休假法》第 13 条第 1 款第 3 句规定，不能约定与本法相偏离的且不利于雇员的规则。——译者注

劳动报酬续付请求权均已得到满足。

由于不存在尚未支付的薪酬或续付报酬,所以没有必要在终止合同中对此作出规定。

60　　(2) 根据 C 公司适用的"关于年终特别报酬的企业协议",T 在 2018 年 12 月获得了一笔金额为税前月工资一半的**特别报酬**。法律部门必须查明,T 是否确实收到了这笔特别报酬。

问题八:特别报酬是否已经支付?

信息获取方式:询问人事部门。

问题八的询问结果(假设):特别报酬已于 2018 年底支付给了 T。

61　　企业协议中包含一项**退还条款**(Rückzahlungsklausel):如果雇员在次年的 3 月 31 日之前离开公司,则必须退还一半的特别报酬。如果该条款有效,那么 C 公司可以向 T 请求退还一半的特别报酬。《德国民法典》第 307 条及以下规定的内容控制不适用于本案,因为特别报酬是规定在企业协议中的。而根据《德国民法典》第 310 条第 4 款第 1 句,一般交易条款法不适用于企业协议。但是,无论一般交易条款法的规定如何,判例已经确立了雇员受**退还条款**约束的相关规则:是否约束取决于特别报酬的数额。如果其数额在 100 欧元至一个月的收入之间,且劳动关系在下一年的第一季度内结束,那么雇主可以请求雇员退还特别报酬。[80] T 的特别报酬就在这个范围内,因此,本案中的企业协议的退还条款是允许的或有效的。但是,C 公司并非一定要使用这一退还条款,比如其可以出于形象或善意的原因,放弃向 T 请求退还一半的特别报酬。

问题九:是否应当要求 T 退还一半的特别报酬?

信息获取方式:询问人事部门。

---

[80] BAG vom 21.5.2003 - 10 AZR 390/02, NZA 2003, 1032 (1033); BAG vom 8.4.2004-10 AZR 356/03, NZA 2004, 924 (924 f.).

问题九的询问结果（假设）：如果雇员在 12 月 31 日之后离开公司，C 公司一般会放弃要求其退还一半的特别报酬。C 公司只有在特殊情况下（如对雇员彻底失去信任）才会使用该退还条款。因此，本案中，C 公司不会要求 T 退还特别报酬。

根据这一信息，法律部门无需在 T 的终止合同中加入关于退还特别报酬的条款。

（3）出于完整性考虑，终止合同还应包含一项关于归还雇主所提供的**工作文件**（Arbeitsunterlagen）和其他工作设备的条款。[81] 在此，关于归还或接管**公司汽车**（Dienstfahrzeug）的规则在实践中往往特别重要。法律部门将进行相应的了解。

62

问题十：是否应向 T 提供购买公司汽车的机会？如果答案为否，则追问 T 是否应该在劳动关系结束前归还公司汽车？

信息获取方式：询问人事部门。

问题十的询问结果（假设）：C 公司不想将公司汽车卖给 T。由于 T 还没有离职，应当允许其继续使用公司的汽车，直至 2019 年 1 月 31 日。

（4）如果雇主向雇员提供了**贷款**（Darlehen），或向雇员提供了**公司住房**（Werkswohnung），那么在终止合同中，也应当对这些法律关系作出安排。

63

问题十一：C 公司是否向 T 提供了贷款，或向 T 提供了公司住房？

信息获取方式：询问人事部门。

问题十一的询问结果（假设）：C 公司既没有向 T 提供贷款，也没有向 T 提供公司住房。

（5）可能还需要在终止合同中加入关于雇员离职后的**竞业禁止**（Wettbewerbsverbot）规定。如果劳动合同双方当事人在订立劳动合同

64

---

[81] *Bauer/Krieger/Arnold*, Aufhebungsverträge, C. Rn. 366.

时,已经约定了雇员离职后的竞业禁止,那么就需要明确,该竞业禁止条款是否应当适用,或者双方当事人是否希望废止该条款。此外,还应检查,竞业禁止条款是否有效,是否有约束力。而如果劳动合同双方当事人在订立劳动合同时,没有约定竞业禁止条款,那么他们可以在终止合同中对此再作约定。在设计竞业禁止条款时,必须遵守《德国商法典》第74条及以下的边界,特别是要注意第74条第2款。根据《德国商法典》第74条第2款,只有当雇主就竞业禁止,对雇员负有支付**补偿金**(Karenzentschädigung)的义务时,竞业限制条款才具有约束力。如果雇主没有承诺支付补偿金,那么竞业限制条款是无效的。

问题十二:C公司与T是否约定了离职后的竞业禁止条款?如果答案为否,则追问C公司是否需要规定竞业禁止条款?

信息获取方式:询问人事部门。

问题十二的询问结果(假设):C公司与T没有约定离职后的竞业禁止条款。C公司无意规定竞业禁止条款,除非规定该条款不会产生额外的费用。C公司还提示,T希望从2019年2月1日起为C公司的竞争对手N公司工作。

由于竞业禁止条款会给C公司带来额外的费用,并且由于T新工作的关系,无论如何也不会同意竞业禁止条款,所以,终止合同中不会包含这样的条款。

(6)根据《德国营业法》第109条第1款第1句,雇员有权在劳动关系终止时,请求雇主出具一份**证明**(Zeugnis)。根据《德国营业法》第109条第1款第2句,雇员可以请求雇主出具一份适格的工作证明,即关于雇员在工作中的行为和表现的证明。在终止合同中,可以提及工作证明。[82] 单独出具的工作证明,应当是善意的、

---

[82] Bauer/Krieger/Aufhebungsvertrag, C. Rn. 235 ff.;Düwell/Dahl, NZA 2011, 958.

慷慨的，但必须是符合事实的。[83]

（7）如果存在**企业养老金**（betriebliche Altersversorgung），那么《德国企业养老金改善法》即应适用。根据《德国企业养老金改善法》第1b条第1款第1句，如果在劳动关系结束时，领取养老金事件尚未发生（即雇员已满21岁但尚未退休），并且离职时养老金承诺已经存在至少三年，那么离职雇员对企业养老金的期待权是不可消灭的。《德国企业养老金改善法》第1b条第1款第2句规定了因提前退休而离职的情形，期待权也不可消灭。对于2001年1月1日之前的养老金承诺，适用《德国企业养老金改善法》第30条、第31条。如果不符合这些法条规定的前提条件，那么期待权是可消灭的；**可消灭的期待权**（verfallbare Anwartschaft）自雇员离开公司时即消灭。**不可消灭的期待权**（unverfallbare Anwartschaft）在劳动关系终止后依然存在，只是仅能在《德国企业养老金改善法》第3条规定的范围内得到补偿。

从上文问题四、问题五的问询中已知，C公司没有在个人合同或企业协议中约定养老金。此外，在本案中，应当假定，T从企业惯例中也无法获得养老金请求权。

（8）终止合同通常会在末尾规定一项**结算条款**（Erledigungsklausel）（即一般性抵补条款）。这样的条款更有益于C公司，因为C公司希望终止合同能够最终解决T离职所产生的所有问题。但是，这样的条款与它的名字相反，并不能结算劳动关系中产生的所有请求权。[84]比如，该条款**不能有效地涵盖最低工资请求权**（Mindestlohnanspruch）。[85]如果某些请求权不能被结算条款所涵盖，那么最好遵循**安全路径之要求**，明确地排除这些请求权，因为对于结算条

---

[83] *HWK/Gäntgen*, § 109 GewO Rn. 4 f.
[84] *Bauer*, JuS 1999, 356 (359).
[85] *APS/Rolfs*, 5. Aufl. 2017, Aufhebungsvertrag Rn. 55.

款原则上会做扩大解释。[86] 在本案中，由于 C 公司起草了终止合同，并将其提交给 T，因此，终止合同的条款也要接受**一般交易条款控制**。而包含双方当事人请求权的抵补条款，是一般交易条款法所允许的。[87] 尽管如此，在本案中，还是建议不要约定抵补条款，因为劳动合同的双方当事人在订立终止合同时，尚未终止劳动关系。由于劳动关系尚未终止，所以可能产生适用结算条款的新的请求权，而双方当事人未必希望用结算条款来处理这些请求权。[88] 因此，C 公司的法律部门不会在终止合同中加入结算条款。当然，即使没有一般性结算条款，也应当认为，T 不必退还 2018 年 12 月收到的特别报酬。

68　　（9）如果终止合同的篇幅较长，那么建议约定一个**可分割性条款**（salvatorische Klausel）。可分割性条款的效果是，不适用《德国民法典》第 139 条（合同部分无效，则全部无效），因此，当合同某一条款无效时，合同其他条款仍然有效。此外，如果一个无效的条款被删除，但没有新的条款替换它，那么一方当事人可能会遭受相当大的不利；因此，双方当事人有义务就无效条款的替换机制作出约定。[89]

（五）合同草案

69

> **终止合同**
>
> 　　在 Connect 股份公司，地址为 Martinstraße 125，50667 Köln
> 和 Wilhelmine Tore 女士（以下简称"Tore 女士"），地址为 Fischerweg 12，51143 Köln
> 　　之间订立如下的终止合同
>
> **第一条　劳动关系的终止**
> 　　合同双方当事人达成合意，劳动关系将于 2019 年 1 月 31 日终止。

---

[86]　*BeckOGK/Günther*，§ 626 BGB Rn. 30. 1.（Stand：1. 2. 2019）.
[87]　*ErfK/Preis*，§ 611 a BGB Rn. 406.
[88]　Bauer/Krieger/Arnold，Aufhebungsverträge，C Rn. 462 f.；*MAH ArbR/Bengelsdorf*，§ 49 Rn. 313.
[89]　见本书第一章边码 50—51。

第二条 假期
Tore 女士将在 2019 年 1 月 31 日前休完 2018 年享有的剩余假期（10 个工作日）和 2019 年按比例应得的假期（3 个工作日）。

第三条 特别报酬
Connect 股份公司将不行使其特别报酬返还请求权，即不要求 Tore 女士退回 2018 年 12 月支付给她的特别报酬。

第四条 公司汽车
Tore 女士有义务于 2019 年 1 月 31 日，将公司的汽车以及所有的车辆文件、钥匙和所有的配件移交给 Connect 股份公司。

第五条 工作文件与工作设备
Tore 女士将在 2019 年 1 月 31 日之前，将 Connect 股份公司所有的由 Tore 女士实际占有的文件和物品，归还给 Connect 股份公司。

第六条 证明
在劳动关系终止时，Tore 女士会收到一份适格的工作证明，该工作证明将作为附件，附于本合同中。

第七条 指导
Tore 女士已被告知，其有义务在知道劳动关系终止之日起的三天内，到主管职业介绍的机构进行登记。

第八条 可分割性条款
如果本终止合同的某一条款无效或变为无效，那么合同的其余部分仍然有效。双方当事人有义务用一个尽可能接近该无效条款含义与目的的协议，替换之。

本章参考文献（同时参见缩略引用的本书"文献目录"）：

Bauer, Einführung in die Vertragsgestaltung im Arbeitsrecht, JuS 1999, 356, 452, 557, 660, 765; *Bauer/Krieger/Arnold*, Arbeitsrechtliche Aufhebungsverträge, 9. Aufl. 2014; *Bauerdick/Hettche*, Aktuelle Rechtsprechung zu Allgemeinen Geschäftsbedingungen im Arbeitsrecht, NZA－RR

2018, 337; *Düwell/Dahl*, Die Leistungs – und Verhaltensbeurteilung im Arbeitsverhältnis, NZA 2011, 958; *Hromadka*, Die betriebliche Übung: Vertrauensschutz im Gewande eines Vertrags, NZA 2011, 65; *Kamanabrou*, Das Weisungsrecht des Arbeitgebers, Jura 2018, 457; *Kössl*, Die Gestaltung der Vergütung in Formulararbeitsverträgen, DB 2016, 2963; *Kuhn/Becker*, Arbeits – und sozialversicherungsrechtliche Aspekte bei Aufhebungsverträgen, DB 2016, 1994; *Maschmann/Sieg/Göpfert*, Vertragsgestaltung im Arbeitsrecht, 2. Aufl. 2016; *Preis/Greiner*, Vertragsgestaltung bei Bezugnahmeklauseln nach der Rechtsprechung des BAG, NZA 2007, 1073; *Preis/Ulber*, Die Wiederbelebung des Ablösungs–und Ordnungsprinzips?, NZA 2014, 6; *Reinfelder*, Der Rücktritt von Aufhebungsvertrag und Prozessvergleich, NZA 2013, 62; *Vogt/Oltmanns*, Sprachanforderungen und Einführung einer einheitlichen Sprache im Konzern, NZA 2014, 181; *Waltermann*, „Ablösung" arbeitsvertraglicher Zusagen durch Betriebsvereinbarung?, RdA 2016, 296; *Weber/Ehrich/Burmester/Fröhlich*, Handbuch der arbeitsrechtlichen Aufhebungsverträge, 5. Aufl. 2009.

第九章

公司法中的合同设计

对于公司法领域的问题，合同律师有多种合同设计的可能。当事 1
人对规则的需求，尤其包括以下方面：**选择**适合当事人的**法律形式**
（Auswahl der Rechtsform）、公司成员之间的关系、**公司的对外代表**
（Vertretung der Gesellschaft）以及公司的终止问题。由于当事人的合
同设计的可能在很大程度上是由所选择的法律形式决定的，因此，法
律形式将是下文讨论的重点。

第一节　一般性的考虑因素

公司合同的设计，遵循一般的思维步骤：首先，公证员必须从当 2
事人处收集尽可能多的信息。信息收集完毕后，进入法律适用阶段。
此时，除了强行法规范和任意法规范外，还必须考虑设计标准，如安
全路径之要求。

一、信息收集

如果是数人共同成立一家公司，那么，成立公司所追求的目 3
的，决定了对**法律形式的选择**。成立公司的目的既可以是**商事交易的
经营**（Betrieb eines Handelsgeschäfts），也可以是非营利性的。此
外，对于法律形式的选择而言，这一问题也是很关键：公司存续是
否在很大程度上取决于成员们彼此之间的信任？进一步地讲，公司的
存续是否原则上要求公司的成员构成是不变的？如果答案是肯定
的，那么应当选择的公司形式是**人合公司**（Personengesellschaft）。

反之，如果公司的行为与存续，不取决于公司成员其个人，而是取决于公司的资本数额，那么就应考虑成立**资合公司**（Kapitalgesellschaft）。[1] 在个案中，当事人可以根据成立公司的目标，选择以下"经典"的公司形式：人合公司（民事合伙、无限公司和两合公司）[2] 以及资合公司（有限责任公司、股份公司）。[3]

（一）民事合伙（Gesellschaft bürgerlichen Rechts, GbR）

4　　**人合公司的基本形态**是民事合伙（《德国民法典》第 705 条及以下）。民事合伙的目的是**实现一个共同的目标**（die Erreichung eines gemeinsamen Zwecks）。对于这种目标，法律没有做更详细的定义；这种目标既可以是营利性目标，也可以是非营利性目标。但是，如果公司以商事营利事业的经营作为目标，那么不能成立民事合伙。[4] 此时，可以考虑成立无限公司、两合公司，或者成立资合公司。在民事合伙中，公司与合伙人之间的法律行为（内部关系）以及公司与第三人之间的法律行为（外部关系），原则上需要所有合伙人的同意（**共同业务执行原则以及共同代表原则**——Grundsatz der Gesamtgeschäftsführung bzw. -vertretung）。此外，除了公司自身，合伙人也要对公司的债务承担无限责任。[5]

---

[1] 人合公司这一概念通常与团体法人这一概念相对。后者既包括资合公司，也包括合作社和登记协会。出于范围和实际相关性考量，本章对于团体法人的论述仅限于资合公司。

[2] 人合公司还包括隐名公司、合伙公司、合伙公司（有限职业责任）、海运公司、自由职业合伙以及欧洲经济利益联盟。

[3] 资合公司还包括股份两合公司、欧洲股份有限公司以及作为有限责任公司的一种特别形式的企业主公司（有限责任）。

[4] *Eisenhardt/Wackerbarth*, Gesellschaftsrecht I, Rn. 60; *Kindler*, Grundkurs Handels- und Gesellschaftsrecht, § 10 Rn. 11; *Kübler/Assmann*, Gesellschaftsrecht, § 6 I 1c; *Windbichler*, Gesellschaftsrecht, § 5 Rn. 3.

[5] 德国联邦最高法院也采用了这种所谓的从属性理论，参见 BGH vom 27.9.1999-II ZR371/98, BGHZ 142, 315; BGH vom 29.1.2001-II ZR331/00, BGHZ 146, 341. 这与以前流行的双重义务理论不同，双重义务理论规定，合伙人仅对公司因法律交易而产生的债务承担个人责任，对公司的法定债务不承担个人责任。

示例：

同学 A、同学 B 和同学 C 不想再使用公共交通工具，因此他们购置了一辆汽车，供他们共同使用。

（二）无限公司（offene Handelsgesellschaft, OHG）

无限公司**在结构上是与民事合伙同源的**。对于无限公司，《德国商法典》第 105 条第 2 款规定，如果《德国商法典》第 150 条至第 160 条未作其他规定，那么应补充适用《德国民法典》关于民事合伙的相关规定。与民事合伙不同，无限公司成立的目的在于，**经营完全的商人营利事业**（Betrieb eines vollkaufmännischen Gewerbes）（《德国商法典》第 150 条第 1 款）。另一个重要区别是，在无限公司中，每个合伙人原则上有权单独执行公司业务以及单独代表公司（《德国商法典》第 115 条第 1 款、第 125 条第 1 款）。与民事合伙相同的是，无论在民事合伙还是在无限公司中，**公司自身和合伙人都对公司的债务承担无限责任**。[6] 这种无限责任虽然提高了无限公司的信用或偿付能力[7]，但也使得无限公司成为不太受合伙人欢迎的公司形式。[8]

5

示例：

画家 A、画家 B 和画家 C 希望共同提供服务，以提高竞争力。他们愿意以平等的权利执行业务，并以自己的私人资产对债务负责。为此，他们成立了"Regenbogen 无限公司"。

（三）两合公司（Kommanditgesellschaft, KG）

与无限公司类似的是两合公司，后者的目的也指向营利性活动。

6

---

[6] *Kindler*, Grundkurs Handels – und Gesellschaftsrecht, §10 Rn. 90 ff.; *K. Schmidt*, Gesellschaftsrecht, §48 I 2; *Windbichler*, Gesellschaftsrecht, §14 Rn. 16 ff.

[7] *Eisenhardt/Wackerbarth*, Gesellschaftsrecht I, Rn. 286; *Klunzinger*, Grundzüge des Gesellschaftsrechts, §5 II; *Kübler/Assmann*, Gesellschaftsrecht, §7 I 4.

[8] *Grunewald*, Gesellschaftsrecht, §2 Rn. 6; *Kornblum*, GmbHRdsch 2016, 691, 697; *Kübler/Assmann*, Gesellschaftsrecht, §7 I 4; *Windbichler*, Gesellschaftsrecht, §11 Rn. 15.

对于两合公司,《德国商法典》第 161 条第 2 款规定,如果《德国商法典》第 161 条及以下未作其他规定,那么应适用关于无限公司的相关规定。两合公司与无限公司的根本区别在于,两合公司是由两类成员组成的:**普通合伙人与有限合伙人**(Komplementären und Kommanditisten)(《德国商法典》第 161 条第 1 款)。因此,为了使一个公司成为两合公司,公司至少要有一个普通合伙人和一个有限合伙人。**普通合伙人**在职能和法律地位上,与无限公司的合伙人基本相同;普通合伙人有权代表公司,并对公司债务**承担无限责任**。**有限合伙人则仅以其出资额为限对公司承担责任**(《德国商法典》第 171 条第 1 款),原则上,其既无权执行公司业务(《德国商法典》第 164 条第 1 句前半句),也无权对外代表公司(《德国商法典》第 170 条)。[9] 这种结构上的特殊性使两合公司成了非常受欢迎的一种公司形式。[10] 两合公司也适用于合伙人较多的情形,而且,由于区分普通合伙人和有限合伙人,人们可以通过两合公司而成立一种类似于资合公司的人合公司。[11]

示例:

S 是富人 M 和 V 的儿子。S 想从中国进口价格低廉的手提袋,在欧洲销售。由于 S 自己的储蓄不足,他请求父母 M 和 V 在资金上参与他的项目,但在其他方面"不要插手"。因此,S 向他的父母提议成立"Siegfried Import 两合公司",S 自己是普通合伙人,他的父母是有限合伙人。

---

[9] 但德国联邦最高法院认为,如果有限合伙人在没有义务的情况下参与了公司重组,那么应当类推适用《德国民法典》第 426 条,有限合伙人此时在内部关系中也承担无限责任,BGH vom 29.09.2015-Ⅱ ZR403/13, BGHZ 207, 54。批判性观点见 *Altmeppen*, NJW 2016, 1761;*Menkel*, NZG 2016, 261。

[10] *Eisenhardt/Wackerbarth*, Gesellschaftsrecht I, Rn. 483;*Grunewald*, Gesellschaftsrecht, § 3 Rn. 5.

[11] *Kindler*, Grundkurs Handels-und Gesellschaftsrecht, § 13 Rn. 8;*Kübler/Assmann*, Gesellschaftsrecht, § 8 I 3 c;*Windbichler*, Gesellschaftsrecht, § 17 Rn. 2.

（四）股份公司（Aktiengesellschaft, AG）

与民事合伙、无限公司以及两合公司这些人合公司不同，股份公司是**资合公司**。根据《德国股份法》第1款第1句，股份公司有自己的法律人格，即股份公司是**法人**（juristische Person），可以成为权利和义务的承担者。股份公司的公司成员是**股东**（Aktionär），其通过购买股份的方式将资金引入公司，从而形成了公司的基本资本。股份公司作为法人，通过其**机关**（Organe）而行事。法律规定的机关包括**董事会**（Vorstand）（《德国股份法》第76条及以下）、**监事会**（Aufsichtsrat）（《德国股份法》第95条及以下）以及**股东大会**（Hauptversammlung）（《德国股份法》第118条及以下）。此外，《德国股份法》第96条第2款规定，如果公司达到一定规模（即适用《德国职工参与决定法》《德国煤钢企业职工参与决定法》以及《德国煤钢企业职工参与决定法之补充法》的公司），那么其监事会中的男性和女性比例均不得低于监事会总人数的30%。[12] 在上述的法定机关中，只有董事会有权执行公司业务、代表公司（《德国股份法》第76条第1款、第78条第1款）。如果董事会成员不止一人，那么法律规定了原则上由董事会成员共同行使业务执行权（《德国股份法》第77条第1款）。根据《德国股份法》第1条第1款第2句，**股份公司的责任**仅以公司资产为限，因此，股东的责任风险仅限于其认购股份的出资额。股份公司的这种对股东风险的控制，使其在实践中成为大公司通常采用的公司形式。[13] 此外，股份公司这一公司形式还为大公司提供了筹集大量资本的可能性，并且这些资本可以由公司长期使用。与

---

[12] 详细论述见 *Junker/Schmidt-Pfitzner*, NZG 2015, 929; MünchKomm-AktG/*Habersack*, § 96 AktG Rn. 33 ff.。关于该法条的合宪性以及合欧盟法性，见 *Drygala*, NZG 2015, 1129。

[13] *Bitter/Heim*, Gesellschaftsrecht, 4. Aufl. 2018, § 3 Rn. 8; *Klunzinger*, Grundzüge des Gesellschaftsrechts, § 8 II 1; *Windbichler*, Gesellschaftsrecht, § 25 Rn. 14 ff.

借款不同，筹集的资本不必在一定期限内连本带利偿还。[14] 但是，由于德国立法者和欧盟立法者对股份公司作了相当多的规定，因此，股份公司这一公司形式变得越来越昂贵（即合规成本越来越高），这自然影响了这一公司形式的适用程度。[15]

（五）有限责任公司（Gesellschaft mit beschränkter Haftung, GmbH）

8 　根据《德国有限责任公司法》第13条第1款，与股份公司一样，有限责任公司也是团体法人；有限责任公司作为**法人**，可以成为权利和义务的承担者。有限责任公司的**机关**是**业务执行人（Geschäftsführer）**、全体**股东**，必要时，还包括监事会。根据《德国有限责任公司法》第35条第1款、第2款，如果业务执行人不止一人，那么原则上，由所有业务执行人共同代表公司。根据《德国有限责任公司法》第37条第1款，业务执行人的业务执行权不仅受股东指示的约束；此外，还可以通过公司章程对业务执行权进行限制。与业务执行权不同，根据《德国有限责任公司法》第37条第2款，在对外关系上，业务执行人的代表权是不受限制的。由于股东享有广泛的指示权，因此，股东（会）是有限责任公司的核心机关，这与股份公司不同。* 根据《德国有限责任公司法》第13条第2款，**股东以公司资产为限承担责任**。该条规定原则上也适用于一人有限责任公司。[16] 有限责任公司在德国具有重要意义。以公司资产为

---

[14] *Kübler/Assmann*, Gesellschaftsrecht，§14 II 1；*K. Schmidt*, Gesellschaftsrecht，§29 II 2.

[15] *Grunewald*, Gesellschaftsrecht，§10 Rn. 5；*Windbichler*, Gesellschaftsrecht，§25 Rn. 37.

* 在股份公司中，股东大会不是公司的核心机关，董事会、监事会与股东大会地位平等、相互制约。尤其是，《德国股份法》第119条第2款规定，除非董事会请求，否则股东大会不得对业务执行的问题作出决定。也就是说，股东大会不享有广泛的指示权。——译者注

[16] 关于一人有限责任公司业务执行人的责任风险，见 *Burgard/Heimann*, NZG 2018, 601。

限承担责任、以任意法规范为主的法律规则（在法律适用上具有灵活性）[17]、2.5万欧元的较低的成立资本以及较之人合公司更简便的股东更换机制，使得有限责任公司成为最受欢迎的公司形式之一。[18]

（六）企业主公司（有限责任） ［Die Unternehmergesellschaft (haftungsbeschränkt)］

《德国有限责任公司法》第 5a 条规定了**企业主公司（有限责任）**这一公司形式。但是，企业主公司（有限责任）不是新的公司形式，而是有限责任公司的一种特殊形式[19]，可以被理解为有限责任公司的"入门级变种"[20]。因此，只要《德国有限责任公司法》第 5a 条未作不同规定，那么适用于有限责任公司的规定也同样适用于企业主公司（有限责任）。这种公司形式的后缀——有限责任（haftungsbeschränkt）不得缩写，亦不得省略；否则，行为人须承担无限责任。[21]

9

如果没有达到成立有限责任公司所要求的最低原始资本2.5万欧元（《德国有限责任公司法》第 5 条第 1 款），那么根据《德国有限责任公司法》第 5a 条第 1 款，可以成立企业主公司（有限责任）。再结合第 5 条第 2 款（该款规定，每个股份的面值应为欧元整数），可知一人企业主公司（有限责任）**最少可以用 1 欧元的原始资本**

10

---

[17] *Grunewald*, Gesellschaftsrecht, §13 Rn. 5; *Kindler*, Grundkurs Handels-und Gesellschaftsrecht, §14 Rn. 1; *Kübler/Assmann*, Gesellschaftsrecht, §18 I 2 c; *Weller/Prütting*, Handels-und Gesellschaftsrecht, Rn. 453.

[18] *Eisenhardt/Wackerbarth*, Gesellschaftsrecht I, Rn. 680; *Kübler/Assmann*, Gesellschaftsrecht, §18 I 3.

[19] *Heckschen*, DStR 2009, 166 (169); *Windbichler*, Gesellschaftsrecht, §21 Rn. 44, 48.

[20] *Kindler*, NJW 2008, 3249; *ders.*, Handels-und Gesellschaftsrecht, §14 Rn. 104, 110.

[21] BGH vom 12.6.2012-II ZR256/11, NJW 2012, 2871 (2873); *Kindler*, Grundkurs Handels-und Gesellschaftsrecht, §14 Rn. 115; *Schirrmacher*, GmbHR 2018, 942 (943); *Windbichler*, Gesellschaftsrecht, §21 Rn. 44.

(Stammkapital）来设立。[22] 此时，通过以下方式实现对债权人的保护：根据《德国有限责任公司法》第 5a 条第 3 款，企业主公司（有限责任）应当将年净利润的四分之一设为法定公积金，直至法定公积金在增资中被使用，即增资后达到第 5 条第 1 款规定的有限责任公司的最低原始资本额（《德国有限责任公司法》第 5a 条第 5 款）。增资完成后，关于企业主公司（有限责任）的第 5a 条第 1 款至第 4 款规定不再适用，该公司将适用有限责任公司法的一般规则。[23]

11　　引入企业主公司（有限责任）的目的是**简化设立公司的程序**，从而增强德国有限责任公司[24]在国际和欧洲的公司形式中的竞争力。[25] 在过去，竞争压力主要来自英国的有限公司（Ltd.），这种公司只需 1 英镑的初始资本就可以成立，而且不需要公证人的参与。[26] 为此，德国法于 2008 年创设了企业主公司（有限责任）这一法律形式。[27] 从效果来看，截至 2008 年 12 月 31 日，有 17524 家英国有限公司的行政总部设在德国[28]，而到了 2018 年，在德国的商业登记簿中仅有约 7400 家英国有限公司。[29] 同时，截至 2018 年 1 月 1 日，德国已有 113000 家企业主公司（有限责任）。[30] 但是，也

---

[22] *Kindler*, Grundkurs Handels－und Gesellschaftsrecht, §14 Rn. 107, 114; *Windbichler*, Gesellschaftsrecht, §21 Rn. 45.

[23] *Kindler*, Grundkurs Handels–und Gesellschaftsrecht, §14 Rn. 109, 118 f.

[24] BT-DrS. 16/6140, S. 1; *Goette*, Einführung in das neue GmbH－Recht, Rn. 5, 9; *Kindler*, NJW 2008, 3249; *Leistikow*, Das neue GmbH-Recht, 2009, Rn. 7; *Lutter/Hommelhoff/Lutter/Hommelhoff*, GmbHG, Einl. Rn. 25 ff.

[25] 关于相互竞争的法律形式的详细介绍，见 *Leistikow*, Das neue GmbH－Recht, 2009, Rn. 30 ff.。

[26] *Leistikow*, Das neue GmbH－Recht, 2009, Rn. 36 ff.; *Müller*, DB 2006, 824.

[27] *Miras*, Die neue Unternehmergesellschaft, 2. Aufl. 2011, Rn. 146 a. 批判性观点见 *Niemeier*, in: Festschrift Roth, 2011, S. 533。

[28] *Miras*, Die neue Unternehmergesellschaft, 2. Aufl. 2011, Rn. 98; *Kornblum*, GmbHR 2009, 1056 (1063). 有学者估算，行政总部设在德国的英国有限公司的数量，甚至超过本文所估数字（17524 家）的两倍以上，见 *Kindler*, NJW 2008, 3249。

[29] *Kornblum*, GmbHR 2018, 669.

[30] *Kornblum*, GmbHR 2018, 669.

要注意,随着英国退出欧盟,德国将不再承认英国有限公司的地位。[31]

二、法律适用

考虑到各方当事人的利益,合同律师有义务探索法律允许的各种设计方案。公司法规定的公司形式为律师的探索设定了法律框架。每个公司都必须属于一种法定的公司形式,即所谓的**公司形式的类型法定**(numerus clausus der Rechtsformen)。[32]

12

在探索适合的公司形式时,律师必须注意各个公司形式的税法结构。此外,律师还应当考虑,可以在合同中约定哪些与法律规范相偏离的规则,以及哪些法律条文是在设立公司时必须遵守的。

13

(一)税法上的考量

在选择公司形式时,税法具有重要的意义。[33] 从税收的角度来看,人合公司和**资合公司**之间的根本区别在于,后者是**独立的纳税主体**,因此公司本身就要缴纳所得税(即**企业所得税**——Körperschaftsteuer)。因此,公司的盈利一方面要被征收企业所得税,另一方面,在向股东分配盈利后,还会作为股东总收入的一部分而被征收**个人所得税**(Einkommensteuer)。[34] 与之相反,人合公司的盈利只按合伙人的总收入征收个人所得税[35];无论盈利是否已被分配,均是如此。[36] 由于存在这种税负的差异,因此较之资合公

14

---

[31] 见本章边码 34。

[32] *Kindler*, Grundkurs Handels-und Gesellschaftsrecht, §9 Rn. 21; *K. Schmidt*, Gesellschaftsrecht, §5 II 3; *Saenger*, Gesellschaftsrecht, Rn. 36; *Windbichler*, Gesellschaftsrecht, §1 Rn. 5.

[33] *Aderhold/Koch/Lenkaitis*, Vertragsgestaltung, §17 Rn. 51; *K. Schmidt*, Gesellschaftsrecht, §1 II 6 c; *Windbichler*, Gesellschaftsrecht, §4 Rn. 9.

[34] *Birk/Desens/Tappe*, Steuerrecht, Rn. 1203; *Heidel/Heidel*, Steuerrecht, §2 Rn. 3 ff.

[35] *Birk/Desens/Tappe*, Steuerrecht, Rn. 1121; *Klunzinger*, Grundzüge des Gesellschaftsrechts, §4 IX 1; *Windbichler*, Gesellschaftsrecht, §4 Rn. 10.

[36] *Birk/Desens/Tappe*, Steuerrecht, Rn. 1124, 1163.

司，人合公司原则上享有更好的税收待遇。[37] 但是，个案中的纳税问题是一个非常复杂的问题，故而在某些情形中，按照资合公司的税收原则纳税，反而可能是更有利的。在这里，营业税的问题以及纳税人的其他财政状况，特别是适用于该纳税人的所得税税率或者是否进行积累的问题（即盈利是否留在公司或进行分配）同样起着重要作用。[38]

15   虽然对于各种公司形式，并不存在中立的税法，宪法也未要求设置这样的中立性税法[39]，但立法者仍然在尽力消除税收待遇上的不平等。[40] 在 2001 年和 2008 年的企业税改革中，立法者通过收入减半程序来消除税收待遇不平等，根据这一程序，资合公司缴纳企业所得税（直至 2008 年，税率为 25%），而股东只需为盈利总额的一半缴纳个人所得税。在 2009 年，收入减半程序被**补偿税**（**Abgeltungsteuer**）取代，即股东需为公司的全部盈利缴纳税率为 25% 的个人所得税，同时公司要缴纳税率为 15% 的企业所得税。[41]

（二）成文法

16   在订立公司合同时，各方当事人并不享有完全的设计自由。在此，**强行法对私法自治进行了限制**。无论是人合公司还是资合公司，合同设计者原则上不能偏离关于公司与第三人关系（**外部关系——Außenverhältnis**）的法律规定，比如适用于无限公司与两合公司的《德国商法典》第 126 条第 2 款、第 128 条，适用于股份公司的《德国股份法》第 82 条第 1 款，以及适用于有限责任公司和企业主公

---

[37] *Weller/Prütting*, Handels- und Gesellschaftsrecht, Rn. 142.

[38] 关于积累情形下的税收负担的例子，见 *Birk/Desens/Tappe*, Steuerrecht, Rn. 1100。

[39] BVerfG vom 21. 6. 2006 - BvL 2/99, NJW 2006, 2757（2763）; *Birk/Desens/Tappe*, Steuerrecht, Rn. 1118.

[40] Vgl. *Weller/Prütting*, Handels- und Gesellschaftsrecht, Rn. 143; *Windbichler*, Gesellschaftsrecht, § 4 Rn. 9.

[41] 具体细节见 *Birk/Desens/Tappe*, Steuerrecht, Rn. 1204。

司（有限责任）的《德国有限责任公司法》第 37 条第 2 款。这些强行法规则的立法考虑是，第三人无法参与到公司合同的设计中，因此，法的安定性要求，涉及外部第三人利益的法律条款原则上应当是强制性的。[42]

示例：

A 和 B 设立了一个无限公司，并在公司合同中约定，B 对公司债务的责任仅以 2 万欧元为限。当债权人 G 找到 B，要求 B 对 5 万欧元的公司债务负责时，B 援引了公司合同中的这一约定。

但根据《德国商法典》第 128 条的规定，公司合同中的这种对个人责任进行限制的条款，对第三人是无效的。*

对于公司成员之间关系（**内部关系——Innenverhältnis**）的合同设计，人合公司和资合公司存在差异。人合公司的合伙人基本上可以在公司合同中自由地作出与法条相偏离的约定，资合公司的股东则不可以，因为涉及资合公司内部关系的法条大多亦是强制性的，比如《德国股份法》第 23 条第 5 款。**

17

（三）形式规则

法律仅对资合公司的公司合同形式作出了要求。根据《德国股份法》第 23 条第 1 款第 1 句以及《德国有限责任公司法》第 2 条第 1 款第 1 句，股份公司、有限责任公司的公司合同必须被制成**公证文书**（notarielle Beurkundung）。根据《德国有限责任公司法》第 2 条第 1a 款，在通过简易程序设立有限责任公司的场合，亦应遵守这一形式要

18

---

[42] *Eisenhardt/Wackerbarth*, Gesellschaftsrecht Ⅰ, Rn. 43 f. ; *K. Schmidt*, Gesellschaftsrecht, §5 Ⅲ 1 a; *MünchKomm-HGB/K. Schmidt*, §126 HGB Rn. 1.

* 《德国商法典》第 128 条："合伙人对公司的债务向债权人承担连带责任。如有不同约定，那么该约定对第三人无效。"——译者注

** 《德国股份法》第 23 条第 5 款："只有在本法明确允许的情况下，公司章程才可作出与本法相偏离的规定。公司章程可以规定补充条款，除非本法已经作了最终规定。"——译者注

求。这与立法者最初的构想是不一样的。[43] 与资合公司不同，人合公司的公司合同不需要任何形式。但出于法的安定性考虑，最好还是以书面形式将公司合同确定下来。

19   此外，无论是资合公司还是（绝大多数的）人合公司，都需要将公司**登记于商事登记簿**（Eintragung in das Handelsregister）。这种登记通常是设权性的，也就是说，在公司被登记于商事登记簿时方成立。[44] 例外情形是无限公司和两合公司，这类公司成立的目的是商事营利事业的经营（《德国商法典》第 1 条第 2 款）；对于这类公司，商事登记是宣示性的，公司随着业务的开始而成立。[45]

20   不需要登记的公司，仅有民事合伙这一种。因此，民事合伙不需要任何形式就可以成立。

三、设计标准的适用

21   在运用设计标准时，合同律师首先应考虑**安全路径之要求**。如果在选择公司形式时，存在多个选择，那么律师应该选择最安全且最能满足当事人期望的公司类型。

22   如果公司一方面想享受人合公司的税收优惠，另一方面也想享有资合公司的责任优待，那么可以考虑成立有限责任两合公司。[46] 这种公司属于人合公司（所以享有税收优惠），该公司中唯一负有无限责任的合伙人是一家有限责任公司（所以又享有责任优待）。

---

[43] RegE, BT-DrS. 16/6140, S. 5.

[44] 如果公司在登记之前，已经开始从事法律交易，那么此时的公司是一个设立中的公司。相关详细论述见 *Weller/Prütting*, Handels- und Gesellschaftsrecht, Rn. 153, 477 ff.；*K. Schmidt*, Gesellschaftsrecht, § 11 II。

[45] *Baumbach/Hopt/Roth*, § 106 HGB Rn. 1, § 162 HGB Rn. 1; *K. Schmidt*, Handelsrecht, § 9 Rn. 8, § 10 Rn. 51.

[46] *Aderhold/Koch/Lenkaitis*, Vertragsgestaltung, § 8 Rn. 83. 根据《德国有限责任公司法现代化和反滥用法》，也可以考虑成立企业主（有限责任）两合公司，见 *Windbichler*, Gesellschaftsrecht, § 21 Rn. 44。

此外，对于民事合伙、股份公司、有限责任公司以及企业主公司（有限责任）等公司类型，法律规定了共同的业务执行权；但在实践中，通常有必要在公司合同中作出与此相偏离的约定。共同业务执行要求意见的一致性。而业务执行人的数量越多，就越难达成一致意见。因此，出于实用性的考虑，建议在公司合同中作出与共同业务执行原则相偏离的约定。规定共同业务执行原则的法条，如《德国民法典》第709条及以下（民事合伙）、《德国有限责任公司法》第35条第1款第2句〔有限责任公司或企业主公司（有限责任）〕以及《德国股份法》第77条第1款第1句，均为任意性规则。可以考虑的方案有：以多数决取代一致决、仅赋予某些人以业务执行权或者以单独业务执行取代共同业务执行。但要注意的是，根据《德国商法典》第126条第2款（无限公司）、《德国有限责任公司法》第37条第2款第1句（有限责任公司）以及《德国股份法》第82条第1款（股份公司），与业务执行权不同，代表权不能被限制。

第二节　案例：一个有限责任公司的成立

Franz Ammer（简称"A"）、Gisela Berg（简称"B"）和 Dieter Casper（简称"C"）是诺伊施塔特的"Bike 2000 无限公司"的雇员。在这家公司因经营困难而被破产解散后，他们决定自谋职业，开一家小型自行车店。他们向"Eller, Hüttwitz und Rotstein"律师事务所寻求建议。在与公证员 Rotstein（简称"R"）的第一次沟通中，他们向公证员 R 说明了对他们而言特别重要的两点：第一，他们为设立公司所能投入的资金是有限的，因此，他们希望可以预先估计经营失败情形下的财务风险。第二，成立公司这一决定，在很大程度上是基于他们彼此之间的信任才产生的，所以对他们来说重要的是，每个人都不能轻易地离开公司，外人也不能轻易地"进入"。

A、B 和 C 询问 R，哪种形式的公司最符合他们的利益，并委托

R 为他们起草公司合同。

一、信息收集

25 　　为了能够设计一个符合当事人利益的公司合同，首先要向 A、B 和 C 获取相关信息，来为合同设计确定方向。

（一）成立公司的目的

26 　　根据当事人（即 A、B 和 C）提供的信息可知，当事人意欲成立公司的目的是营利性的，确切地说，是以商事营利事业的经营为目的。所谓**商事营利事业**（Handelsgewerbe）的经营是指，以获利为目的，独立地、有计划地、长期地开展活动（即营利事业），并且依其企业性质和范围，要求以商人方式进行经营[47]（即商事营利事业）。企业是否要求以商人方式进行经营，需要根据业务经营的整体情况来判断。[48] 在本案中，当事人长期的营利性活动不仅符合营利事业的概念，而且应当认为，其以商事营利事业的经营为目的。

（二）公司的资金配备与责任

27 　　从咨询对话中可以看出，A、B 和 C 只愿意为公司的成立提供一定数额的资金，而不愿意承担无限责任。如果希望只承担有限责任，那么部分公司形式就不适合了。[49] 另外，由于部分公司形式要求一定数额的资本，因此，还需探明每种公司形式需要多少数额的资本；A、B 和 C 能够提供的资金是否足够以及是否需要更多资金。

　　问题一：A、B 和 C 想对公司投资多少钱？除了这些自有资金外，他们是否需要更多的资金？

---

　　[47] 这一定义是《德国商法典》第 1 条中所谓的"必然商人"的概念。《德国商法典》第 2 条扩大了这一定义，将这类营利事业经营亦视为商事营利事业：企业依其性质和范围，虽然并不要求以商人方式进行经营，但其商号已被登入商事登记簿；这就是所谓的"可为商人或登记商人"。由于本案缺少对（尚未成立的）公司的登记，因此，营利事业是否构成商事营利事业，只能根据《德国商法典》第 1 条来判断。

　　[48] 判断标准包括企业活动的目标和性质、营业额、资本额以及雇员数量。

　　[49] *Saenger*, Gesellschaftsrecht, Rn. 22. 见本章边码 30—36。

信息获取方式：询问当事人。

问题一的询问结果（假设）：A和B准备各自向公司出资5000欧元。C愿意出资1万欧元。他们不需要更多的资金。

（三）公司的名称与住所地

最后，为了起草公司合同，公证员必须知道公司的名称以及公司将在哪个城市开业。

问题二：公司的名称是什么？公司的住所地在哪里？

信息获取方式：询问当事人。

问题二的询问结果（假设）：公司的名称是"Fahrradwelt"，住所地在诺伊施塔特。

二、公司形式的选择

基于已收集的信息，现在可以开始选择**公司形式**，并向当事人提出建议。需要区分的是，法律**不允许**的公司形式，以及法律虽然允许，但**不符合当事人利益**的公司形式。

（1）当事人提供的信息显示，他们希望经营商事营利事业。由于法律规定，**民事合伙**不能从事商事营利事业的经营，因此民事合伙是**不被允许**的公司形式，本案不予考虑。

（2）此外，A、B和C只愿意为公司投资一定数额的资金，他们不希望承担超过这个数额的财务风险。考虑到这一情况，人合公司，如**无限公司**和"纯粹的"**两合公司**，也不适合本案，因为在人合公司中，**不可能全体合伙人都只承担有限责任**。但可以考虑成立**一个有限责任两合公司**（GmbH & Co. KG），这种公司是一个两合公司，其中唯一承担个人责任的合伙人是有限责任公司。[50] 有限责任两合公司的**优点**在于，将人合公司的税收优惠（steuerliche Privile-

---

[50] 关于有限责任两合公司，参见 *Bitter/Heim*, Gesellschaftsrecht, 4. Aufl. 2018, § 7 Rn. 49 ff; *Grunewald*, Gesellschaftsrecht, § 3 Rn. 70 ff.; *Weller/Prütting*, Handels- und Gesellschaftsrecht, Rn. 575 ff.。

gierung der Personengesellschaft）（两合公司）与**资合公司的责任优待**（Haftungsprivilegierung einer Kapitalgesellschaft）（有限责任公司）相结合。[51] 由于有限责任两合公司是两种公司形式的结合，因此，其需要成立两个公司，而且必须分开记账、分开编制年度财务报表，等等[52]；显然，与成立有限责任公司相比较，有限责任两合公司会导致额外的支出。而从财务角度来看，成立有限责任两合公司还存在这样的**劣势**：在设立有限责任公司时，会产生设立费用（如公证费、商事登记簿的登记费），而在设立两合公司时，这些费用还会再次产生。在本案中，考虑到预期设立的公司的经济活动范围较小，因此，**从实际操作来看**，成立一个有限责任两合公司**成本太高且太过复杂**。

32　　（3）其实，可以考虑设立一个**企业主公司（有限责任）、有限责任公司或股份公司**。从设立公司所需的资本数额来看，根据《德国有限责任公司法》第 5 条第 1 款，有限责任公司的原始资本最低为 2.5 万欧元，根据《德国股份法》第 7 条，设立股份公司至少需要 5 万欧元的基本资本，根据《德国有限责任公司法》第 5 条第 2 款，设立企业主公司（有限责任），当股东为三人时，仅需要 3 欧元的资本（即至少 3 个股份，每个股份至少 1 欧元）。由于 A、B 和 C 加起来只有 2 万欧元的资金，因此，如果他们不能筹到更多资金，那么就无法设立"真正的"有限责任公司和股份公司。此外，**成立股份公司**也**不适合本案的情况**，因为股份公司适合资金需求大且股东之间没有私人关系的情形，而有限责任公司或企业主公司（有限责任）则适合资金需求小且股东人数少的情形。[53] 而且，与有限责任公司或企业主公司（有限责任）相比，股份公司必须设置监事会，其主要职能

---

[51] *Kübler/Assmann*, Gesellschaftsrecht，§ 20 I 2 b aa；*Weller/Prütting*, Handels-und Gesellschaftsrecht, Rn. 142 f.，577.

[52] *MünchVertragshandbuch-GesR/Götze*, Muster III. 7 Anm. 2（1）；*Saenger*, Gesellschaftsrecht, Rn. 421.

[53] *Grunewald*, Gesellschaftsrecht，§ 10 Rn. 3，§ 13 Rn. 3；*Weller/Prütting*, Handels-und Gesellschaftsrecht, Rn. 452.

是对公司的代表机关进行监督。[54] 设置这样的监督机关不符合本案当事人的利益，所以成立股份公司亦不合适。因此，在本案中，考虑到A、B和C之间的私人关系以及相对较小的资金需求，设立有限责任公司或企业主公司（有限责任）是可取的。

在本案中，如果说设立股份公司是不合适的，那么设立有限责任公司就并非不合适的，但由于启动资金不足，无法顺利设立有限责任公司。不过，由于A、B和C的现有资金（2万欧元）与有限责任公司的最低原始资本（2.5万欧元）差距并不大，所以可以考虑进行贷款；如果申请小额贷款以设立有限责任公司，较之设立企业主公司（有限责任），更有优势，那么应当优先考虑前者。[55] **企业主公司（有限责任）**的一个主要**劣势**是，它在实践中会面临一些保留。[56] 比如，被银行拒绝开立账户的情况时有发生，因为银行对这种公司的可信赖性或企业规划持怀疑态度。另外，交易伙伴经常会要求企业主公司（有限责任）的合伙人提供个人的保证或担保[57]，这极大削弱了企业主公司（有限责任）的责任限制这一优势。此外，还应注意，商业交易对于企业主公司（有限责任）亦持谨慎态度，因为这种公司很可能一开始就没有任何资产，而且又无法对其股东进行追偿。[58] 在实践中，企业主公司（有限责任）的原始资本通常在100

---

[54] *Klunzinger*, Grundzüge des Gesellschaftsrechts, § 8 V 1, VIII; *Windbichler*, Gesellschaftsrecht, § 26 Rn. 5, § 28 Rn. 32 ff.

[55] 在实践中，只要资金大约达到1.25万欧元，那么通常就会建议设立一个有限责任公司，而非企业主公司（有限责任），见 *Kindler*, Grundkurs Handels-und Gesellschaftsrecht, § 14 Rn. 113; *Niemeier*, in: Festschrift Roth, 2011, S. 533 (546)。

[56] *Goette/Habersack/Wachter*, Das MoMiG in Wissenschaft und Praxis, Rn. 1150; *Heckschen*, DStR 2009, 167f.; *Ries/Schulte*, NZG 2018, 571 (571).

[57] *Baumbach/Hueck/Fastrich*, § 5 a GmbHG Rn. 6; *Heckschen*, DStR 2009, 166 (169); *Miras*, Die neue Unternehmergesellschaft, 2. Aufl. 2011, Rn. 56 a.

[58] *Miras*, Die neue Unternehmergesellschaft, 2. Aufl. 2011, Rn. 63 f., 79.

欧元至 1000 欧元之间；只有在个别情况下才会超过 5000 欧元。[59] 同时，企业主公司（有限责任）似乎特别容易出现破产。因此，实践中对这种公司的怀疑也不是完全没有根据。考虑到这些缺点，在本案中应当认真考虑，A、B 和 C 是否可以通过分担贷款的方式，筹得缺少的 5000 欧元资本（以设立有限责任公司）。但是，贷款会导致一定程度的个人责任，因此，只有当贷款对公司投资有利且借款人可以从获利中偿还贷款所产生的负担时，才会建议进行贷款。与此相关的，还要注意，企业主公司（有限责任）必须将年净利润的四分之一设为法定公积金（《德国有限责任公司法》第 5a 条第 3 款）。

问题三：当事人是否能够通过贷款筹集到 5000 欧元的额外资金，以及他们是否准备对该贷款承担个人责任？如果贷款，这些资金能否被合理地投入公司，以使贷款在可预见的将来产生收益？尽管会产生更多费用，当事人是否仍然希望设立一个有限责任两合公司，而不是有限责任公司？

问题三的询问结果（假设）：当事人可以轻松获得相应的贷款。考虑到 5000 欧元贷款分摊到每个人的数额并不大，当事人也愿意承担相应的个人责任的风险。根据企业规划，还可以（利用贷款所获资金）合理地扩大产品种类。为了简便程序，A 和 B 准备各自承担一半的贷款。另外，在公证员进行相应说明之后，当事人认为，设立有限责任两合公司成本过高（因此不考虑）。

34 （4）最后还要提到一点：**英国的有限公司**（englische Ltd）与有限责任公司或企业主公司（有限责任）非常相似。[60] 英国的有限公司对债权人的**责任**也**仅限于**公司资本。与德国的有限责任公司相比，英国的有限公司有一个优势：其**最低资本**不必是 2.5 万欧元，而

---

[59] *Gude*, ZInsO 2010, 2385 (2386f.)；*Goette/Habersack/Wachter*, Das MoMiG in Wissenschaft und Praxis, Rn. 1151；*MünchKomm-GmbHG/Rieder*, § 5a GmbHG Rn. 11；*Niemeier*, in: Festschrift Roth, 2011, S. 533 (546 ff.)；*Seebach*, RNotZ 2013, 261 (265).

[60] 关于英国有限公司，见 *Just*, BC 2006, 25 ff.；*Kessler/Eicke*, DStR 2005, 2101 ff.。

仅需**1英镑**。[61] 然而，英国退出欧盟后，英国的有限公司在德国将不再被承认，因为它们不能再援引定居自由（Niederlassungsfreiheit）。因此，在本案中，不能将英国的有限公司视为一种公司形式。[62] 综上所述，公证员应当向客户建议设立有限责任公司，不建议设立企业主公司（有限责任）。

三、简易程序中的公司设立

在确定有限责任公司为适合的公司形式后，必须起草相应的公司合同。《德国有限责任公司法》第 2 条第 1a 款规定可通过**简易程序**（vereinfachtes Verfahren）设立有限责任公司或企业主公司（有限责任）。如果公司的股东不超过 3 人且业务执行人只有一人，那么就可以适用简易程序。但是，在简易程序中，必须使用《德国有限责任公司法》附件中的两个**示范样本**（Musterprotokolle）：一个是设立一人公司的样本，另一个是设立最多有三位股东的多人公司的样本。由于本案中有 A、B 和 C 三位股东，因此原则上可以考虑使用多人公司的示范样本。但是，在可以使用简易程序的场合，并非总是会建议使用它。[63]

使用示范样本的**优势**是，在正常程序中必须分别处理的几个文件被整合在一起。示范样本包括或取代了设立文书、公司章程、对业务

---

[61] *Kessler/Eicke*, DStR 2005, 2101.

[62] 在本书出版时，英国脱欧的日期，甚至英国是否脱欧，尚不明确。对于英国脱欧之时德国境内的英国有限公司，现有如下规定：为使英国公司能够有序地转变为（德国）国内的公司形式，自 2019 年 1 月 1 日起，《德国公司改组法》第 122a 条及以下所规定的跨境改组的可能性被扩大了。此外，《德国公司改组法》第 122m 条允许在某些情况下，完成在脱欧生效之时或任何过渡期结束之前已经开始但尚未及时完成的改组。没有选择这种路径的英国有限公司，将按照住所地主义，根据其符合的设立条件，被重新归类为国内的法律形式（即民事合伙或无限公司）。

[63] 批判性观点见 *Goette/Habersack/Wachter*, Das MoMiG in Wissenschaft und Praxis, Rn. 1. 60 ff.；*Heckschen*, DStR2009, 167f.；*Kindler*, NJW 2008, 3247f.；*Verspay*, MDR 2009, 117。

执行人的任命以及股东名单这些文件。[64] 由此可见，使用示范样本的优势之一在于简易性和清晰性。不过，使用示范样本不会加速商事登记簿的登记。[65] 此外，也要求制成公证文书。使用示范样本在公司设立费用方面也有优势，这种潜在的费用优势来自《德国法院非诉事件程序费用与公证费用法》第 105 条第 6 款第 1 句第 1 项和第 107 条第 1 款第 2 句。根据这些法条，在使用示范样本时，公司设立的业务价值仅依原始资本确定（而公证费用的高低取决于业务价值的大小），该法规定的 3 万欧元最低业务价值（参见《德国法院非诉事件程序费用与公证费用法》第 3 条第 1 款、第 105 条第 1 款第 1 句第 1 项、第 1 款第 2 句、第 107 条第 1 款第 1 句）不适用于使用示范样本的情形。但是，这种费用的优势主要体现在设立企业主公司（有限责任）的场合，因为有限责任公司的最低原始资本已经是 2.5 万欧元。[66] 然而，使用示范样本，特别是在设立多人公司中使用示范样本，存在**缺乏灵活性这一重大劣势**：即为了保持简易程序的（可能）优势，当事人不得在内容上偏离示范样本。根据《德国法院非诉事件程序费用与公证费用法》第 105 条第 6 款第 2 句，只能是纯粹的语言上的偏离。由此，当事人不得不穿上"紧身衣"，意即公司设立者在合同设计方面的个人需求，经常无法满足。[67] 特别是关于股东间的内部关系，公司设立者经常存在额外的规制需求，但使用示范样本的话，就不能作出相偏离的规定，比如不能规定将股份转让给第三人。因此，在本案中，如果要成立一个多人公司，那么从整体上

---

[64] *Heckschen*, DStR 2009, 166.

[65] *Goette/Habersack/Wachter*, Das MoMiG in Wissenschaft und Praxis, Rn. 1. 64；*Heckschen*, DStR 2009, 167 f. 但立法者认为有加速效果，见 BR-DrS. 354/07, S. 70。

[66]《德国费用法》旧版规定，最低业务价值为 2.5 万欧元，参见 *Heckschen*, DStR 2009, 167 f．；*ders．*, Das MoMiG in der notariellen Praxis, 2009, Rn. 308 ff.。

[67] *Goette/Habersack/Wachter*, Das MoMiG in Wissenschaft und Praxis, Rn. 1. 69；*Heckschen*, DStR 2009, 167f．；*Heckschen/Heidinger/Heidinger/Knaier*, GmbH, Kap. 2 Rn. 154；*Kindler*, NJW 2008, 3247 f．；*Verspay*, MDR 2009, 117.

看，不建议使用示范样本。

四、问题概览与初步草稿

有限责任公司的**公司合同的最少内容**（Mindestinhalt eines Gesellschaftsvertrags）来自《德国有限责任公司法》第3条第1款。此外，公司合同至少应当包含以下内容：业务执行与代表、财政年度、法律要求的公示、设立费用以及可分割条款。另外，设立公司这一决定产生于当事人A、B和C之间的信任关系。因此，一方面，应当增加第三人取得股份的难度，另一方面，应当使"每人均可单独代表公司"成为可能。

需要注意的是，根据《德国有限责任公司法》第2条，有限责任公司的公司合同需要采取**公证形式**（notarielle Form），且必须由所有股东签署。除了该法第3条规定的法定最少内容外，公司的设立者可以在公司合同中自由地规定更多内容。所以，下文列出的只是一个对于可能的规制对象的基本框架。[68]

因此，一份公司合同[69]可以是这样的：

第一条 商号与住所地
第二条 公司标的
第三条 原始资本、股份的数量与面值

---

[68] 详细的合同见 *MünchVertragshandbuch – GesR*, Kap. IV; *Wurm/Wagner/Zartmann/Langenfeld*, Rechtsformularbuch, Muster 120. 38。

[69] 根据《德国公证书证法》第9条第1款，公司合同既可以被纳入公证员的设立文书中，也可以作为该设立文书的附件附于其上。为清晰起见，本案将选择后一种方式。如果公司最后应申请在商事登记簿进行登记，那么在申请登记时，还需要附上大量的其他文件（《德国有限责任公司法》第8条）。关于有限责任公司的登记申请的设计，见 *Heckschen/Heidinger/Heckschen*, GmbH, Kap. 2 Rn. 132; *Schachner/Winkler*, Rechtsformularbuch, 1 I 4。自2007年1月1日起，成立公司所需的文件不再以纸质形式提交至商业登记处，而是以电子形式提交。

第四条　业务执行与代表
第五条　存续期限与财政年度
第六条　对股份的处分
第七条　公示
第八条　费用
第九条　可分割性条款

五、公司合同的具体细节

40　　下文将讨论合同草案的具体细节。本案中公证员的任务是，在法律框架内帮助当事人实现利益最大化。

（一）商号与住所地

41　　商号，指公司参与法律交易时的名称（《德国商法典》第17条）。商号既可以与公司标的有关(**实物商号**——Sachfirma)，也可以包含股东们的姓名或至少一个股东的姓名(**人名商号**——Personenfirma)。当然也可以使用一个与公司标的或股东姓名无关的、完全基于想象而产生的商号。[70] 本案当事人选择的公司名称"Fahrradwelt（自行车世界）"属于公司的实物商号。此外，根据《德国有限责任公司法》第4条，商号必须包含"有限责任公司"这一标识或该标识的通常可理解的缩写。

42　　此外，根据《德国商法典》第30条，商号必须满足可区分性要求。如果登记法院对商号的可登记性存有疑问，那么它可以询问主管的工商会的意见。[71] 因此，在准备登记申请时，公证员应向主管的工商会询问，对于预申请的商号是否有疑虑（比如，已经有其他公司

---

[70] *Eisenhardt/Wackerbarth*, Gesellschaftsrecht I, Rn. 687; *MünchVertragshandbuch-GesR/Böhm/Frowein*, Muster IV. 2 Anm. 3; *Oetker*, Handelsrecht, §4 Rn. 21.

[71] *Heckschen/Heidinger/Heidinger*, GmbH, Kap. 4 Rn. 148.

使用该商号）。[72]

问题四：对"Fahrradwelt GmbH"这一标识是否存在商号法上的疑虑？

信息获取方式：询问工商公会。

问题四的询问结果（假设）：由于在诺伊施塔特没有使用类似名称的已登记公司，因此，对于"Fahrradwelt GmbH"这一商号不存在疑虑。

最后，必须在公司合同中确定公司的住所地。公司可以自由选择住所地，只要其位于德国境内即可。在本案中，公司仅计划在诺伊施塔特开展经营活动。因此，建议将诺伊施塔特作为住所地。

（二）公司标的

此外，公司合同必须包含对公司标的的规定（《德国有限责任公司法》第3条第1款第2项）。从该规定中，应当能够清晰、明确地识别出公司的**业务活动的重点**。[73] 在使用实物商号的情形中，公司标的必须与商号相一致。在本案中，A、B和C目前只表示，他们想开一家自己的自行车店。因此，还有一些关于公司标的的内容尚不清楚，比如，除了销售自行车外，是否还提供修车服务或租车服务。为了更准确地确定公司标的，需要再次询问当事人。

问题五：公司的标的包括哪些业务活动？

信息获取方式：询问当事人。

---

[72] *Heidel/Pauly/Amend/Heidel*, AnwaltFormulare, §14 Rn. 28 建议，对于商号的问题，也与登记法院进行非正式的沟通。但 *Beck'sches Formularbuch GmbH – Recht/Pfisterer*, 2010, B. I. 4 认为，没有必要总是询问工商公会，只有当不能排除对所选商号的允许性的疑虑时（比如，已经有其他公司使用了类似商号），方有必要询问工商公会。

[73] *Heckschen/Heidinger/Heckschen*, §3 GmbHG Rn. 19 f.; *Miras, Die neue Unternehmergesellschaft*, 2. Aufl. 2011, Rn. 296 ff.; *MünchVertragshandbuch – GesR/Böhm/Frowein*, Muster IV. 2 Anm. 5; *Wurm/Wagner/Zartmann/Langenfeld*, Rechtsformularbuch, Kap. 120 Rn. 23. 与此相反，*Heidel/Pauly/Amend/Heidel*, AnwaltFormulare, §15 Rn. 30 认为，对公司标的进行概括性定义就足够了。

问题五的询问结果（假设）：公司的标的应当是购买和销售自行车及其配件。

（三）原始资本、股份的数量与面值

45 根据《德国有限责任公司法》第3条第1款第3项和第4项，公司合同还必须规定公司的原始资本，以及每位股东通过出资而获得的股份的数量与面值。**原始资本**（Stammkapital），指通过股东缴纳出资而形成的**公司资产**（Gesellschaftsvermögen）。根据《德国有限责任公司法》第5条第1款，有限责任公司的原始资本至少要达到2.5万欧元，企业主公司（有限责任）除外。原始资本由股东的原始出资组成，原始出资可以是1欧元，因为每个股份必须以整数欧元计价（《德国有限责任公司法》第5条第2款）。根据《德国有限责任公司法》第5条第2款第2句，每位股东可以认购多个业务份额，该规则的目的在于方便股份的转让。[74]但是在本案中，A、B和C之间存在特殊的相互信任关系，因此他们对于方便股份转让这一优点没有太大兴趣。所以，可以在公司合同中规定，每位股东仅认购一个股份。

46 股东可以用金钱（**金钱出资**——Bareinlage）或者具有资产价值的实物（**实物出资**——Sacheinlage）进行相应的出资。如果某位股东未能进行相应的出资，那么其他股东须按比例承担这一缺口（**填补责任**——**Ausfallhaftung**）。只有当股东的实际出资额至少达到法定原始资本的一半（即1.25万欧元）时，公司才可以申请商事登记簿的登记（《德国有限责任公司法》第7条第2款第2句）。因此，公证员还应该在公司合同中加入这样的规定，即所有股东应当立即缴付各自原始出资额的一半。公司合同订立之后，直到有限责任公司被登记于商事登记簿之前，在这一期间（Vor-GmbH——**所谓的设立中的有限责任公司**）为公司而行事的股东，以其个人全部资产承担责任（《德国

---

[74] BT-DrS. 16/6140, S. 29 f.

有限责任公司法》第 11 条第 2 款)。[75]

在本案中，A、B 和 C 想对公司进行投资，并各自认购一个股份。所以，他们每一个人都可以成为有限责任公司的股东。另外，他们以现金出资所缴付的原始出资，达到了法定最低资本额——2.5 万欧元，因此，有限责任公司的设立不会因资金不足而失败。

(四) 业务执行与代表

(1) 由于 A、B 和 C 设立了公司，所以需要进一步探明，是否由他们自己代表公司（而非外部第三人，如职业经理人）。作为一个企业法人，有限责任公司在法律交易中由一个或数个**业务执行人**（Geschäftsführer）代表。股东或外部第三人均可被委任为业务执行人。

问题六：A、B 和 C 希望成为公司的业务执行人吗？

信息获取方式：询问当事人。

问题六的询问结果（假设）：A、B 和 C 不仅希望对公司进行投资，而且希望作为业务执行人对外代表公司。

对**业务执行人的委任**（Bestellung der Geschäftsführer），可以在公司合同中做出，但通常是通过股东特别决议而决定。[76] 除了委任之外，还有**聘任业务执行人**（Anstellung der Geschäftsführer）。委任是团体法人的组织行为，通过委任，业务执行人成为公司的代表机关；与此不同，聘任是通过业务执行人与公司之间订立雇佣合同而实现的。从公司角度来看，根据《德国有限责任公司法》第 46 条第 5

---

[75] 与此相区分的，是所谓的设立前的公司（Vorgründungsgesellschaft）。如果股东在订立公司合同之前，就已经达成有约束力的约定，那么就存在设立前的公司。这种公司通常是一个民事合伙，其目的在于设立有限责任公司，并随着公司合同的订立而结束。如果设立前的公司已经开始经营商事营利事业，那么它就是无限公司。关于设立前的公司的股东责任以及公司本身的责任，适用民事合伙或无限公司的一般规则，参见 Eisenhardt/Wackerbarth, Gesellschaftsrecht I, Rn. 694 ff.；MünchHandbuch-GesR/Priester, Bd. 3, §15 Rn. 36。

[76] Heidel/Pauly/Amend/Heidel, AnwaltFormulare, §15 Rn. 99; Schachner/Winkler, Rechtsformularbuch, 1 I1Anm. 2.

项，聘任合同的订立需要相应的股东会（大会）决议。

50　　（2）此外，需要注意，根据《德国有限责任公司法》第35条第1款，如果委任了数名业务执行人，那么原则上由他们共同代表公司（Gesamtvertretung——**共同代表**）。但是，可以在公司合同中约定相偏离的规则，即公司合同可以规定由一名业务执行人单独代表公司（Einzelvertretung——**单独代表**）或多名业务执行人代表公司（《德国有限责任公司法》第35条第2款第1句后半句）。因此，在本案中会产生这样的问题：公司由A、B和C共同代表，还是由他们每一个人单独代表。

　　问题七：作为业务执行人的A、B和C是只能共同代表公司，还是也可以各自单独代表公司？

　　信息获取方式：询问当事人。

　　问题七的询问结果（假设）：开设自己的自行车店的决定，在很大程度上是基于A、B和C彼此之间的信任。因此，每个人都应该有权单独代表公司。

50　　就像对业务执行人的委任一样，与法律相偏离的代表权规则通常也不在公司合同中规定，而是通过特别的股东会（大会）决议来实现。[77]

52　　（3）最后，公司合同可以包含《德国民法典》第181条规定的**禁止自我交易的豁免规则**（Befreiung vom Verbot des Insichgeschäfts）。这样一来，业务执行人A、B和C就可以代表公司与自己进行法律交易。公司章程通常只包含一个相应的授权，实际的豁免是通过股东会（大会）决议实现的。

（五）存续期限与财政年度

53　　在设立公司时，有限责任公司可以**有明确的存续期限**，也可以**不设期限**（auf bestimmte oder unbestimmte Zeit）。如果公司有明确的存

---

[77] Vgl. *Heckschen/Heidinger/Heidinger*, § 4 GmbHG Rn. 11.

续期限，那么根据《德国有限责任公司法》第3条第2款，需要在公司合同中作出相应规定。存续期限届满，公司即解散（《德国有限责任公司法》第60条第1款第1项）。另外，关于财政年度的规定不属于公司合同的强制性内容。财政年度可以与日历年度一致，但并非必须。如果财政年度与日历年度一致，那么第一年通常是一个缩短的财政年度，因为未满12个月。[78]

（六）股份转让及解约

（1）根据《德国有限责任公司法》第15条第1款，公司的**股份原则上可以自由转让**（Geschäftsanteile grundsätzlich frei veräußerlich），只需将该转让制成**公证文书**即可（《德国有限责任公司法》第15条第3款）。但是为了防止外部第三人在违背（其他）股东意愿的情况下获得股份，可以根据《德国有限责任公司法》第15条第5款，对股份转让设定其他条件。如果公司的股东人数不多，且股东之间的相互信任对公司而言很重要，那么就应当考虑对股份转让设定其他条件，比如，规定股份转让必须获得一个或多个股东的同意。股份转让的前提条件，必须在公司合同中清楚写明。

A、B和C在咨询对话中明确表示，每个股东都不能轻易地离开公司，外人也不能轻易地成为新股东。因此，公证员应当在公司合同中加入这样一项规定，即只有在全体股东事先同意的情况下，股东才可以对股份进行处分。

（2）此外，可以考虑在公司合同中加入一项**对于股东死亡情形股份处置的规定**（Regelung für den Fall des Todes eines der Gesellschafter）。根据《德国有限责任公司法》第15条第1款，股份不仅可以被转让，而且可以被继承。根据《德国民法典》第1922条第1款，股份由继承人取得，而无需其他股东的同意。股东可以自由地选择其继承

---

[78] *Schachner/Winkler*, *Rechtsformularbuch*, 1 I 1 Anm. 17; *MünchVertragshandbuch-GesR/Böhm/Frowein*, Muster IV. 2 Anm. 19.

人，公司合同不得进行限制。但是，公司合同可以规定，在股东死亡后，允许公司从继承人那里收购该股东的股份。[79] 如果无此规定，那么就不能收购股份。[80] 因此必须查明，当事人是否希望对于股东死亡情形设计一项特别规定。

问题八：应当在公司合同中加入一项对于股东死亡情形股份处置的特别规定吗？

信息获取方式：询问当事人。

问题八的询问结果（假设）：A、B 和 C 认为，没有必要在公司合同中加入一项对于股东死亡情形的特别规定。相反，A、B 和 C 认为，自己的继承人应当能够不受限制地继承自己的股东地位，并继续经营公司。因此，公司合同没有必要对死亡情形作出特别规定。

最后，应当考虑在公司合同中加入关于股东正常解约的规定，来平衡对股份转让的限制。《德国有限责任公司法》本身并没有关于股东的正常解约或非正常解约的规定。但是，人们普遍认为，与所有的继续性债务关系一样，应当允许股东的**非正常解约**（außerordentliche Kündigung），即基于重大理由而解除与公司的关系。[81] **正常解约**（ordentliche Kündigung）权则不同：只有当公司合同包含了相应条款时，股东才享有正常解约权。因此，需要询问 A、B 和 C，公司合同是否应当规定股东的正常解约权。

问题九：是否应当在公司合同中赋予股东正常解约权？

信息获取方式：询问当事人。

问题九的询问结果（假设）：A、B 和 C 认为，存在非正常解约

---

[79] *Eisenhardt/Wackerbarth*, Gesellschaftsrecht I, Rn. 801; *Lutter/Hommelhoff/Bayer*, § 15 GmbHG Rn. 20; *Wurm/Wagner/Zartmann/Langenfeld*, Rechtsformularbuch, Kap. 119 Rn. 107a. 德国联邦最高法院认为，股份的收回并不违反《德国有限责任公司法》第 5 条第 3 款第 2 句规定的一致性要求，见 BGH vom 2.12.2014-II ZR 322/13, BGHZ 203, 303。

[80] *Heckschen/Heidinger/Heckschen*, § 8 GmbHG Rn. 69.

[81] BGH vom 1.4.1953-II ZR 235/52, BGHZ 9, 157; *Eisenhardt/Wackerbarth*, Gesellschaftsrecht I, Rn. 807; MünchHandbuch-GesR/Kort, Bd. 3, § 29 Rn. 3, 6.

的可能性就已足够,没有必要再规定正常解约权。

综上所述,公司合同只需包含一项关于股份转让的规则。对于股东死亡情形及股东的解约,没有必要作出规定。

58

（七）公示

《德国有限责任公司法》对个别情况规定了公司的公示义务,比如减资（《德国有限责任公司法》第58条）或公司解散（《德国有限责任公司法》第65条第2款）。只要公司合同未作其他规定,那么应按照《德国商法典》第8条第1款、第10条的规定,在各州司法局指定的信息与通信系统中以电子方式进行公示。[82]

59

（八）费用

公司的设立会产生费用,即所谓的**设立费用**（Gründungsaufwand）。该费用一部分由公司自己承担,一部分由股东承担。公司自己承担的是登记费用（《德国法院非诉事件程序费用与公证费用法》第22条第1款、第58条第1款第1句第1项,结合《商事登记费用条例》）以及公示费用（《德国法院非诉事件程序费用与公证费用法》第3条第2款,结合附件1编号31004）。其他费用,尤其是制作公证文书的费用,由股东承担（《德国法院非诉事件程序费用与公证费用法》第29条第1项）。但是,可以在公司合同中规定,由公司承担本应由股东承担的费用（类推适用《德国股份法》第26条第2款）。[83] 为此,应当在公司合同中注明公司应负担的设立费用的总金额（应由公司承担及约定由公司承担的费用总额）。由于承担费用后,公司合同中记载的设立资本会减少,因此,仅说明费用的类型而不说明其总金额是不够的。[84] 超过总金额的费用,须由股东自行承

60

---

[82] 可在各州联合创建的平台 www.handelsregisterbekanntmachungen.de 上免费查看（于2019年3月4日最后一次访问）。

[83] BGH vom 20.2.1989-II ZB 10/88, NJW 1989, 1610（1611）; *MünchHandbuch-GesR/Freitag*, Bd. 3, § 5 Rn. 18.

[84] BGH vom 20.2.1989-II ZB 10/88, NJW 1989, 1610（1611）. *Cramer*, NZG 2015, 373 详细论述了这些要求。

担。设立费用的数额在很大程度上取决于，当事人是否有咨询的需求以及是否希望将相关工作委托给律师。此外，还要考虑公证费用、登记费用以及公示费用。就设立一个原始资本为 2.5 万欧元的有限责任公司而言，2000 欧元的设立费用通常是足够的。

（九）可分割性条款

61　　最后，建议在公司合同中加入一个可分割性条款。可以避免适用《德国民法典》第 139 条的规定，防止出现某个合同条款无效，整个合同都无效的情况。

六、指导与咨询

62　　根据所获得的信息，公证员将向当事人**说明**，为什么有限责任公司是适合他们的公司形式。除了优点（特别是责任限制）以外，公证员还必须告知他们相关的风险（如填补责任以及《德国有限责任公司法》第 11 条第 2 款规定的责任）。在设计公司合同时，公证员应向当事人**提供咨询**，以尽可能地考虑他们的利益。

七、合同草案

> 公证员 Rotstein 的……文书的附件
>
> **Fahrradwelt 有限责任公司的公司合同**
>
> **第一条　商号与住所地**
> 公司的商号为：Fahrradwelt GmbH（自行车世界有限责任公司）。
> 公司的住所地：诺伊施塔特。
>
> **第二条　公司标的**
> 公司的标的是购买和销售自行车及其配件。
>
> **第三条　原始资本及股份的数量与面值**
> 公司的原始资本为 2.5 万欧元（大写：贰万伍仟欧元整），认购情形如下：
> 　1. Franz Ammer 先生认购一个股份，金额为 7500 欧元。

2. Gisela Berg 女士认购一个股份，金额为 7500 欧元。

3. Dieter Casper 先生认购一个股份，金额为 1 万欧元。

所有出资将以金钱形式缴付。出资额的一半应立即缴付，另一半应在公司要求时缴付。

第四条　业务执行与代表

公司有一个或数个业务执行人。

通过股东会（大会）决议，每个业务执行人均可被赋予单独代表权，并且不受《德国民法典》第 181 条的限制。

第五条　存续期限与财政年度

公司不设存续期限。

公司的财政年度为日历年度。

第六条　对股份的处分

股东转让全部或部分股份需要事先取得全体股东的书面同意。

第七条　公示

仅在州司法局指定的电子信息和通信系统中发布法律规定的公司公告。

第八条　费用

公司承担与设立有关的费用（公证费用、登记费用和公示费用），但总额不超过 2200 欧元；超过这一数额的费用由股东承担。

第九条　可分割性条款

如果本合同的某一条款无效或变为无效，那么合同的其余部分仍然有效。股东有义务用一个有效的、尽可能接近公司目的的条款，来替换该无效条款。

本章参考文献(同时参见缩略引用的本书"文献目录")：

Benecke, Inhaltskontrolle im Gesellschaftsrecht oder –,,Hinauskündigung" und das Anstandsgefühl aller billig und gerecht Denkenden, ZIP 2005, 1437;

Blasche, Vinkulierungsklauseln in GmbH – Gesellschaftsverträgen, RNotZ

2013, 515; *Born*, Die neuere Rechtsprechung des Bundesgerichtshofs zur Gesellschaft mit beschränkter Haftung, WM 2017, Sonderbeilage 3, 4; *Butz-Seidl*, Optimale Abfindungsklauseln in Gesellschaftsverträgen, GStB 2004, 147; *Flesner*, Ausgewähltes zur Unternehmensnachfolge und -vorsorge bei der GmbH und GmbH & Co. KG, DB 2011, 2362; *Goette/Habersack* (Hrsg.), Das MoMiG in Wissenschaft und Praxis, 2009; *Heckschen*, Gründungserleichterung nach dem MoMiG-Zweifelsfragen in der Praxis, DStR 2009, 166; *Hucke/Holfter*, Die Unternehmergesellschaft (haftungsbeschränkt) - eine echte Alternative für Unternehmensgründer, JuS 2010, 861; *Leistikow*, Das neue GmbH-Recht, 2009; Lutz, Der Gesellschafterstreit, 5. Aufl. 2017; *Miras*, Die neue Unternehmergesellschaft, 2. Aufl. 2011; *Freiherr v. Proff*, Die Erbfolge in Beteiligung an Personengesellschaften - Funktionsweise und Gestaltungsmöglichkeiten, DStR 2017, 2555; *Schindeldecker*, Insichgeschäfte im Gesellschaftsrecht-Anwendungsfälle und praktische Lösungen für die notarielle Praxis, RNotZ 2015, 533; *Seebach*, Die Unternehmergesellschaft (haftungsbeschränkt) in der notariellen Praxis, RNotZ 2013, 261; *Teichmann*, Vertragsfreiheit im Innenverhältnis der GmbH - Gesellschafter, RNotZ 2013, 346.

缩写目录

德语缩写	德语全称	中文释义
a. E.	am Ende	末尾
a. F.	alte Fassung	旧版
ABl.	Amtsblatt	官方公报
Abt.	Abteilung	部门
AcP	Archiv für die civilistische Praxis	《民法实务档案》（期刊）
ADAC	Allgemeiner Deutscher Automobil-Club	全德汽车俱乐部
AEUV	Vertrag über die Arbeitsweise der Europäischen Union	《欧盟职能条约》
AG	Aktiengesellschaft	股份公司
AGB	Allgemeine Geschäftsbedingungen	一般交易条款
AiB	Arbeitsrecht im Betrieb	《企业中的劳动法》
AktG	Aktiengesetz	《德国股份法》
Anm.	Anmerkung	注解
AnwBl	Anwaltsblatt	《律师公报》（期刊）
AP	Arbeitsrechtliche Praxis	《劳动法实务》（期刊）
ArbGG	Arbeitsgerichtsgesetz	《德国劳动法院法》

(续表)

德语缩写	德语全称	中文释义
ArbZG	Arbeitszeitgesetz	《德国工作时间法》
Art.	Artikel	条
AT	Allgemeiner Teil	总论
Aufl.	Auflage	版
BAG	Bundesarbeitsgericht	德国联邦劳动法院
BauGB	Baugesetzbuch	《德国建筑法典》
BaySchlG	Bayerisches Schlichtungsgesetz	《巴伐利亚州调停法》
BB	Betriebs-Berater	《企业顾问》（期刊）
BC	Bilanzbuchhalter und Controller	《会计师与控制人员》
Bd.	Band	卷册
Bde.	Bände	多个卷册
Begr.	Begründer, Begründung	创立人，理由
BeschFG	Beschäftigungsförderungsgesetz	《德国就业促进法》
BetrAVG	Gesetz zur Verbesserung der betrieblichen Altersversorgung	《德国企业养老金改善法》
BetrVG	Betriebsverfassungsgesetz	《德国企业组织法》
BeurkG	Beurkundungsgesetz	《德国公证书证法》
BewG	Bewertungsgesetz	《德国资产评估法》
BFH	Bundesfinanzhof	《德国联邦财政法院》
BGB	Bürgerliches Gesetzbuch	《德国民法典》
BGBl.	Bundesgesetzblatt	德国联邦法律公报
BGH	Bundesgerichtshof	德国联邦最高法院

(续表)

德语缩写	德语全称	中文释义
BGHZ	Entscheidungen des Bundesgerichtshofs in Zivilsachen	德国联邦最高法院民事判决
BKR	Zeitschrift für Bank-und Kapitalmarktrecht	《银行与资本市场法杂志》（期刊）
BNotO	Bundesnotarordnung	《德国联邦公证员法》
BR-Drs.	Bundesrats-Drucksache	德国联邦参议院公报
BSG	Bundessozialgericht	德国联邦社会法院
BStBl	Bundessteuerblatt	德国联邦税务公报
BT	Besonderer Teil	分论
BT-Drs.	Bundestags-Drucksache	德国联邦议院公报
BUrlG	Bundesurlaubsgesetz	《德国联邦休假法》
BWNotZ	Zeitschrift für das Notariat in Baden-Württemberg	《巴登-符腾堡州公证处杂志》（期刊）
bzw.	beziehungsweise	或/更确切地说
ca.	circa	大约
CR	Computer und Recht	《计算机与法》（期刊）
d. h.	das heißt	即
DB	Der Betrieb	《企业》（期刊）
ders.	derselbe	这个，同一个的
dies.	dieselben	这个，同一个的
DNotZ	Deutsche Notar-Zeitschrift	《德国公证人杂志》（期刊）
Dr.	Doktor	博士，医生
DRiG	Deutsches Richtergesetz	《德国法官法》

(续表)

德语缩写	德语全称	中文释义
Drs.	Drucksache	印刷本
DStR	Deutsches Steuerrecht	《德国税法》（期刊）
e. G.	eingetragene Genossenschaft	登记合作社
e. V.	eingetragener Verein	登记协会
EDV	Elektronische Datenverarbeitung	电子数据处理
EFZG	Entgeltfortzahlungsgesetz	《德国节假日和患病时劳动报酬续付法》
EG	Europäische Gemeinschaft	欧共体
EGBGB	Einführungsgesetz zum Bürgerlichen Gesetzbuch	《德国民法典实施法》
EGZPO	Gesetz betreffend die Einführung der Zivilprozessordnung	《德国民事诉讼法实施法》
Einl.	Einleitung	前言，引言
ERA	Einheitliche Richtlinien und Gebräuche für Dokumenten-Akkreditive	《跟单信用证的统一指令和惯例》
ErbStG	Erbschaftsteuer- und Schenkungsteuergesetz	《德国遗产税和赠与税法》
ErfK	Erfurter Kommentar zum Arbeitsrecht	《埃尔福特劳动法评论》
EStG	Einkommensteuergesetz	《德国个人所得税法》
etc.	et cetera	等等
EU	Europäische Union	欧盟
EWG	Europäische Wirtschaftsgemeinschaft	欧洲经济共同体

(续表)

德语缩写	德语全称	中文释义
EWiR	Entscheidungen zum Wirtschaftsrecht	《经济法判决》（期刊）
f.	folgende	以及下一条款
FamFG	Gesetz über das Verfahren in Familiensachen und in den Angelegenheiten der freiwilligen Gerichtsbarkeit	《德国家庭案和非讼管辖事项程序法》
FamRZ	Zeitschrift für das gesamte Familienrecht	《家庭法综合杂志》（期刊）
ff.	fortfolgende	以及以下条款
Flst.	Flurstück	地块
Fn.	Fußnote	脚注
GBl.	Gesetzblatt	法律公报
GBO	Grundbuchordnung	《德国土地登记簿法》
GbR	Gesellschaft bürgerlichen Rechts	民事合伙
geb.	geboren	出生于
gem.	gemäß	根据
GewO	Gewerbeordnung	《德国营业法》
GmbH	Gesellschaft mit beschränkter Haftung	有限责任公司
GmbH & Co. KG	Gesellschaft mit beschränkter Haftung und Compagnie Kommanditgesellschaft	有限责任两合公司
GmbHG	GmbH-Gesetz	《德国有限责任公司法》
GmbHR	GmbH-Rundschau	《有限责任公司观察》（期刊）

(续表)

德语缩写	德语全称	中文释义
GNotKG	Gerichts-und Notarkostengesetz	《德国法院非诉事件程序费用与公证费用法》
GrEStG	Grunderwerbsteuergesetz	《德国土地购置税法》
GStB	Gestaltende Steuerberatung	《税务咨询设计》（期刊）
GV. NRW	Gesetz - und Verordnungsblatt für das Land Nordrhein-Westfalen	北莱茵-威斯特法伦州的法律和条例公报
GVBl.	Bayerisches Gesetz - und Verordnungsblatt	巴伐利亚法律和条例公报
h. M.	herrschende Meinung	主流观点
HGB	Handelsgesetzbuch	《德国商法典》
HRB	Handelsregister Abteilung B	商业登记簿分簿B
Hrsg.	Herausgeber	出版人
Hs.	Halbsatz	半句
i. d. R.	in der Regel	通常
i. S. v.	im Sinne des	在…的意义上
i. V. m.	in Verbindung mit	与…相结合
i. w. S.	im weiteren Sinne	在更广泛的意义上
IHK	Industrie-und Handelskammer	德国工商业联合会
Ing.	Ingenieur（in）	工程师
InsO	Insolvenzordnung	《德国破产法》
JA	Juristische Arbeitsblätter	《法律工作公报》（期刊）
Jura	Juristische Ausbildung	《法学培训》（期刊）
JuS	Juristische Schulung	《法学教育》（期刊）

(续表)

德语缩写	德语全称	中文释义
JustG NRW	Justizgesetz Nordrhein-Westfalen	北莱茵-威斯特法伦州司法法
JZ	Juristenzeitung	《法学家报》（期刊）
Kap.	Kapitel	章
Kfz	Kraftfahrzeug	汽车
KG	Kommanditgesellschaft	两合公司
KostO	Kostenordnung	《德国费用法》
KSchG	Kündigungsschutzgesetz	《德国解雇保护法》
LAG	Landesarbeitsgericht	州劳动法院
lfd.	laufende	存续的，日常的
lit.	litera	字母
Lkw	Lastkraftwagen	卡车
Ltd.	Limited	（英国）有限公司
m.w.N.	mit weiteren Nachweisen	及其引注
MDR	Monatsschrift für Deutsches Recht	《德国法月刊》（期刊）
MediationsG	Mediationsgesetz	《德国调解法》
MitbestErgG	Mitbestimmungsergänzungsgesetz	《德国职工参与决定法之补充法》
MitbestG	Mitbestimmungsgesetz	《德国职工参与决定法》
MittBayNot	Mitteilungen des Bayerischen Notarvereins, der Notarkasse und der Landesnotarkammer Bayern	《巴伐利亚公证员协会、巴伐利亚公证银行和巴伐利亚公证处的通知》
MMR	MultiMedia und Recht	《多媒体与法律》（期刊）

(续表)

德语缩写	德语全称	中文释义
MoMiG	Gesetz zur Modernisierung des GmbH-Rechts und zur Bekämpfung von Missbräuchen	《德国有限责任公司法现代化和反滥用法》
Montan-MitbestG	Montanmitbestimmungsgesetz	《德国煤钢企业职工参与决定法》
NachwG	Nachweisgesetz	《德国适用劳动关系之基本条件证明法》
Nds GVBl	niedersächsisches Gesetz-und Verordnungsblatt	《下萨克森州法律和条例公报》
NdsSchlG	niedersächsisches Schlichtungsgesetz	《下萨克森州调停法》
NJ	Neue Justiz	《新司法》（期刊）
NJW	Neue Juristische Wochenschrift	《新法学周刊》（期刊）
NJW-RR	NJW-Rechtsprechungs-Report	《新法学周刊判例报告》（期刊）
nm	Nanometer	纳米
NotBZ	Zeitschrift für die notarielle Beratungs-und Beurkundungspraxis	《公证咨询和认证实践杂志》（期刊）
Nr.	Nummer	编号、第...项
NZA	Neue Zeitschrift für Arbeitsrecht	《劳动法新杂志》（期刊）
NZA-RR	NZA-Rechtsprechungsreport	《劳动法新杂志判例报告》（期刊）
NZFam	Neue Zeitschrift für Familienrecht	《家庭法新杂志》（期刊）
NZG	Neue Zeitschrift für Gesellschaftsrecht	《公司法新杂志》（期刊）

(续表)

德语缩写	德语全称	中文释义
NZI	Neue Zeitschrift für das Recht der Insolvenz und Sanierung	《破产和重组法新杂志》(期刊)
OHG	Offene Handelsgesellschaft	无限公司
OLG	Oberlandesgericht	州高等法院
Pkw	Personenkraftwagen	载客汽车
PreisklG	Preisklauselgesetz	《德国价格条款法》
qm	Quadratmeter	平方米
RdA	Recht der Arbeit	《劳动之法》(期刊)
Rn.	Randnummer	边码
RNotZ	Rheinische Notar-Zeitschrift	《莱茵-威斯特法伦公证员杂志》(期刊)
s.	siehe	见
S.	Satz, Seite	句,页
S. A.	Société anonyme	公众有限公司(法国)
SchiedsVZ	Zeitschrift für Schiedsverfahren	《仲裁程序杂志》(期刊)
SGB	Sozialgesetzbuch	《德国社会法典》
sog.	sogenannt (e/n)	所谓的
TVG	Tarifvertragsgesetz	《德国劳资协议法》
u. a.	und andere, unter anderem	以及其他,包括
UG	Unternehmergesellschaft	企业主公司
UK	United Kingdom of Great Britain and Northern Ireland	大不列颠及北爱尔兰联合王国
UKlaG	Gesetz über Unterlassungsklagen bei Verbraucherrechts-und anderen Verstößen	《消费者权益侵害以及其他违法行为的不作为之诉法》

(续表)

德语缩写	德语全称	中文释义
UmwG	Umwandlungsgesetz	《德国公司改组法》
vgl.	vergleiche	参见
Vorbem.	Vorbemerkung	引言，前言
WM	Wertpapier-Mitteilungen	《有价证券通告》（期刊）
WuM	Wohnungswirtschaft und Mietrecht	《住房行业与租赁法》
z. B.	zum Beispiel	例如
ZEV	Zeitschrift für Erbrecht und Vermögensnachfolge	《继承法与财产继受法杂志》（期刊）
ZfIR	Zeitschrift für Immobilienrecht	《房地产法杂志》（期刊）
ZGS	Zeitschrift für das gesamte Schuldrecht	《债法综合杂志》（期刊）
ZInsO	Zeitschrift für das gesamte Insolvenzrecht	《破产法综合杂志》（期刊）
ZIP	Zeitschrift für Wirtschaftsrecht	《经济法杂志》（期刊）
ZKM	Zeitschrift für Konfliktmanagement	《争议管理杂志》（期刊）
ZNotP	Zeitschrift für die Notarpraxis	《公证实务杂志》（期刊）
ZPO	Zivilprozessordnung	《德国民事诉讼法》
ZZP	Zeitschrift für Zivilprozess	《民事诉讼杂志》（期刊）

文献目录

Aderhold/Koch/Lenkaitis，Vertragsgestaltung，3. Aufl. 2018

Armbrüster/Preuß/Renner，Beurkundungsgesetz und Dienstordnung für Notarinnen und Notare，Kommentar，7. Aufl. 2015（引作：*Armbrüster/Preuß/Renner/Bearbeiter*）

Bamberger/Roth/Hau/Poseck，BeckOK BGB，49. Edition.（引作：BeckOK-BGB/*Bearbeiter*）

Bauer/Krieger/Arnold，Arbeitsrechtliche Aufhebungsverträge，9. Aufl. 2014（引作：*Bauer/Krieger/Arnold*，Aufhebungsverträge）

Baumbach/Hopt，Kommentar zum Handelsgesetzbuch，38. Aufl. 2018（引作：*Baumbach/Hopt/Bearbeiter*）

Baumbach/Hueck，Kommentar zum GmbHG，21. Aufl. 2017（引作：*Baumbach/Hueck/Bearbeiter*）

Baur/Stürner，Sachenrecht，18. Aufl. 2009

Becksches Formularbuch zum Bürgerlichen，Handels – und Wirtschaftsrecht，13. Aufl. 2019（引作：Becksches Formularbuch/*Bearbeiter*）

Beyer，Salvatorische Klauseln，1988

Birk/Desens/Tappe，Steuerrecht，21. Aufl. 2018

Breidenbach，Mediation–Struktur，Chancen und Risiken von Vermittlung im Konflikt，1995（引作：*Breidenbach*，Mediation）

Breidenbach/Henssler (Hrsg.), Mediation für Juristen, 1997 (引作：*Breidenbach/Henssler*, Mediation)

Brox/Walker, Allgemeines Schuldrecht, 42. Aufl. 2018

Brox/Walker, Besonderes Schuldrecht, 42. Aufl. 2018

Bühring-Uhle/Eidenmüller/Nelle, Verhandlungsmanagement, 2. Aufl. 2017

Bülow, Recht der Kreditsicherheiten, 9. Aufl. 2017 (引作：*Bülow*, Kreditsicherheiten)

Canaris, Handelsrecht, 24. Aufl. 2006

Cialdini, Die Psychologie des Überzeugens, 8. Aufl. 2017 (引作：*Cialdini*, Überzeugen)

Dornbusch/Fischermeier/Löwisch (Hrsg.), Fachanwaltskommentar Arbeitsrecht, 9. Aufl. 2019 (引作：*Dornbusch/Fischer/Löwisch/Bearbeite*r)

Döser, Vertragsgestaltung im internationalen Wirtschaftsrecht, 2001 (引作：*Döser*, Vertragsgestaltung)

Eisenhardt/Wackerbarth, Gesellschaftsrecht I, Recht der Personengesellschaften, 16. Aufl. 2015

Erbacher, Grundzüge der Verhandlungsführung, 4. Aufl. 2018 (引作：*Erbacher*, Verhandlungsführung)

Erfurter Kommentar zum Arbeitsrecht, 19. Aufl. 2019 (引作：ErfK/*Bearbeiter*)

Erman (Begr.), Bürgerliches Gesetzbuch, Handkommentar, 15. Aufl. 2017 (引作：*Erman/Bearbeiter*)

Faßbender/Grauel/Ohmen u. a., Notariatskunde, 19. Aufl. 2017 (引作：*Faßbender/Bearbeiter*)

Fikentscher/Heinemann, Schuldrecht, 11. Aufl. 2017

Fischinger, Arbeitsrecht, 2018

Fisher/Ury/Patton, Das Harvard-Konzept, 2018

Gottwald/Haft (Hrsg.), Verhandeln und Vergleichen als juristische

Fertigkeiten, 2. Aufl. 1993（引作：*Gottwald/Haft*, Verhandeln）

Grunewald, Gesellschaftsrecht, 10. Aufl. 2017

Grziwotz/Heinemann, Beurkundungsgesetz Kommentar, 3. Aufl. 2018

Gsell/Krüger/Lorenz/Reymann, beck‐online. GROSSKOMMENTAR（引作：BeckOGK/*Bearbeiter*）

Haft, Verhandlung und Mediation – Die Alternative zum Rechtsstreit, 2. Aufl. 2000（引作：*Haft*, Verhandlung）

Haft/Schlieffen（Hrsg.）, Handbuch Mediation, 3. Aufl. 2016

Heckschen/Heidinger, Die GmbH in der Gestaltungs‐ und Beratungspraxis, 4. Aufl. 2018（引作：*Heckschen/Heidinger/Bearbeiter*）

Heidel（Hrsg.）, Steuerrecht in der anwaltlichen Praxis, 4. Aufl. 2011（引作：*Heidel/Bearbeiter*）

Heidel/Pauly/Amend（Hrsg.）, AnwaltFormulare, 9. Aufl. 2018（引作：*Heidel/Pauly/Amend/Bearbeiter*）

Henssler/Willemsen/Kalb（Hrsg.）, Arbeitsrecht Kommentar, 8. Aufl. 2018（引作：HWK/*Bearbeiter*）

Heussen, Anwalt und Mandant, 1999（引作：*Heussen*, Anwalt）

Heussen/Pischel（Hrsg.）, Handbuch Vertragsverhandlung und Vertragsmanagement, 4. Aufl. 2014（引作：*Heussen/Bearbeiter*, Handbuch）

Hromadka/Maschmann, Arbeitsrecht, Bd. 1, 7. Aufl. 2018

Junker, Grundkurs Arbeitsrecht, 17. Aufl. 2018

Kamanabrou, Arbeitsrecht, 2017

Kilian/Sandkühler/vom Stein, Praxishandbuch Notarrecht, 3. Aufl. 2018（引作：*Kilian/Sandkühler/vom Stein/Bearbeiter*）

Kindler, Grundkurs Handels‐und Gesellschaftsrecht, 8. Aufl. 2016

Klunzinger, Grundzüge des Gesellschaftsrechts, 16. Aufl. 2012

Köhler, BGB Allgemeiner Teil, 42. Aufl. 2018

Kornexl, Vertragsgestaltung 1.0, 2008（引作：*Kornexl*, Vertragsgestaltung)

Krause, Arbeitsrecht, 3. Aufl. 2015

Krüger/Hertel, Der Grundstückskauf, 11. Aufl. 2016（引作：*Krüger/Hertel*, Grundstückskauf)

Kübler/Assmann, Gesellschaftsrecht, 6. Aufl. 2006

Kunkel, Vertragsgestaltung, Eine methodisch-didaktische Einführung, 2016

Langenfeld, Grundlagen der Vertragsgestaltung, 2. Aufl. 2010（引作：*Langenfeld*, Vertragsgestaltung)

Larenz, Lehrbuch des Schuldrechts, Erster Band, Allgemeiner Teil, 14. Aufl. 1987（引作：*Larenz*, Schuldrecht I)

Larenz, Lehrbuch des Schuldrechts, Zweiter Band：Besonderer Teil, 1. Halbband, 13. Aufl. 1986（引作：*Larenz*, Schuldrecht II/1)

Larenz/Canaris, Lehrbuch des Schuldrechts, Zweiter Band：Besonderer Teil, 2. Halbband, 13. Aufl. 1994（引作：*Larenz/Canaris*, Schuldrecht II/2)

Lerch, Beurkundungsgesetz, Kommentar, 5. Aufl. 2016

Looschelders, Schuldrecht Allgemeiner Teil, 16. Aufl. 2018

Looschelders, Schuldrecht Besonderer Teil, 13. Aufl. 2018

Löwisch/Caspers/Klumpp, Arbeitsrecht, 11. Aufl. 2017

Lutter/Hommelhoff, GmbH-Gesetz, Kommentar, 19. Aufl. 2016（引作：*Lutter/Hommelhoff/Bearbeiter*)

Lwowski/Fischer/Langenbucher (Hrsg.), Das Recht der Kreditsicherung, 10. Aufl. 2017（引作：*Lwowski/Fischer/Langenbucher/Bearbeiter*)

Maschmann/Sieg/Göpfert, Vertragsgestaltung im Arbeitsrecht, 2. Aufl. 2016

Medicus/Lorenz, Schuldrecht I-Allgemeiner Teil, 21. Aufl. 2015

Medicus/Lorenz, Schuldrecht II-Besonderer Teil, 18. Aufl. 2018

Medicus/Petersen, Allgemeiner Teil des BGB, 11. Aufl. 2016

Medicus/Petersen, Bürgerliches Recht, 26. Aufl. 2017

Münchener Anwalts Handbuch Arbeitsrecht, 4. Aufl. 2017（引作：MAH ArbR/*Bearbeiter*）

Münchener Handbuch zum Arbeitsrecht, Bd. 1, 4. Aufl. 2018（引作：MünchHandbuch-ArbR/*Bearbeiter*）

Münchener Handbuch zum Gesellschaftsrecht, Bd. 3, 5. Aufl. 2018（引作：MünchHandbuch-GesR/*Bearbeiter*）

Münchener Kommentar zum Bürgerlichen Gesetzbuch, Bde. 2, 3, 8. Aufl. 2019, Bde. 7, 10, 7. Aufl. 2017, Bd. 12, 7. Aufl. 2018（引作：MünchKomm-BGB/*Bearbeiter*）

Münchener Kommentar zum GmbH-Gesetz, Bd. 1, 3. Aufl. 2018（引作：MünchKomm-GmbHG/*Bearbeiter*）

Münchener Kommentar zum Handelsgesetzbuch, Bd. 5, 4. Aufl. 2018（引作：MünchKomm-HGB/*Bearbeiter*）

Münchener Kommentar zur Zivilprozessordnung, Bd. 1, 5. Aufl. 2016（引作：MünchKomm-ZPO/*Bearbeiter*）

Münchener Vertragshandbuch, Bd. 1, 8. Aufl. 2018（引作：MünchVertragshandbuch-GesR/*Bearbeiter*）

Münchener Vertragshandbuch, Bd. 5, 7. Aufl. 2013, Bd. 6, 7. Aufl. 2016（引作：MünchVertragshandbuch-BGB/*Bearbeiter*）

Musielak（Hrsg.）, Kommentar zur Zivilprozessordnung, 15. Aufl. 2018（引作：*Musielak/Bearbeiter*, ZPO）

Musielak/Hau, Grundkurs BGB, 15. Aufl. 2017

NomosKommentar zum Arbeitsrecht, Bd. 1-3, 2016,（引作：NK-GA/*Bearbeiter*）

NomosKommentar zum Bürgerlichen Gesetzbuch, Bd. 2/1, 3. Aufl. 2016, Bd. 6, 2. Aufl. 2015（引作：NK-BGB/*Bearbeiter*）

Oetker, Handelsrecht, 7. Aufl. 2015

Palandt（Begr.）, Kommentar zum Bürgerlichen Gesetzbuch, 78. Aufl.

2019（引作：*Palandt/Bearbeiter*）

Ponschab/Schweizer, Kooperation statt Konfrontation, 2. Aufl. 2010（引作：*Ponschab/Schweizer*, Kooperation）

Preis, Arbeitsrecht Individualarbeitsrecht, 5. Aufl. 2017（引作：*Preis*, Individualarbeitsrecht）

Preis, Grundfragen der Vertragsgestaltung im Arbeitsrecht, 1993（引作：*Preis*, Vertragsgestaltung）

Preis（Hrsg.）, Der Arbeitsvertrag-Handbuch der Vertragspraxis und-gestaltung, 5. Aufl. 2015（引作：*Preis/Bearbeiter*, Arbeitsvertrag）

Prütting, Sachenrecht, 36. Aufl. 2017

Rehbinder, Vertragsgestaltung, 2. Aufl. 1993

Reinicke/Tiedtke, Bürgschaftsrecht, 3. Aufl. 2008

Reinicke/Tiedtke, Kaufrecht, 8. Aufl. 2009

Reinicke/Tiedtke, Kreditsicherung, 6. Aufl. 2018

Reithmann/Albrecht, Handbuch der notariellen Vertragsgestaltung, 8. Aufl. 2001（引作：*Reithmann/Albrecht/Bearbeiter*）

Ring/Klingelhöfer, AGB - Recht in der anwaltlichen Praxis, 4. Aufl. 2017（引作：*Ring/Klingelhöfer/Bearbeiter*, AGB-Recht）

Risse, Wirtschaftsmediation, 2. Aufl. 2019

Rittershaus/Teichmann, Anwaltliche Vertragsgestaltung, 2. Aufl. 2003（引作：*Rittershaus/Teichmann*, Vertragsgestaltung）

Röhricht/v. Westphalen（Hrsg.）, Handelsgesetzbuch, Kommentar, 4. Aufl. 2014（引作：*Röhricht/v. Westphalen/Bearbeiter*）

Saenger, Gesellschaftsrecht, 4. Aufl. 2018

Schachner, Rechtsformularbuch für den Mittelstand, 4. Aufl. 2001（引作：*Schachner/Bearbeiter*）

Schmidt, Gesellschaftsrecht, 4. Aufl. 2002

Schmidt, Handelsrecht, Unternehmensrecht I, 6. Aufl. 2014

Schmittat, Einführung in die Vertragsgestaltung, 4. Aufl. 2015（引作：*Schmittat*, Vertragsgestaltung）

Schreiber, Sachenrecht, 7. Aufl. 2018

Schröder, Der sichere Weg bei der Vertragsgestaltung, 1990（引作：*Schröder*, Sicherer Weg）

Schulz von Thun, Miteinander reden 1：Störungen und Klärungen, 48. Aufl. 2010（引作：*Schulz von Thun*, Störung）

Staab/Staab, Kreditvertrags-und Kreditsicherungsrecht, 1. Aufl. 2014（引作：*Staab/Staab*, Kreditsicherungsrecht）

Staudinger（Begr.）, Kommentar zum Bürgerlichen Gesetzbuch mit Einführungsgesetz und Nebengesetzen, 1993 ff.（引作：*Staudinger/Bearbeiter*）

Stoffels, AGB-Recht, 3. Aufl. 2015

Ulmer/Brandner/Hensen, AGB - Recht, 12. Aufl. 2016（引作：*Ulmer/Brandner/Hensen/Bearbeiter*）

Vieweg/Werner, Sachenrecht, 8. Aufl. 2018

Waltermann, Arbeitsrecht, 19. Aufl. 2019

Weber/Weber, Kreditsicherungsrecht, 10. Aufl. 2018

Weiler, Schuldrecht Allgemeiner Teil, 4. Aufl. 2017

Wellenhofer, Sachenrecht, 33. Aufl. 2018

Weller/Prütting, Handels-und Gesellschaftsrecht, 9. Aufl. 2016

Westermann/Staudinger, BGB-Sachenrecht, 13. Aufl. 2017

v. Westphalen, Allgemeine Verkaufsbedingungen, 8. Aufl. 2016

Wieling, Sachenrecht, 5. Aufl. 2007

Windbichler, Gesellschaftsrecht, 24. Aufl. 2017

Winkler, Beurkundungsgesetz, Kommentar, 18. Aufl. 2017

Wolf/Lindacher/Pfeiffer, AGB-Recht, Kommentar, 6. Aufl. 2013（引作：*Wolf/Lindacher/Pfeiffer/Bearbeiter*）

Wolf/Neuner, Allgemeiner Teil des Bürgerlichen Rechts, 11. Aufl. 2016 (引作：*Wolf/Neuner*, BGB AT)

Wurm/Wagner/Zartmann, Das Rechtsformularbuch, 17. Aufl. 2015 (引作：*Wurm/Wagner/Zartmann/Bearbeiter*)

Zankl, Die anwaltliche Praxis in Vertragssachen, 1990 （引作：*Zankl*, Vertragssachen）

Zöllner/Loritz/Hergenröder, Arbeitsrecht, 7. Aufl. 2015

术语目录[*]

加粗数字表示本书章序,非加粗数字表示边码,主要出处以斜体字形式表示。

德语词汇	中文翻译	出现位置
Aktiengesellschaft	股份公司	**9**, 7
-Geschäftsführung	业务执行	**9**, 7, 23
-Grundkapital	基本资本	**9**, 32
-Haftung	责任	**9**, 7
-Organe	机关	**9**, 7
Allgemeine Geschäftsbedingungen	一般交易条款	**3**, 1-88; **8**, 19-27
-Begriff	概念	**3**, 6-13
-blue-pencil-Test	蓝色铅笔测试	**3**, 30
-Eigentumsvorbehaltsklausel	所有权保留条款	**3**, 37-59
-Einbeziehung	纳入	**3**, *14-18*; **8**, 19

---

[*] 本书正文中,个别词因翻译表达的需要,与本索引译法略有差异。为尊重原文,本索引所列边码(即原书页码)与原书保持一致,但原书可能因修订而导致索引所列的边码与本书正文并不完全对应。——译者注

（续表）

德语词汇	中文翻译	出现位置
-gegenüber Unternehmern	面对经营者	3，*18-19*，28，54，72-73，85
-geltungserhaltende Reduktion	维持性限缩	3，29-30
-Gerichtsstandsvereinbarung	法院管辖协议	3，77-87
-Gewährleistungsbeschränkung	瑕疵担保限制	3，60-76
-Individualvereinbarungen	个别约定	3，12
-Inhaltskontrolle	内容控制	3，*21-28*
-Klauselvorschläge	条款建议	3，59，75-76，87，88
-kollidierende AGB	相冲突的一般交易条款	3，19
-Transparenzkontrolle	明晰性控制	3，21，27，8，22
-überraschende Klauseln	出人意料的条款	3，20
-Verbraucherverträge	消费者合同	3，31-35
-Zweck	目标	3，1 f.
Arbeitsvertrag	劳动合同	8，1-69
-AGB-Kontrolle	一般交易条款控制	8，*19-27*
-Änderungskündigung	变更的通知解约	8，36
-Anpassung	调整	8，36-37
-Arbeitsvertragsmuster	劳动合同模板	8，2
-Arbeitszeit	工作时长	8，10
-Aufhebungsvertrag	终止合同	8，33-35，*38-69*

(续表)

德语词汇	中文翻译	出现位置
-Bezugnahmeklausel	引介条款	8, 16-18
-Freistellungsvereinbarung	免除继续工作之协议	8, 32
-Freiwilligkeitsvorbehalt	对非义务性的保留	8, 27
-Kündigung	通知解约	8, 7, 31-36
-Leistungsstörung	履行障碍	8, 13
-Tätigkeitsbeschreibung	对工作的描述	8, 5-8
-Vergütungsabrede	薪酬约定	8, 9
-Widerrufsvorbehalt	对撤销的保留	8, 26-27
Aufhebungsvertrag	终止合同	8, 33-35, 38-69
-Abfindung	补偿	8, 52-53
-Arbeitslosengeld	失业救济金	8, 35, 54-55
Aufklärungspflicht des Arbeitgebers	雇主的解释义务	8, 54-55
-Betriebliche Altersversorgung	企业养老金	8, 66
-Erledigungsklausel	结算条款	8, 67
-Freistellung des Arbeitnehmers	使雇员不再继续工作	8, 32, 57-58
-Rückgabe von Arbeitsmitteln	归还工作设备	8, 62
-Salvatorische Klausel	可分割性条款	8, 68
-Urlaubsabgeltung	对（未能）休假的补偿	8, 58
-Vertragsentwurf	合同草案	8, 69

(续表)

德语词汇	中文翻译	出现位置
-Wettbewerbsverbot	竞业禁止	8，64
-Zeugnis	证明	8，65
Belehrung und Beratung	指导与咨询	1，64-65
-beim Aufhebungsvertrag	对于终止合同	8，45-46
-beim Erwerb beweglicher Sachen	对于动产的取得	4，16
-beim Erwerb unbeweglicher Sachen	对于不动产的取得	6，22-28
-beim Gesellschaftsvertrag	对于公司合同	9，62
Betriebsvereinbarung	企业协议	8，1，*14-15*，47，60-61
Dezisionsjurisprudenz	裁判法学	1，3
Eigentumsvorbehalt	所有权保留	4，48
-einfacher Eigentumsvorbehalt	简单的所有权保留	3，40-41
-Kontokorrentvorbehalt	往来账式所有权保留	3，45
-Konzernvorbehalt	康采恩所有权保留	3，46
-verlängerter Eigentumsvorbehalt	延伸的所有权保留	3，42-44
-Zahlungsverzug des Käufers	买受人迟延付款	3，56-57
Fixgeschäft	定期交易	4，*27-30*，39

(续表)

德语词汇	中文翻译	出现位置
Garantie	担保、保证	3, 62, 65; 4, 46
Gerichtsstand	审判籍、管辖权	3, 77-83
-Vereinbarung	协议	3, 84-86
Gesellschaft bürgerlichen Rechts	民事合伙	9, 4
-Geschäftsführung	业务执行	9, 4, 23
-Haftung	责任	9, 4
Gesellschaft mit beschränkter Haftung	有限责任公司	9, 8, 24-63
-Firma	商号	9, 41-42
-Geschäftsführung	业务执行	9, 8, 23, 48-51
-Gesellschaftsvertrag	公司合同	9, 24-63
-Gründung im vereinfachten Verfahren	简易程序中的公司设立	9, 35-36
-Gründungsaufwand	设立费用	9, 60
-Haftung	责任	9, 8
-Kündigungsrecht der Gesellschafter	股东的解约权	9, 57
-Musterprotokolle	示范样本	9, 35-36
-Organe	机关	9, 8
-Stammeinlage	原始出资	9, 45
-Stammkapital	原始资本	9, 32, 45
-Übertragung von Geschäftsanteilen	股份的转让	9, 54-56

(续表)

德语词汇	中文翻译	出现位置
Gestaltungskriterien	设计标准	1, *31-55*
-beim Arbeitsvertrag	对于劳动合同	8, *30-37*
-Gebot des sicheren Weges	安全路径的要求	1, *32-35*
-beim Kauf beweglicher Sachen	对于动产买卖	1, *11-15*
-Konfliktlösung	争议解决	1, *42-48*
-Konfliktvermeidung	争议避免	1, *36-41*
-rechtliche Unsicherheiten	法律上的不确定性	1, *50-51*
-tatsächliche Veränderungen	事实中的变动	1, *52-55*
GmbH & Co. KG	有限责任两合公司	9, *22, 31*
Grundstückskaufvertrag	不动产买卖合同	6, *1-54*
-Auflassungsvormerkung	预告登记	6, *14, 45*
-Formbedürftigkeit	形式要求	6, *9-11*
-Gewährleistungsausschluss	瑕疵担保的排除	6, *39-44*
-Kaufpreisfälligkeit	买卖价款应付期	6, *36-38*
-Kosten und Steuern	费用与税款	6, *52*
-Salvatorische Klausel	可分割性条款	6, *53*
-Sicherungsinteressen	担保利益	6, *12-21, 45-48*
-Treuhandauftrag	托管委托	6, *21*
-Vertragsentwurf	合同草案	6, *54*

(续表)

德语词汇	中文翻译	出现位置
Hypothetische Rechtsanwendung	假设性的法律适用	1, 26
Informationsgewinnung	信息收集	1, *15-19*
–bei der Sicherungsübereignung	对于让与担保	5, 24
–beim Arbeitsvertrag	对于劳动合同	8, *4-10*, 40-41
–beim Aufhebungsvertrag	对于终止合同	8, 47
–beim Gesellschaftsvertrag	对于公司合同	9, *3-11*, 25-28
–beim Kauf beweglicher Sachen	对于动产买卖	4, *3-9*, 18-22
– beim Kauf unbeweglicher Sachen	对于不动产买卖	6, *3-8*, 30-34
–beim Übertragungsvertrag	对于转让合同	7, 22
–Störungsquellen	障碍源	1, 19
–Ziele der Parteien	当事人的目标	1, *15-18*
Kapitalgesellschaft	资合公司	9, 3, *7-8*
–Aktiengesellschaft	股份公司	9, 7
–Besteuerung	纳税	9, *14-15*
– Gesellschaft mit beschränkter Haftung	有限责任公司	9, 8, *24-63*
Kautelarjurisprudenz	预防法学	1, 3
Kommanditgesellschaft	两合公司	9, 6
–Geschäftsführung	业务执行	9, 6
–Haftung	责任	9, 6
Limited	英国有限公司	9, 11, *34*
Mediation	调解	2, *43-46*

(续表)

德语词汇	中文翻译	出现位置
-Ein-Text-Verfahren	单文本程序	2, 46
-Emotionen	个人情绪	2, 46
-Mediator	调解员	2, 43
-neutraler Dritter	中立的第三人	2, 43
-Verhandlungshilfe	谈判方面的帮助	2, 45
Nachbesserungsrecht	修复权	3, 60; 4, 44-45
-Ausbaukosten	拆卸费用	4, 45, 50
Nießbrauch	用益物权	7, 31-34
Notar	公证员	6, 23-28
-allgemeine Betreuungspflicht	一般照顾义务	6, 25-26
-Mitwirkungsverbot	参与禁止	6, 27-28
-Pflichten aus dem BeurkG	《德国公证书证法》规定的义务	6, 23-24
Offene Handelsgesellschaft	无限公司	9, 5
-Geschäftsführung	业务执行	9, 5
-Haftung	责任	9, 5
Personalsicherheiten	人的担保	5, 3-6
-Bürgschaft	保证	5, 4
-Garantie	保函	5, 5
-Schuldbeitritt	债务加入	5, 6
Personengesellschaft	人合公司	9, 3-6
-Besteuerung	纳税	9, 14

(续表)

德语词汇	中文翻译	出现位置
-Gesellschaft bürgerlichen Rechts	民事合伙	9, 4
-GmbH & Co. KG	有限责任两合公司	9, 22, 31
-Kommanditgesellschaft	两合公司	9, 6
-Offene Handelsgesellschaft	无限公司	9, 5
Realsicherheiten	物的担保	5, 7-17
-Eigentumsvorbehalt	所有权保留	5, 15-16
-Grundpfandrechte	土地质权	5, 8-10
-Pfandrecht an beweglichen Sachen	不动产上的质权	5, 12
-Sicherungsabtretung	担保转让	5, 17
-Sicherungsübereignung	让与担保	5, 13-14, 25-38
-Verpfändung von Forderungen	债权质押	5, 17
Rohentwurf	初步草稿	1, 20-21
-Aufhebungsvertrag	终止合同	8, 48-50
-Gesellschaftsvertrag	公司合同	9, 37-39
-Grundstückskaufvertrag	不动产买卖合同	6, 35
-Kaufvertrag	买卖合同	4, 24-25
-Sicherungsvereinbarung	担保协议	5, 26
-Übertragungsvertrag	转让合同	7, 24
Sachmängelgewährleistung	物的瑕疵担保	3, 60-76
-Haftungsausschluss	责任排除	3, 65-68, 72

(续表)

德语词汇	中文翻译	出现位置
-Haftungsbeschränkung	责任限制	3, 60-76; 4, 44-45
-beim Kauf	对于买卖	3, 60-62; 4, 44-47
Salvatorische Klauseln	可分割性条款	1, 50-51
Schadensersatz statt der Leistung	替代给付的损害赔偿	3, 61; 4, 32
Schenkung	赠与	7, 1-20
-Formerfordernis	形式要求	7, 3-4, 10, 16, 56
-gemischte Schenkung	混合赠与	7, 14-18
-Haftung	责任	7, 5-6, 18
-Handschenkung	现实赠与	7, 2-3
-Rückforderung	请求返还	7, 7-8, 17, 38
-unter Auflage	附有负担的	7, 10-13
-zwischen Eheleuten	配偶之间的	7, 19
-Versprechensschenkung	赠与约定	7, 2, 4
-Widerruf	撤销、撤回	7, 9, 38
Schenkung auf den Todesfall	死亡时的赠与	7, 20
-Steuern	税	7, 27-28
-Überlebensbedingung	以受赠人在赠与人死亡之时还在世为条件	7, 20, 27
Schenkungsteuer	赠与税	7, 30
-bei mit Nießbrauch belastetem Grundstück	对于其上有用益物权的不动产	7, 34, 50
-Freibetrag	免税额	7, 29-30

(续表)

德语词汇	中文翻译	出现位置
Schiedsvereinbarung	仲裁协议	1, 43-44
Schlichtungsverfahren	调停程序	1, 45-48
Sicherungsvereinbarung	担保协议，担保合同	5, 30-38
-Rückübereignung	转回	5, 37
-Übersicherung	过度担保	5, 32-33
-Vertragsentwurf	合同草案	5, 38
-Verwertung des Sicherungsgutes	担保物的变现	5, 35
Störfallvorsorge	障碍预防	1, 6, *8-11*；4, 40；5, 27
Tarifvertrag	劳资协议	8, 1, *14-18*, 39-40
-Bezugnahmeklausel	引介条款	8, 16-18
-Günstigkeitsprinzip	有利原则	8, 14-15
-Öffnungsklausel	开放性条款	8, 14
Übersicherung	过度担保	3, 55；5, *18-21*, 32-33
-anfängliche Übersicherung	初始的过度担保	5, 32-33
-ermessensunabhängiger Freigabeanspruch	无需裁量即产生的退还请求权	5, 20
-nachträgliche Übersicherung	嗣后过度担保	5, 18
Übertragungsvertrag	转让合同	7, 21-60
-Anrechnung auf den Pflichtteil	对特留份的抵销	7, 41

(续表)

德语词汇	中文翻译	出现位置
- Ausgleich von Zuwendungen nach § 2050 BGB	《德国民法典》第2050条规定的给与之补均	7, 39
-Belastungs-und Veräußerungsverbot	禁止设定负担和禁止转售	7, 37
-Formerfordernis	形式要求	7, 56
-Grunderwerbsteuer	土地购置税	7, 59
-Konfliktvermeidung	争议避免	7, 36
-Nießbrauch	用益物权	7, *31-34*, *36-37*, 44-45
-Pflichtteilsergänzungsanspruch	特留份补足请求权	7, 40
-Rückforderungsrecht	返还转让请求权	7, 37-38
Unternehmergesellschaft (haftungsbeschränkt)	企业主公司（有限责任）	9, *9-11*, 32-33
-Gründung im vereinfachten Verfahren	简易程序中的公司设立	9, 35-36
-Musterprotokolle	示范样本	9, 35-36
-Stammkapital	原始资本	9, 10-11
Verhandlungsfallen	谈判情形	2, 11-21
-Formulierungsfalle	表达性陷阱	2, 20-21
-Konsistenzfalle	一致性陷阱	2, 13-15
-Konzessionsfalle	让步性陷阱	2, 16-18
-Verstrickung	纠缠	2, 19

(续表)

德语词汇	中文翻译	出现位置
Verhandlungsstrategien	谈判策略	2, 22-42
-Harvard-Verhandlungsmethode	哈佛谈判方法	2, 27-42
-integrative Strategie	一体化策略	2, 26
-maximalistische Strategie	最大限度策略	2, 24
-Strategie der Fairness	公平策略	2, 25
-Verhandlungsphasen	谈判阶段	2, 23
Verhandlungstypen	谈判类型	2, 4-10
Vertragsanpassung	合同调整	1, 52-55
Vertragsgestaltung	合同设计	
-Denkschritte	思维步骤	1, 12-69
Vertragsmuster	合同范本	1, 22-24
Vertragssprache	合同语言	1, 66
Vertragsstrafe	违约金	1, 38-39; 4, 40-43
Vertragsurkunde	合同文本	1, 66-69
Vertragsverhandlungen	合同谈判	1, 60-63; 2, 1-49
-beste Alternative	最佳备选方案	2, 39-42
-Emotionen	个人情绪	2, 31
-Führungsrolle	主导角色	2, 49
-Kampf um Positionen	对立场的争夺	2, 34
-Kommunikation	沟通、交流	2, 32
-Konzentration auf Interessen	聚焦利益	2, 33
-Limit	界限、限度	2, 40

(续表)

德语词汇	中文翻译	出现位置
-objektive Entscheidungskriterien	客观的决策标准	2, 38
-Sach-und Beziehungsebene	事的层面与人的关系层面	2, 28-32
-Strukturieren von Verhandlungen	谈判的结构	2, 47-49
-Verhandlungskonzept	谈判提纲	2, 47
-Verhandlungsmacht	谈判力量	1, 61
-vorgefertigte Lösung	单方预制的解决方案	2, 30
-Wahlmöglichkeit	选择可能	2, 36-37
Verzögerungsschaden	迟延损害	4, 31; 6, 37
Wohnungsrecht	居住权	7, 31-33
Zielkonflikt	目标冲突	1, 56-59
Zuwendung an Minderjährige	对未成年人的给与	7, 21-60
-Ergänzungspfleger	补充保佐人	7, 54
-familiengerichtliche Genehmigung	家庭法院的批准	7, 55
-Grundschuld	土地债务	7, 47
-lediglich rechtlicher Vorteil	法律上纯获利益的	7, 42-51, 53
-Miet-oder Pachtvertrag	租赁合同或使用租赁合同	7, 46
-Nießbrauch	用益物权	7, 44-45
-öffentliche Lasten	公共负担	7, 48-49

(续表)

德语词汇	中文翻译	出现位置
-Vertretung	代理	7,52-54
Zuwendung zwischen Eheleuten	配偶之间的给与	7,19
Zweckverwirklichung	目的实现	1,6-7,11

译后记

卡玛纳布罗教授的《合同的完美设计》一书自2002年第1版问世以来，得到了广泛的关注，收获了多方的美誉，目前在德国出版到第5版。本书即是根据2019年出版的德文《合同的完美设计（第5版）》进行翻译的。

"合同设计"这一概念源于德国法学的教育实践，是德国"预防性法学教育"的核心部分。所谓"预防性法学"，即指当事人事先通过一定的行为（如"合同约定"），以预防日后可能出现的法律纠纷。目前，无论是"预防性法学"还是"合同设计"，在中国法学学术界和实务界都罕有提及，这与"预防性法学"在法律实务中的重要性是不相称的。随着我国法学教育的发展，"合同设计"将获得越来越多的关注。

本书分为两个部分：第一部分介绍了合同设计和合同谈判的基本概念与一般步骤（本书第一章、第二章）；第二部分则论述了多个法律部门的具体合同设计方法，包括：一般交易条款的设计、动产取得的合同设计、债的担保的合同设计、不动产取得的合同设计、赠与情形的合同设计、劳动法中的合同设计和公司法中的合同设计（本书第三章至第九章），等等。本书语言平实易懂，且有丰富的典型案例、合同草案予以辅助，通过理论概述与示例分析，阐述了合同设计中的主要问题以及相应的解决方案，为读者了解合同设计这一主题提供了很好的入门知识。就教学而言，本书适合在大学课堂上作为法律实务入门书籍进行使用；就实务而言，本书对于德国合同设计的介绍（尤其是不动产合同、赠与合同、公司法中的合同），可为处理相关业务的法律工作者提供重要参考。

本书的翻译工作完成于2021年上半年，也是译者在德国攻读博士学位的最后一年。翻译工作由浅入深可分为三层：法条翻译、专有名词翻译以及具体内容翻译。

第一层，法条翻译。德国法条与中国法条的叙述习惯并不相同，而不同国内学者的翻译方式又往往存在差异。译者以德国叙述习惯为基础，充分参考了国内诸多译法，最终采用了如下法条译法：

序号	德文表述	中文译法
1	§	条
2	Abs. 或者 I、II	款
3	S. 或者 1.、2.	句
4	Nr.	项
5	Alt.	选项
6	lit.	字母
7	a. E.	后半句
8	Hs. 1/Hs. 2	前半句/后半句或者前半段/后半段（适用场合是：若某一句用分号分开，那么分号之前的是前半句或前半段）

第二层，专有名词翻译。对于大部分法律概念（比如"法律行为"）的翻译，译者参考了市面上的各类法律词典；对于较为生僻的概念（比如商法中的"商事营利事业"），译者查阅了具体法律部门的译著或译文的常用译法；而对于极为生僻的概念（比如劳动法中的"非义务性保留条款"），译者自行搜索概念内涵并创设译法。

第三层，具体内容翻译。首先，译文必须准确专业地反映原文，翻译的前提是译者对原文已有透彻的理解。本书作为入门书籍，大部分内容较容易理解，个别困难之处或有歧义之处，译者通过查阅相关法条和脚注文献，予以解决。其次，直译虽然准确，但可能不通畅，甚至晦涩难懂。因此，译者不断调整表述方式，以保证内容的平实易懂。最后，由于本书以德国法基本知识为前提，加之原著有些地方思维跳跃较大，国内读者对此可能并不熟悉，因此，译者在这些地方添加了"译者注"以辅助理解。

值本书中文版发行之际，译者希望更多法律人能够在这本"合同设计"入门指导书的帮助下，了解"预防性法学"，尤其是德国法中的"合同设计"。一方面，这有益于法学教育在法官导向的教学之外更加重视预防性法学教学；另一方面，通过理论和案例相结合的方式对德国法上多种类型的合同设计进行介绍，也有助于读者更深入地了解、掌握法律实务工作的方法。促进中德法学教育更全面地交流、更广泛地发展，正是本书出版的最终愿景。

最后，衷心感谢"法律人进阶译丛"主编李昊老师的主持工作。能够承接本书的翻译工作，实属本人之幸。同时，特别感谢北京大学出版社陆建华老师和陆飞雁老师细致、专业的编校。囿于个人能力，翻译难免存在纰漏，敬请读者不吝指正。

李依怡
2022 年春于清华园

法律人进阶译丛

⊙法学启蒙

《法律研习的方法：作业、考试和论文写作（第9版）》，
　　〔德〕托马斯·M. J. 默勒斯 著，2019年出版
《如何高效学习法律（第8版）》，〔德〕芭芭拉·朗格 著，2020年出版
《如何解答法律题：解题三段论、正确的表达和格式（第11版增补本）》，
　　〔德〕罗兰德·史梅尔 著，2019年出版
《法律职业成长：训练机构、机遇与申请（第2版增补本）》，
　　〔德〕托尔斯滕·维斯拉格 等著，2021年出版
《法学之门：学会思考与说理（第4版）》，〔日〕道垣内正人 著，2021年出版

⊙法学基础

《民法学入门：民法总则讲义·序论（第2版增订本）》，〔日〕河上正二 著，
　　2019年出版
《法律解释（第6版）》，〔德〕罗尔夫·旺克 著，2020年出版
《法理学：主题与概念（第3版）》，〔英〕斯科特·维奇 等著
《德国刑法基础课（第6版）》，〔德〕乌韦·穆尔曼 著
《民法的基本概念（第2版）》，〔德〕汉斯·哈滕豪尔 著
《民法总论》，〔意〕弗朗切斯科·桑多罗·帕萨雷里 著
《德国物权法（第32版）》，〔德〕曼弗雷德·沃尔夫 等著
《德国债法各论（第17版）》，〔德〕迪尔克·罗歇尔德斯 著
《德国基本权利（第6版）》，〔德〕福尔克尔·埃平 著
《德国民法总论（第42版）》，〔德〕赫尔穆特·科勒 著

⊙法学拓展

《奥地利民法概论：与德国法相比较》，
　　〔奥〕伽布里菈·库齐奥、海尔穆特·库齐奥 著，2019年出版

《所有权的终结：数字时代的财产保护》，〔美〕亚伦·普赞诺斯基、
　　杰森·舒尔茨 著，2022年出版
《完美的合同设计（第3版）》，〔德〕阿德霍尔德 等著
《合同的完美设计（第5版）》，〔德〕苏达贝·卡玛纳布罗 著，2022年出版
《民事诉讼法（第4版）》，〔德〕彼得拉·波尔曼 著
《消费者保护法》，〔德〕克里斯蒂安·亚历山大 著
《日本典型担保法》，〔日〕道垣内弘人 著
《日本非典型担保法》，〔日〕道垣内弘人 著
《信托法》，〔日〕道垣内弘人 著

⊙ 案例研习
《德国大学刑法案例辅导（新生卷·第三版）》，〔德〕埃里克·希尔根多夫著,2019年出版
《德国大学刑法案例辅导（进阶卷·第二版）》，〔德〕埃里克·希尔根多夫著,2019年出版
《德国大学刑法案例辅导（司法考试备考卷·第二版）》，〔德〕埃里克·希尔根多夫著,2019年出版
《德国民法总则案例研习（第5版）》，〔德〕尤科·弗里茨舍 著
《德国法定之债案例研习（第3版）》，〔德〕尤科·弗里茨舍 著
《德国意定之债案例研习（第6版）》，〔德〕尤科·弗里茨舍 著
《德国物权法案例研习（第4版）》，〔德〕延斯·科赫、马丁·洛尼希 著,2020年出版
《德国劳动法案例研习（第4版）》，〔德〕阿博·容克尔 著
《德国商法案例研习（第3版）》，〔德〕托比亚斯·勒特 著，2021年出版

⊙ 经典阅读
《法学方法论（第4版）》，〔德〕托马斯·M. J. 默勒斯 著
《法学中的体系思维和体系概念》，〔德〕克劳斯-威廉·卡纳里斯 著
《法律漏洞的发现（第2版）》，〔德〕克劳斯-威廉·卡纳里斯 著
《欧洲民法的一般原则》，〔德〕诺伯特·赖希 著
《欧洲合同法（第2版）》，〔德〕海因·克茨 著
《德国民法总论（第4版）》，〔德〕莱因哈德·博克 著
《合同法基础原理》，〔美〕麦尔文·艾森伯格 著
《日本新债法总论（上下卷）》，〔日〕潮见佳男 著